GEW

Materialien aus Hochschule und Forschung

123 |

Andreas Keller | Sonja Staack | Anna Tschaut (Hg.)

Von Pakt zu Pakt?

Perspektiven der Hochschul- und Wissenschaftsfinanzierung

wbv

Herausgeber der Reihe „**GEW-Materialien aus Hochschule und Forschung**"
ist der Hauptvorstand der Gewerkschaft Erziehung und Wissenschaft (GEW),
Vorstandsbereich Hochschule und Forschung. In der Reihe erscheinen
Publikationen zu Schwerpunktthemen der gewerkschaftlichen Arbeit in
Hochschulen und Forschungseinrichtungen.

Bibliografische Informationen der Deutschen Bibliothek
Die Deutsche Bibliothek verzeichnet diese Publikation in der Deutschen
Nationalbibliografie; detaillierte bibliografische Daten sind im Internet über
<http://dnb.dnb.de> abrufbar.

Erarbeitung und Druck dieses Bandes wurden gefördert durch
die Max-Traeger-Stiftung

Gesamtherstellung und Verlag:
W. Bertelsmann Verlag GmbH & Co. KG
Postfach 10 06 33, 33506 Bielefeld
Telefon: 05 21 | 9 11 01-11, Telefax: 05 21 | 9 11 01-19
E-Mail: service@wbv.de, Internet: wbv.de

Umschlaggestaltung, Innenlayout & Satz: Christiane Zay, Potsdam
ISBN (Print) 978-3-7639-4379-1   **Best.-Nr. 6001598**
ISBN (E-Book) 978-3-7639-4380-7
© 2017, W. Bertelsmann Verlag GmbH & Co. KG, Bielefeld

Alle Rechte vorbehalten. Kein Teil dieses Werkes darf ohne schriftliche Genehmigung des Herausgebers und des Verlages in irgendeiner Form reproduziert, in eine andere Sprache übersetzt, in eine maschinenlesbare Form überführt oder in körperlicher oder unkörperlicher Form vervielfältigt, bereitgestellt oder gespeichert werden. Die Wiedergabe von Warenbezeichnungen, Eigennamen oder sonstigen Bezeichnungen in diesem Werk berechtigt nicht zu der Annahme, dass diese frei verfügbar seien und von jedermann benutzt werden dürfen, auch wenn diese nicht eigens als solche gekennzeichnet sind.

Inhaltsverzeichnis

Vorwort — 7

Einleitung und Überblick — 9
Anna Tschaut, Andreas Keller und Sonja Staack

A Hochschulen als Tagelöhner? – Gute Bildung und Wissenschaft kostet!

Überwiegend mehr, aber nicht genug — 17
Die Entwicklung der Hochschulfinanzierung in den Bundesländern
Justus Henke und Peer Pasternack

Bildungsfinanzierung der öffentlichen Hand –
Stand und Herausforderungen — 29
Roman Jaich

Arbeitsplatz Universität: Anforderungen an Umfang
und Struktur des wissenschaftlichen Personals — 39
Ergebnisse einer Expertise im Auftrag der Max-Traeger-Stiftung
Anke Burkhardt

Finanzierung von Fachhochschulen –
spezifische Probleme und Anforderungen — 55
Heinz J. Henkemeier

B Freud und Leid der Drittmittelfinanzierung und ihre Folgen

Personalplanung und Beschäftigung bei befristeten
Mitteln – Steuermechanismen am KIT — 69
Wolfgang Eppler

Drittmittelfinanzierung – nur mit Zeitverträgen?! — 77
Peter Greisler

Europäische Forschungsförderung unter der Lupe 83
Ein Zwischenstand zur ersten Halbzeit von Horizon 2020
Geny Piotti

Wer zahlt, schafft an? Folgen der zunehmenden
Drittmittelfinanzierung 91
Christian Kreiß

C Finanzierungsbedarfe in Studium und Forschung

Baustelle BAföG – Entwicklungen und Reformbedarf 105
Matthias Schröder

Promotionsfinanzierung: Eine vollumfänglich
finanzierte Promotion als Utopie? 113
Ingrid Keller-Russell und Torsten Steidten

Family Budgeting – wirksames Instrument zur Gleichstellung? 121
Karin Höhne

D Wissenschaftspakte und ihre Wirkung

Das Matthäus-Prinzip dominiert – die Verstetigung
der Exzellenzinitiative 133
Michael Hartmann

Immer mehr Studierende? 141
Erfahrungen und Perspektiven des Hochschulpakts
Mareike Strauß

Das „Programm zur Förderung des wissenschaftlichen
Nachwuchses" 153
Was planen Bund und Länder?
Thomas Wünsch

Die Ökonomisierung der Gleichstellungs-Governance 159
Chancen und Grenzen staatlicher Programme und wettbewerblicher
Steuerung
Nina Steinweg

E Beschäftigungsbedingungen und Personalpolitik

Beschäftigungsbedingungen und Personalpolitik
an Universitäten in Deutschland im Vergleich — 177
Franziska Leischner, Anne Krüger, Johannes Moes und Anna Schütz

F Die Wittenberger Erklärung – Fünf Forderungen zu einer nachhaltigen Wissenschaftsfinanzierung und ihre Disputation

Geld her – oder wir schließen ...
Wittenberger Erklärung der GEW — 195

Grundfinanzierung unserer Hochschulen muss
in Länderhand bleiben — 201
Alexandra Dinges-Dierig

Fünf Thesen, die es in sich haben — 205
Kai Gehring

Gegen die weitere Prekarisierung des Wissenschaftssystems — 209
Nicole Gohlke

Eine sichere Finanzierung für unsere Hochschulen –
Artikel 91b Grundgesetz sinnvoll nutzen — 211
Oliver Kaczmarek

Perspektiven der Wissenschafts- und Hochschulfinanzierung — 213
Zur Wittenberger Erklärung der Bildungsgewerkschaft GEW
Andreas Keller

Angaben zu den Autorinnen und Autoren — 223

Vorwort

„Geld her – oder wir schließen", mit diesem aufrüttelnden Aufmacher hatte die Gewerkschaft Erziehung und Wissenschaft zur 9. GEW-Wissenschaftskonferenz vom 28. September bis 1. Oktober 2016 in die Lutherstadt Wittenberg eingeladen. Unter dem Motto „Von Pakt zu Pakt? Perspektiven der Hochschul- und Wissenschaftsfinanzierung" diskutierten über 120 Teilnehmerinnen und Teilnehmer aus Hochschulen und Forschungseinrichtungen, Wissenschaftsorganisationen und politischen Parteien, Bund und Ländern sowie Gewerkschaften über die Perspektiven der Hochschul- und Wissenschaftsfinanzierung.

Um die wertvollen Beiträge über die Konferenz hinaus zugänglich zu machen, legt die GEW diesen Tagungsband vor.

Mit der 9. Wissenschaftskonferenz setzt der Organisationsbereich Hochschule und Forschung seine konsequente und erfolgreiche Arbeit zur Verbesserung der Arbeitsbedingungen an Hochschulen fort.

Nach der Novellierung des Wissenschaftszeitvertragsgesetzes im Frühjahr 2016, für die sich die GEW im Rahmen ihrer Kampagne für den „Traumjob Wissenschaft" über Jahre erfolgreich starkgemacht hatte, stellt die GEW nun eine Entfristungsoffensive im akademischen Mittelbau in den Fokus der Arbeit. Mit der „Wittenberger Erklärung" fordert die GEW Bund und Länder auf, für bundesweit 50.000 zusätzliche Dauerstellen an den Hochschulen zu sorgen. Außerdem werden 5.000 zusätzliche Tenure-Track-Professuren an Hochschulen und 500 Tenure-Track-Professuren für die Fachhochschulen notwendig.

Diese Fachtagung war gleichzeitig eine Auftaktveranstaltung der GEW-Initiative „Bildung. Weiter denken!" (https://www.gew.de/weiter-denken/), mit der die GEW Forderungen und Finanzierungswege für den Bildungsbereich vorstellt. Sie will mit der Initiative zunächst in den Bundestagswahlkampf eingreifen und fordert die Parteien auf, ein klares Bekenntnis zu mehr Ausgaben für Bildung in ihre Wahlprogramme aufzunehmen. Denn: Der Bund muss den Ländern bei der Finanzierung von Hochschulen und Forschung unter die Arme greifen. Ich fordere die Leserinnen und Leser des Bandes auf, mit der GEW für eine bessere Finanzierung des Bildungsbereichs zu streiten.

Mein Dank gilt Dr. Andreas Keller, dem stellvertretenden Vorsitzenden und Leiter des Bereichs Hochschule und Forschung, seinem Team und den Vortragenden und Teilnehmenden unserer Konferenz. Für mich war die Teilnahme wieder eine Bereicherung.

Marlis Tepe, GEW-Vorsitzende

Einleitung und Überblick

Anna Tschaut, Andreas Keller und Sonja Staack

Die Anforderungen an die Hochschulen sind in den letzten Jahren mit dem rasanten Anstieg der Studierendenzahlen, dem sich schnell verändernden Arbeitsmarkt und der gleichzeitigen Zunahme an befristeten, oft wettbewerblich ausgerichteten staatlichen Programmen stetig gewachsen. Die hohe Drittmittelquote – oft als Ausweis erfolgreicher Forschungsaktivitäten angeführt – generiert innerhalb der Hochschulen und Forschungseinrichtungen eine Instabilität in den Finanzierungsstrukturen, die auf allen Ebenen spürbar ist. Während das Auslaufen verschiedener bundesweiter Großprogramme und die politischen Debatten im Vorfeld der Bundestagswahl 2017 die Diskussionen zur zukünftigen Ausrichtung der Hochschul- und Wissenschaftsfinanzierung ins Laufen gebracht haben, bietet die Lockerung des Kooperationsverbots den (wenn auch eingeschränkten) rechtlichen Rahmen, hier nun vonseiten des Bundes aktiv zu werden und die Hochschulfinanzierung dauerhaft abzusichern. Die 9. GEW-Wissenschaftskonferenz „Von Pakt zu Pakt? Perspektiven der Hochschul- und Wissenschaftsfinanzierung" hat vier Tage lang Finanzierungsaspekte des deutschen Hochschul- und Wissenschaftssystems aus verschiedenen Blickwinkeln beleuchtet. Die Ergebnisse dieses ausführlichen Rundumblicks sind in diesem Tagungsband dokumentiert.

Im Abschnitt A „Hochschulen als Tagelöhner? – Gute Bildung und Wissenschaft kostet!" wird der Blick auf das Gesamtsystem sowie auf spezifische Herausforderungen für die beiden Hochschultypen Universitäten und Fachhochschulen gerichtet. Justus Henke und Peer Pasternack vom Institut für Hochschulforschung an der Universität Halle-Wittenberg analysieren Entwicklungstrends der Hochschulfinanzierung. Dabei kommen sie zu dem Schluss, dass es in diesem Bereich zwar in den letzten zehn Jahren überwiegend voranging, die mittelfristige Zukunftsaussicht aber durchwachsen ausfällt.

Diese Einschätzung erscheint umso ernüchternder, wenn man Roman Jaich in seinem Beitrag zur Bildungsfinanzierung der öffentlichen Hand folgt. Nach Jaich wären für eine Verbesserung des deutschen Bildungssystems jährliche Mehrausgaben in Milliardenhöhe notwendig. Für die Hochschulen schätzt er einen Mehrbedarf von ca. sechs Mrd. Euro.

Dass an den Universitäten beträchtliche zusätzliche Investitionen benötigt werden, zeigt auch die Studie von Anke Burkhardt vom Institut für Hochschulforschung. Sie hat verschiedene Szenarien der Entwicklung des Studierenden- und Personalbestands berechnet, die trotz ihrer Unterschiede im Detail alle darauf hinauslaufen, dass mit einem weiteren Zuwachs an Studierenden und folglich einem zunehmenden Bedarf an Personal zu rechnen ist. Dies gilt umso mehr, wenn eine Verbesserung der Betreuungsrelation sowie weitere hochschulpolitische Ziele erreicht werden sollen.

Spezifische Herausforderungen in der Finanzierung von Fachhochschulen werden von Heinz J. Henkemeier, Kanzler der Fachhochschule Südwestfalen, betrachtet. Er stellt fest, dass das zunehmende Missverhältnis von Grundmitteln zu Drittmitteln die Struktur- und Entwicklungsplanung der Hochschulen erschwert, mit weiteren Konsequenzen, die insbesondere für das Personal spürbar sind.

Der Abschnitt B umfasst unter dem Titel „Freud und Leid der Drittmittelfinanzierung und ihrer Folgen" die ambivalenten Konsequenzen, die sich aus einer zunehmenden Finanzierung aus Mitteln Dritter ergeben. Wolfgang Eppler, Personalratsvorsitzender am Karlsruher Institut für Technologie (KIT), diskutiert Möglichkeiten stabiler Beschäftigung an Hochschulen und Forschungseinrichtungen im Rahmen zunehmender Drittmittelabhängigkeit. Er beleuchtet, welche Steuermechanismen am KIT zum Einsatz kommen, und schließt mit dem Fazit, dass die Rahmenbedingungen am besten über bessere Gesetze herzustellen sind, statt darauf zu vertrauen, dass die Institutionen ihre Spielräume nutzen.

Dass auch bei Drittmitteln Möglichkeiten zur Umsetzung stabiler Beschäftigungsverhältnisse vorhanden sind, argumentiert Peter Greisler, Leiter der Unterabteilung Hochschulen im Bundesministerium für Bildung und Forschung (BMBF). Nach Greisler stehen die Förderbedingungen des BMBF somit der Schaffung attraktiver Beschäftigungsbedingungen nicht im Wege.

Geny Piotti, EU-Referentin an der Universität Frankfurt (Oder), wirft einen Blick auf Drittmittel aus der europäischen Forschungsförderung. Während das aktuelle Forschungsprogramm zwar von extrem niedrigen Erfolgsquoten geprägt ist, stärkt es gleichzeitig gezielt das Bewusstsein für Gender, Ethik und Karriereförderung und versucht so, die Rahmenbedingungen für Forschung in den partizipierenden Hochschulen und Forschungseinrichtungen zu verbessern.

Christian Kreiß, Professor an der Hochschule Aalen, stellt die Folgen industriefinanzierter Forschung in den Fokus seines Beitrags. Er kommt darin zu dem Schluss, dass die Einflussnahme auf Forschungsagenden durch die Industrie in den letzten Jahren immer stärker geworden ist und zahlreiche negative Auswirkungen hat, was nur mit politischen Gegenmaßnahmen eingeschränkt werden kann.

Im Abschnitt C werden besondere „Finanzierungsbedarfe in Studium und Forschung" unter die Lupe genommen. Matthias Schröder, Sprecher des Bundesausschusses der Studentinnen und Studenten in der GEW, gibt einen Überblick über die Entwicklung des BAföG und legt dar, wo bei diesem sozialpolitischen Instrument weiterer Reformbedarf besteht. Er plädiert dafür, die Erhöhung des BAföG zu automatisieren und fortschrittlichere Modelle der Ausgestaltung des BAföG zu wagen.

Mit der Finanzierung im Rahmen der Promotion befassen sich Ingrid Keller-Russel und Torsten Steidten, beide Mitglied in der GEW-Projektgruppe Doktorandinnen und Doktoranden. Sie stellen die gängigen Beschäftigungsprofile dar, skizzieren die Finanzierung über Stipendien und stellen diese beiden Formate empirischen Befunden zu Finanzierungskontexten und Erfahrungswerten Promovierender gegenüber.

Als ein spezifisches Instrument zur Förderung der Gleichstellung an Hochschulen und Forschungseinrichtungen stellt Karin Höhne, Referentin für Chancengleichheit am Berliner Institut für Gesundheitsforschung, das Family Budgeting vor. Family Budgeting umfasst Maßnahmen und Vorgehensweisen, die darauf ausgerichtet sind, bei der Verteilung von Ressourcen innerhalb einer Institution Bedarfe von Menschen mit Familie angemessen zu berücksichtigen. Beispielhaft beschreibt sie drei Instrumente, die auf struktureller Ebene ansetzen und Familienverantwortung in der Finanzierungslogik der Institutionen als Thema verankern.

Der Pakt als Instrument staatlicher Wissenschaftsfinanzierung steht im Zentrum des Abschnitts D „Wissenschaftspakte und ihre Wirkung". Michael Hartmann analysiert die Auswirkungen der Exzellenzinitiative auf das deutsche Wissenschafts- und Hochschulsystem. Für die Zukunft lässt sich eine weitere Konzentration der Forschungsmittel auf wenige Hochschulen absehen. Angeraten ist laut Hartmann daher eine kritische politische Debatte über Leistungskriterien und Maßstäbe für Forschungsqualität.

Die Erfahrungen mit dem Hochschulpakt betrachtet Mareike Strauß, Mitglied im Vorstand des Bundes demokratischer Wissenschaftlerinnen und Wissenschaftler (BdWi), in ihrem Beitrag. Sie geht dabei auch der Frage nach, was der Hochschulpakt neben der Erhöhung der Studienplatzzahlen an inhaltlichen Zielen erreicht hat, welche Herausforderungen sich stellen und wie die Zukunftsaussichten für diesen Pakt nach 2020 sind.

Das „Programm zur Förderung des wissenschaftlichen Nachwuchses" wird von Thomas Wünsch, Staatssekretär im Ministerium für

Wirtschaft, Wissenschaft und Digitalisierung des Landes Sachsen-Anhalt, vorgestellt. Dieser Pakt hat zum Ziel, 1.000 zusätzliche Tenure-Track-Professuren an deutschen Universitäten zu implementieren. Dabei soll das Programm nach Wünsch aber vor allem „ein Element gegenseitiger Berechenbarkeit in ein System einfügen, in dem Offenheit, Risiko und Unwägbarkeit auch weiterhin zur Natur der Sache gehören".

Die Chancen und Grenzen staatlicher Programme und wettbewerblicher Steuerung beleuchtet Nina Steinweg, Mitarbeiterin bei GESIS im Kompetenzzentrum Frauen in Wissenschaft und Forschung, für das Themenfeld Gleichstellungs-Governance. Während wettbewerbliche Verfahren dem Stellenwert und den Strukturen von Gleichstellung in der Wissenschaft einen wichtigen Impuls geben konnten, ist die Verstetigung und dauerhafte Finanzierung ebenso wie die Integration in die Gesamtstrategie der Institutionen zentral für den langfristigen Erfolg der Steuerungsmaßnahmen.

Die Berechenbarkeit von Stellen steht auch im Abschnitt E zu „Beschäftigungsbedingungen und Personalpolitik" im Fokus der Betrachtung. Franziska Leischner, Anne Krüger, Johannes Moes und Anna Schütz stellen die Ergebnisse ihrer Studie vor, in der sie 45 Universitäten vergleichend untersucht haben. Sie zeichnen dabei ein differenziertes Bild der universitären Rahmenbedingungen für planbare und transparente Karrieren, der Bedingungen wissenschaftlicher Qualifizierung und des Umgangs mit Befristung und Teilzeitanstellungen. Auch Gleichstellung und Vereinbarkeitsaspekte werden von ihnen untersucht. Ein gesonderter Blick wird zudem auf die Gruppe der durch die Exzellenzinitiative geförderten Universitäten geworfen. Die Ergebnisse der Studie sind Grundlage des Kodex-Checks für gute Arbeit in der Wissenschaft, den die GEW seit März 2017 auf der Website www.kodex-check.de bereitstellt.

Der letzte Abschnitt F „Die Wittenberger Erklärung – Fünf Forderungen zu einer nachhaltigen Wissenschaftsfinanzierung und ihre Disputation" ist schließlich den auf der 9. Wissenschaftskonferenz präsentierten Forderungen der GEW gewidmet. Die Bundestagsabgeordneten Alexandra Dinges-Dierig (CDU), Kai Gehring (Bündnis 90/Die Grünen), Nicole Gohlke (Die Linke) und Oliver Kaczmarek (SPD) nehmen Stellung zu den Forderungen der GEW nach einer Bildungs- und Wissenschaftsfinanzierung aus einem Guss, einer deutlich gestärkten Grundfinanzierung der Hochschulen, einer Entfristungsoffensive, besseren Studienbedingungen und einer Reform der Studienfinanzierung.

Dinges-Dierig verweist u. a. auf die größeren Unterstützungsmöglichkeiten durch den Bund nach Änderung des Art. 91b des Grundgesetzes und auf verschiedene Programme, die von Regierungsseite auf den Weg gebracht wurden. Sie macht aber auch deutlich, dass etwa für die Schaffung langfristiger Stellen die Länder verantwortlich blieben.

Gehring stellt die Wirkkraft des Tenure-Track-Programms für den wissenschaftlichen Nachwuchs aufgrund seines kleinen Umfangs und der alleinigen Ausrichtung auf Universitäten infrage. Er bringt den infrastrukturellen Ausbau der Hochschulen und Forschungseinrichtungen als weiteren Finanzierungspunkt in die Diskussion und plädiert für eine bessere Grundfinanzierung als zentralem Aspekt einer Neuaufstellung der Wissenschaftsfinanzierung.

Auch Gohlke setzt sich für eine solide Grundfinanzierung der Hochschulen ein, die durch den Bund z. B. über die Verstetigung der Bundesmittel für die Hochschullehre mitgetragen werden soll. Damit solle gleichzeitig den Auswirkungen der Abhängigkeit von Drittmitteln entgegengewirkt werden, die zu befristeten Beschäftigungsverhältnissen und der Einflussnahme fragwürdiger Interessengruppen auf Forschungsinhalte führten.

Kaczmarek spricht sich für eine neue Finanzarchitektur in der Hochschulfinanzierung aus, die im Rahmen der Sicherung der Grundfinanzierung der Hochschulen u. a. Schwerpunkte auf die Verbesserung der Lehre, die Förderung des wissenschaftlichen Nachwuchses und den Ausbau der sozialen Infrastruktur für Studierende setzen soll.

Andreas Keller macht in seinem abschließenden Beitrag deutlich, wie dringend eine Wende in der Hochschulfinanzierung gebraucht wird. Er fordert Bund und Länder auf, die Weichen für eine bessere Grundfinanzierung zu stellen und eine Entfristungsoffensive sowie eine umfassende Reform der Studienfinanzierung auf den Weg zu bringen.

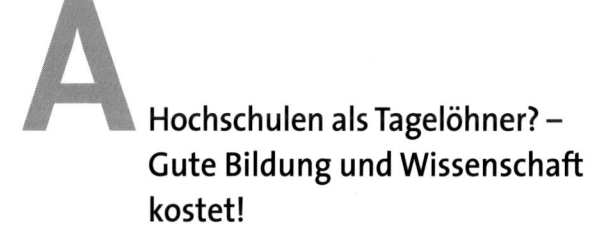

A Hochschulen als Tagelöhner? – Gute Bildung und Wissenschaft kostet!

A Überwiegend mehr, aber nicht genug

Die Entwicklung der Hochschulfinanzierung
in den Bundesländern

Justus Henke und Peer Pasternack

Insgesamt werden im deutschen Hochschulsystem jährlich 50,5 Mrd. Euro (2013) bewegt.[1] Darin stecken allerdings auch nicht öffentliche Finanzierungen: 15,8 Mrd. Euro aus wirtschaftlicher Tätigkeit der Universitätsklinika, 1,1 Mrd. Euro aus Beiträgen der Studierenden, des Weiteren Drittmittel privater Geldgeber. Ohne die Krankenkassenvergütungen der Universitätsklinika und die studentischen Beiträge umfasst die Gesamtfinanzierung des Hochschulsystems 33,6 Mrd. Euro. Davon beträgt der Anteil an Drittmitteln von privaten Stiftungen und gewerblicher Wirtschaft 5,5 Prozent (ca. 1,8 Mrd. Euro).

94,5 Prozent des Systems hingegen sind öffentlich finanziert: Ausschließlich aus öffentlichen Kassen, also ohne private Drittmittel, stammen 32,2 Mrd. Euro. Davon wiederum sind 18,3 Mrd. Euro oder 56 Prozent die sog. laufenden Grundmittel, d. h. Zuschüsse der Länder an ihre Hochschulen ohne Investitionsausgaben, aber inklusive durchlaufender Bundesmittel.

Die laufenden Grundmittel der Hochschulen waren von 2004 bis 2013 im Bundesdurchschnitt um 29,2 Prozent – bei parallelen Kostensteigerungen von 15 Prozent – gewachsen.[2] Berechnet anhand der laufenden Grundmittel sind die Hochschulausgaben pro Student/in im Durchschnitt der Länder 2004 bis 2013 von 7.268 Euro auf 7.323 Euro leicht gestiegen, unter Berücksichtigung des realen Werts der Grundmittel 2013 (in Preisen von 2004) aber um etwa 900 Euro (–12 Prozent) gesunken. In elf Bundesländern erhöhten sich die Ausgaben je Student/in nominal, aber nur vier Bundesländer haben sie auch real steigern können. Das ergänzende Engagement des Bundes ist bei all dem deutlich intensiviert worden: Seine finanziellen Beiträge zur Hochschulsystemfinanzierung haben sich innerhalb des zurückliegenden Jahrzehnts mehr als verdoppelt, sodass der Bund einschließlich

---

[1] Quellen für die Zahlen dieses Abschnitts: Alexander von Humboldt-Stiftung 2014; BMBF 2014a; DAAD 2015; Deutsches Studentenwerk 2015; Statistisches Bundesamt 2015; eigene Berechnungen auf Grundlage dieser Quellen.

[2] Ausgewertet wurde der Zeitraum 2004–2013, da 2013 zum Auswertungszeitpunkt das Jahr war, für das in der amtlichen Statistik die jüngsten konsolidierten Daten vorlagen.

der in den Landeshaushalten durchlaufenden Mittel nun mehr als ein Viertel (28 Prozent) der Kosten des Hochschulsystems trägt. Wertet man diese Entwicklung der Hochschulfinanzierung über einen Zeitraum von zehn Jahren aus und betrachtet die mittelfristigen Absichten der Landesregierungen, so lassen sich die Ergebnisse in acht Nachrichten zusammenfassen – eine gute, fünf nicht so gute und zwei ambivalente:

1. In fast allen Ländern gab es Aufwüchse bei den laufenden Grundmitteln für die Hochschulen.
2. Dabei bestehen – zum Teil sehr beträchtliche – Ungleichgewichte zwischen den Ländern.
3. Die Realfinanzierung der Hochschulen, d. h. die Nominalfinanzierung abzüglich Kostensteigerungen, hält nicht Schritt mit dem Wachstum der Studierendenzahlen.
4. Ohne den Bund sähen die Hochschulfinanzen in den Ländern deutlich schlechter aus.
5. Der Anteil der Hochschulaufwendungen am BIP hat sich im Länderdurchschnitt nicht verbessert.
6. Ungebremst steigt die Bedeutung von Projektfinanzierungen.
7. Beim BAföG ist, trotz erfolgter Anpassungen, keine Dynamik erkennbar.
8. Die Aussichten der Hochschulfinanzierung sind ausweislich der mittelfristigen Ländervorhaben durchwachsen.

Diese Nachrichten sollen im nun folgenden Text weiter erläutert werden.

1. Überwiegend geht's voran

Die verbreitete Auffassung, an den Hochschulen werde überall gespart, lässt sich so nicht aufrechterhalten. Zwischen 2004 und 2013 ist die Grundfinanzierung der Hochschulen – laufende Grundmittel – nominell in 15 Bundesländern gestiegen (vgl. Abb. 1). Die laufenden Grundmittel umfassen zwar keineswegs alle Finanzen, die dem Hochschulsystem zur Verfügung stehen, doch ihren größten Anteil. Ihnen lassen sich im Zeitverlauf die Anstrengungen der Länder, ihre Hochschulen zu finanzieren, im Grundsatz ablesen. Im Länderdurchschnitt betrug der nominelle Anstieg 29 Prozent.

Um allerdings die nominalen Aufwüchse der öffentlichen Finanzmittel angemessen einordnen zu können, müssen sie ins Verhältnis zu den gleichzeitigen Kostensteigerungen gesetzt werden. Wo eine positive Differenz von Aufwüchsen der laufenden Grundmittel und Kostensteigerungen besteht, gab es einen nicht nur nominalen, sondern auch realen Zuwachs der Finanzmittel, über die die Hochschulen verfügen. Nach dieser Betrachtung sind die laufenden Grundmittel um Kostensteigerungen bereinigt in 14 Bundesländern gestiegen. Im Länderdurchschnitt betrug der reale Anstieg immer noch zwölf Prozent.

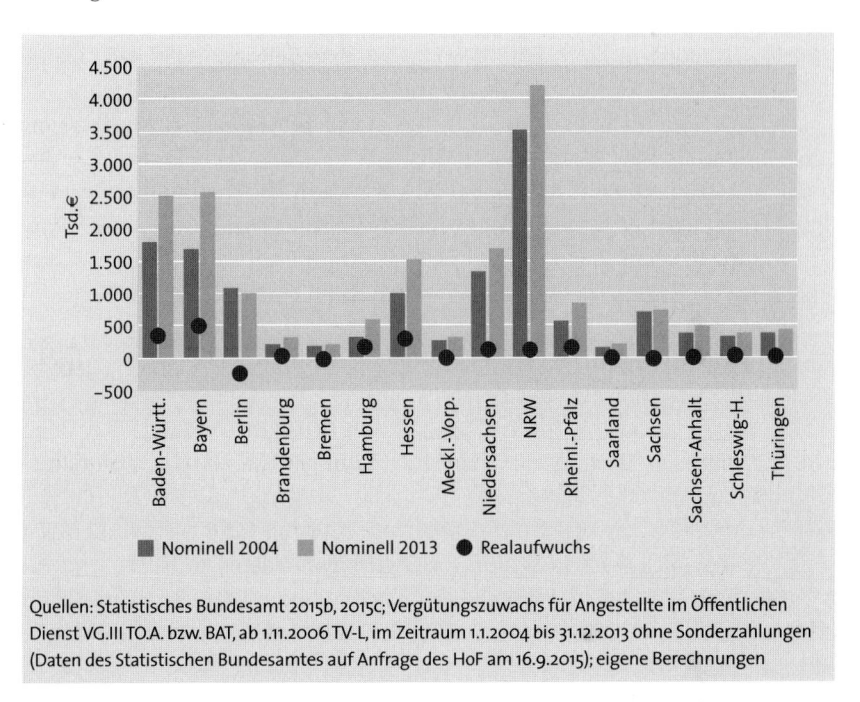

Abb. 1: Nominale und reale Aufwendungen der Länder für laufende Grundmittel der Hochschulen 2004 und 2013

2. Nicht überall geht's voran: Ungleichgewichte zwischen den Ländern

Die Wachstumsraten schwanken sehr stark: Spitzenreiter bei den nominalen Zuwächsen der laufenden Grundmittel sind Hamburg (+85 Prozent), Rheinland-Pfalz (+51 Prozent), Baden-Württemberg (+51 Prozent) und Hessen (+50 Prozent). Am unteren Ende liegen Berlin (−9 Prozent), Sachsen (+6 Prozent), Thüringen (+18 Prozent) und Bremen (+19 Prozent).

Wenn man die o. g. nominalen Aufwüchse der laufenden Grundmittel ins Verhältnis zu den gleichzeitigen Kostensteigerungen setzt, verändert sich das ländervergleichende Bild kaum. Im Durchschnitt der Länder betrug die Kostensteigerung durch Inflation, Tarif- und Besoldungsanhebungen 15 Prozent. In 14 Ländern ergaben sich Realzuwächse, d. h. Zuwächse, die über die inflations- und personalkostenbedingte Ausgabensteigerung hinausreichten.

Auch diese streuten allerdings beträchtlich: Während in Hamburg, Hessen, Rheinland-Pfalz und Bayern die Realzuwächse bei 60, 31, 31 bzw. 30 Prozent lagen, sind Realverluste in Berlin und Sachsen um −20 bzw. −9 Prozent zu konstatieren. In Berlin, dessen Hochschulfinanzierung auch nominal zurückging, und in Sachsen konnten also die Kosten- und Tarifsteigerungen nicht ausgeglichen werden. In Berlin sank der Landeszuschuss real, d. h. gemessen an der Geldwertentwicklung von 2004 bis 2013, um 215 Mio. Euro und in Sachsen um 62 Mio. Euro. Bei weiteren acht Ländern lagen die Realzuwächse zwischen 3 und 10 Prozent.

3. Realfinanzierung hält nicht Schritt mit dem Wachstum der Studierendenzahlen

Im gleichen Zeitraum ist die Zahl der Studierenden stark angewachsen (bundesweit um 28 Prozent; vgl. auch Abb. 2). Daher stiegen die laufenden Grundmittel pro Student/in zwischen 2004 und 2013 nominal lediglich geringfügig (+1 Prozent). Dies ist allerdings nur eine Durchschnittsbetrachtung. Werden die Länder im Einzelnen betrachtet, so überstieg das Wachstum der Studierenden in fünf Ländern das der Grundmittel: In Baden-Württemberg, Berlin, NRW, Saarland und Schleswig-Holstein wurde weniger Geld pro Student/in ausgegeben als zehn Jahre zuvor.

Berücksichtigt man zudem die Kostensteigerungen in diesem Zeitraum, dann sanken die realen Hochschulausgaben (laufende Grundmittel pro Student/in in Preisen von 2004) in zwölf Bundesländern. Lediglich in Brandenburg, Bremen, Hamburg und Rheinland-Pfalz wurde auch kostenbereinigt 2013 mehr ausgegeben als 2004. In der Realwert-Berechnung sind die Ausgaben je Student/in im Länderdurchschnitt seit 2004 um etwa 900 Euro (−12 Prozent) gesunken.

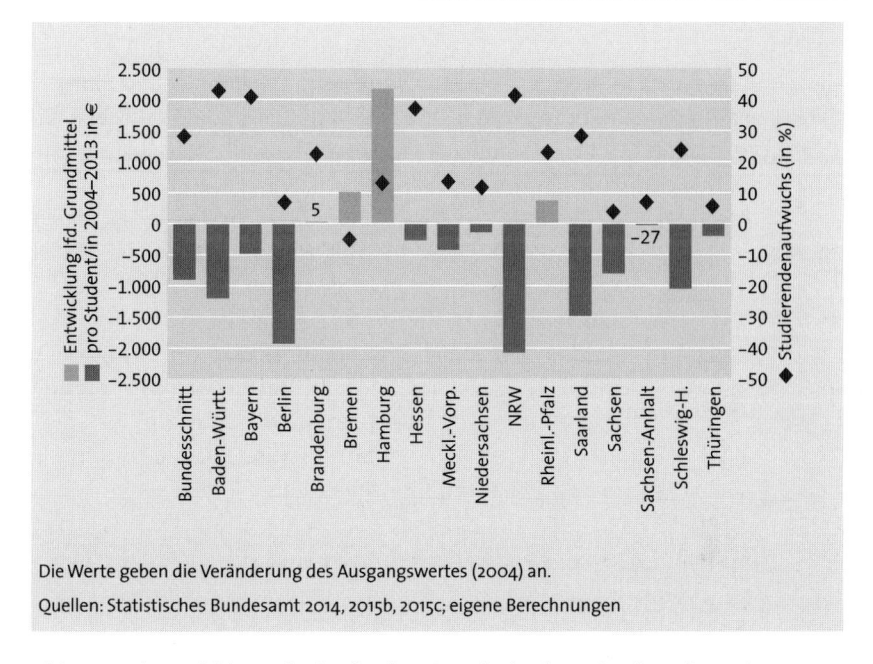

Die Werte geben die Veränderung des Ausgangswertes (2004) an.
Quellen: Statistisches Bundesamt 2014, 2015b, 2015c; eigene Berechnungen

Abb. 2: Realentwicklung der laufenden Grundmittel pro Student/in und Studierendenaufwuchs 2004–2013

4. Ohne den Bund sähe es deutlich schlechter aus

Die Bundesbeteiligung im Rahmen des Hochschulpakts macht bedeutsame Anteile der seit 2004 hinzugekommenen laufenden Grundmittel aus (Abb. 3): So wurden in Bremen und Thüringen 85 bzw. 89 Prozent der Mittelaufwüchse gegenüber 2004 durch Bundeszuweisungen im Rahmen des Hochschulpakts gedeckt. Im Durchschnitt aller Länder sind es 46 Prozent der hinzugekommenen Mittel. Da die Mittel des Bundes an die Landeshaushalte überwiesen werden, welche wiederum die Mittel an die Hochschulen durchreichen, erscheinen sie in der Hochschulstatistik als Grundmittel des Landes. Optisch wirken solche Durchlaufmittel somit wie Landesmittel – ein Umstand, der in der öffentlichen Debatte um die Hochschulfinanzierung wenig diskutiert wird.

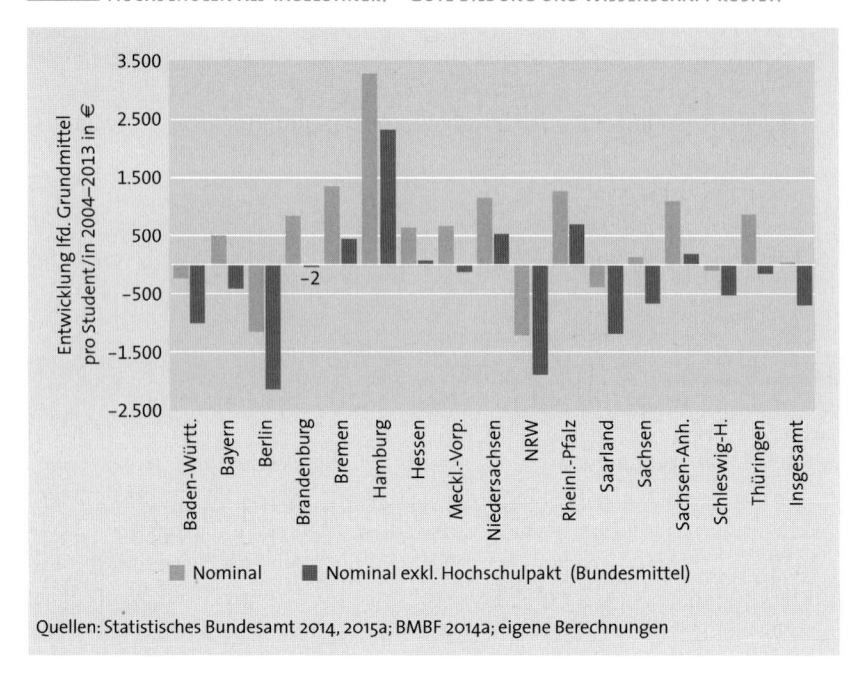

Abb. 3: Bedeutung des Bundesanteils am Hochschulpakt für die laufenden Grundmittel pro Student/in

5. Anteil der Hochschulaufwendungen am BIP im Länderdurchschnitt unverändert

Um die Hochschulfinanzierung (laufende Grundmittel) ins Verhältnis zur wirtschaftlichen Leistungskraft eines Bundeslandes zu setzen, kann der Anteil der laufenden Grundmittel am Bruttoinlandsprodukt (BIP) (ohne Investitionsmittel) berechnet werden.[3] Dabei zeigt sich:

- Berlin und Bremen als Stadtstaaten sowie die ostdeutschen Länder Mecklenburg-Vorpommern, Sachsen-Anhalt und Thüringen weisen deutlich überdurchschnittliche Anteile der Hochschulaufwendungen am BIP auf.
- Die relativ hohen Aufwendungsanteile am BIP der drei ostdeutschen Länder zeigen zum einen, dass die Bezugsgröße – das BIP – im Ländervergleich niedrig ist, da dort die Studierendenzahl pro Einwohner/in im Durchschnitt liegt, zum anderen, dass dort trotz einge-

---

3 Zahlen zum BIP der Länder: Arbeitskreis VGR der Länder 2015.

schränkter ökonomischer Leistungskraft politische Schwerpunkte in der finanziellen Ausstattung der Hochschulen gesetzt werden.
- Deutlich unterdurchschnittliche Anteile der Hochschulaufwendungen am BIP sind für Bayern, Brandenburg und Schleswig-Holstein zu konstatieren.

Zusammengefasst: Von 2004 bis 2013 steigerten sechs Länder den Anteil der laufenden Hochschulgrundmittel am BIP, in zwei Ländern fiel dieser Anteil, und in acht Ländern blieb er stabil.

6. Steigende Bedeutung von Projektfinanzierungen

Hochschulen haben in den vergangenen zehn Jahren ihre zusätzlichen Finanzierungen aus Drittmitteln enorm steigern können. Im Durchschnitt der fünf von uns näher untersuchten Länder (Baden-Württemberg, Nordrhein-Westfalen, Hessen, Sachsen, Sachsen-Anhalt) stiegen seit 2004 die Bundesmittel um (beachte: nicht *auf*) 104 Prozent, die DFG-Mittel um 126 Prozent und die EU-Mittel seit 2007 um 155 Prozent. Insgesamt wuchs der Anteil aller externen Mittel an der Hochschulsystemfinanzierung 2004–2013 um etwa 50 Prozent und damit auf etwa ein Viertel des Gesamtvolumens. Der Bund trägt mit seinen Finanzierungsbeiträgen mittlerweile rund 25 Prozent der Hochschulsystemfinanzierung.

Allerdings bleibt festzuhalten, dass der größte Teil dieser Drittmittel in Projektfinanzierungen fließt, damit nur befristete Arbeitsverhältnisse schafft und so unsichere Karriereverläufe vor allem für Nachwuchswissenschaftler/innen fördert. Gleichzeitig sind solche Finanzierungsanteile mit mehr Risiken verbunden als die verlässlich mit dem Land vereinbarten Grundmittel. Projektmittel müssen erst eingeworben werden, und nur ein Teil der Anträge wird bewilligt. Damit wird die mitunter frustrierende Erfahrung, enorme – aus Grundmitteln finanzierte – Zeitressourcen in Anträge zu investieren bei gleichzeitig hoher Wahrscheinlichkeit, dass diese scheitern, fest in den Hochschulalltag integriert. In einer rein kalkulatorischen Sicht ginge diese Rechnung nur dann auf, wenn eine durch mehr Wettbewerb induzierte Produktivitätssteigerung der Wissenschaftler/innen die aus Grundmitteln aufgewandten, versunkenen Kosten gescheiterter Anträge im Aggregat überkompensieren würden.

Etwas anders sind die beträchtlichen Summen des Hochschulpakts einzuordnen. Da der Großteil der Mittel über die Auslastung der Hochschulen mit Studierenden vergeben wird, sind Risiken etwas kalkulierbarer und variieren mit der Wirksamkeit des Studierendenmarketings seitens der Hochschulen. Nicht abzusprechen ist jedoch, dass die Länder durch diese Form der Mitfinanzierung ihrer Hochschulen seitens des Bundes einen Teil ihrer Unabhängigkeit in der Hochschulpolitik abgegeben haben.

7. BAföG: keine Dynamik

Mit dem BAföG wird seit 1971 die Ausbildung von SchülerInnen und Studierenden in Deutschland staatlich gefördert. Hauptziel des BAföG ist die Erhöhung der Chancengleichheit im Bildungswesen. Es ist die bedeutendste Individualförderung im deutschen Hochschulsystem. Insgesamt gaben Bund und Länder, die sich bis 2015 die Ausgaben im Verhältnis 65 zu 35 Prozent teilten, im Jahr 2013 etwa 3,1 Mrd. Euro für die BAföG-Förderungen aus. Durch einen Beschluss der Bundesregierung vom 26. Mai 2014 einigte man sich mit den Ländern darauf, dass ab 2015 der Bund die gesamten Kosten der Länder für das BAföG trägt. Für die Länder insgesamt bedeutet dies eine Entlastung von etwa 1,2 Mrd. Euro pro Jahr.[4]

Nach derzeitiger Beschlusslage ist zu konstatieren, dass 3 der 16 Bundesländer die BAföG-Mittel vollständig in die Hochschulen fließen lassen: Bayern, Brandenburg und Hessen. Zwischen 60 und 85 Prozent der Mittel gehen in Mecklenburg-Vorpommern, Rheinland-Pfalz, Sachsen und Sachsen-Anhalt in die Hochschulen. Immerhin die Hälfte des Geldes erhalten in Baden-Württemberg und Berlin die Hochschulen. In Bremen und Thüringen werden 38 Prozent bzw. 30 Prozent der Mittel den Hochschulen zur Verfügung gestellt. Vier Länder nutzen die frei werdenden Mittel nicht zur Aufstockung der Hochschuletats: Hamburg, Niedersachsen, Nordrhein-Westfalen und Schleswig-Holstein. Zum Teil fließen Beträge aus den früheren BAföG-Mitteln in die frühkindliche Bildung, einen Bildungsbereich also, zu dem das BAföG keinen Bezug aufweist.

Das BAföG ist trotz vollzogener Verbesserungen nach wie vor nicht so ausgestaltet, dass es die tatsächlich bestehenden Förderbedarfe angemessen berücksichtigt. Kai Gehring, Sprecher für Hochschule, Wissenschaft und Forschung der Fraktion Bündnis 90/Die Grünen im Bundestag, verweist hier auf die sechs vergangenen Jahre seit 2010 ohne Erhöhung der Förder-

---

4   In der entsprechenden BMBF-Pressemitteilung wurde der Sachverhalt so umschrieben: „Der Bund übernimmt die Finanzierung des BAföG vollständig und auf Dauer ab 1. Januar nächsten Jahres. [...] Zudem wurde von Koalitionspartnern und Ländern eine Grundgesetzänderung zur Möglichkeit des dauerhaften Engagements des Bundes für Forschung und Lehre an Hochschulen vereinbart. Der Artikel 91b des Grundgesetzes soll neu gefasst werden" (BMBF 2014b).

sätze: Sie hätten bei gleichzeitig wachsender Studierendenzahl effektiv zu einem beträchtlichen Absinken nicht nur der Förderquote, sondern auch der Zahl der Geförderten insgesamt geführt (Gehring 2016). Im August 2016 traten nun Erhöhungen der Förder- und Freibeiträge des BAföG in Kraft, wobei die Absicht formuliert wurde, die Zahl der BAföG-Empfänger im Jahresdurchschnitt um 110.000 Personen zu erhöhen (BMBF 2016). Damit würde ungefähr die Förderquote des Jahres 2010 wieder erreicht, jedoch nicht überschritten.

8. Mittelfristige Aussichten der Hochschulfinanzierung sind durchwachsen

Betrachtet man die jüngsten Entwicklungen und aktuellen Debatten in den Ländern, so ergibt sich zur derzeitigen Situation und Planung der Hochschulfinanzierung folgendes Bild: In einem Viertel der Bundesländer kommt es nach aktueller Beschlusslage in den nächsten Jahren zu Kürzungen im Hochschulbereich (Bayern, Bremen, Rheinland-Pfalz, Saarland). Diese fallen unterschiedlich aus und reichen von Kürzungen der Grundfinanzierung über die Streichung von Studiengängen und den Abbau von Studienplätzen bis hin zu Reduzierungen spezieller Finanzierungstatbestände, etwa Landespromotionsstipendien.

In zwölf Ländern hingegen sind aktuell keine Kürzungen im Hochschulbereich beabsichtigt. In davon sechs Ländern sind Aufwüchse vereinbart (Brandenburg, Berlin, Mecklenburg-Vorpommern, Niedersachsen, Sachsen-Anhalt, Thüringen). Sechs Länder beabsichtigen die Beibehaltung der gegenwärtigen Zuschüsse (Baden-Württemberg, Hamburg, Hessen, Nordrhein-Westfalen, Sachsen, Schleswig-Holstein).

Im Vergleich zu den Entwicklungen der Jahre 2004–2013 zeigt dieser Überblick: Es bleibt dabei, dass die deutliche Mehrheit der Länder die Hochschulfinanzierung in ihren Haushalten durchaus priorisiert. Wie aber ist das Viertel der Länder zu bewerten, in dem Kürzungen unterschiedlicher Art vorgesehen sind? Innerhalb des von uns untersuchten Zehnjahreszeitraums hatte zwar nur ein Land (Berlin) 2013 einen niedrigeren Grundmittelzuschuss an die Hochschulen aufzuweisen als 2004, während alle anderen zumindest nominal Aufwüchse realisierten. Allerdings heißt dies nicht, dass in 15 Ländern ein Jahrzehnt lang die Grundmittel kontinuierlich gestiegen seien. Vielmehr hatten fast alle Bundesländer im Jahrzehnt 2004–2013 sowohl Kürzungs- als auch Aufwuchsphasen. Insoweit stellt der Umstand, dass aktuell in drei Ländern und ab 2019 in einem vierten Land

Reduzierungen bei den Hochschulen vorgesehen sind, keine Veränderung zum betrachteten Jahrzehnt dar, sondern setzt dessen länderdifferenzierte und wechselhafte Entwicklungen fort.

In einer optimistischen Deutung dieser Entwicklungen könnte man sagen, die stetige und mitunter heftig geführte Debatte um die Finanzausstattungen der Hochschulen hat sichtbare Wirkungen gezeigt und vielerorts zu einer Verbesserung der Hochschulfinanzierung beigetragen. Insofern besteht angesichts absehbarer Verschärfungen der Situation – etwa des auslaufenden Hochschulpakts oder künftig rückläufiger Studienanfängerzahlen – kein Grund, eine fatalistische Haltung einzunehmen. Grund zum Innehalten gibt es aber auch nicht, denn die Ausstattung der Hochschulen hinkt im Verhältnis zur Studierendenzahl immer noch der Situation in den frühen 1990er-Jahren hinterher (vgl. Timmermann 2010).

Fazit

Drei zentrale Befunde der acht Nachrichten sind hervorzuheben: Erstens sind die laufenden Grundmittel nominal und real in den meisten Bundesländern gestiegen. Zweitens sind jedoch die Grundmittel pro Student/in nur geringfügig gestiegen, unter Berücksichtigung der Kostensteigerungen sind sie sogar mehrheitlich gesunken. Und drittens wurde ersichtlich, dass die Bundesbeteiligung am Hochschulpakt bedeutsame Anteile des Anstiegs der laufenden Grundmittel ausmachten.

Im Grundsatz sind die deutschen Hochschulen somit nach wie vor unterfinanziert, aber 2013 in den meisten Bundesländern deutlich besser ausgestattet als zehn Jahre zuvor. Die verbreitete Aussage, an den Hochschulen werde überall gespart, lässt sich mit Blick auf die nominellen Wachstumsraten so nicht aufrechterhalten. Allerdings hat die Realentwicklung der Hochschulfinanzierung nicht mit dem starken Anwachsen der Studierendenzahlen Schritt gehalten. Weitere gewichtige Probleme sind die sehr breite Streuung der Ausgabenhöhen zwischen den Ländern, die unterschiedlichen Dynamiken bei der Verbesserung der Hochschulfinanzierung, der Investitionsstau, die steigende Bedeutung von projektförmigen Finanzierungen und die z. T. gegensätzlichen Planungen für die nächsten Jahre. Darin bilden sich regionale Ungleichheiten ab, aus denen sich nicht zuletzt auch unterschiedliche Chancenverteilungen für die studienrelevanten Altersjahrgänge ergeben.

Literatur

Alexander-von-Humboldt-Stiftung 2014: Jahresbericht 2013, Bonn, https://www.humboldt-foundation.de/web/jahresbericht-2013.html (01.12.2015).

Arbeitskreis VGR der Länder 2015: Bruttoinlandsprodukt, Bruttowertschöpfung in den Ländern der Bundesrepublik Deutschland 2000 bis 2014, Reihe 1, Band 1, Frankfurt am Main.

BMBF 2014a: Anlage 1 zur Verwaltungsvereinbarung zwischen Bund und Ländern gemäß Artikel 91b Abs. 1 Nr. 2 des Grundgesetzes über den Hochschulpakt 2020, https://www.bmbf.de/files/Verwaltungsvereinbarung_Hochschulpakt_III_vom_11.12.2014.pdf (10.09.2015).

BMBF 2014b: Aufbruch in bessere Bildungs- und Forschungskooperation. Pressemitteilung vom 27.5.2014, https://idw-online.de/de/news589247 (28.05.2014).

BMBF 2016: https://www.bmbf.de/de/mehr-bafoeg-mehr-chancen-3168.html (01.09.2016).

DAAD 2015: DAAD Jahresbericht 2013, Bonn, https://www.daad.de/medien/daad-jahresbericht-2013.pdf (07.11.2015).

Deutsches Studentenwerk 2015: Jahresbericht 2014, Berlin, http://www.studentenwerke.de/de/content/jahresbericht-2014 (10.12.2015).

Gehring, Kai 2016: http://kai-gehring.de/2016/08/11/sechs-bafoeg-nullrunden-hinterlassen-spuren/(01.09.2016).

Statistisches Bundesamt 2014: Fachserie 11, Reihe 4.1 – Studierende an Hochschulen, Wiesbaden.

Statistisches Bundesamt 2015a: Fachserie 11, Reihe 4.5 – Finanzen der Hochschulen, Wiesbaden.

Statistisches Bundesamt 2015b: Genesis Online-Datenbank 2003–2014: Verbraucherpreisindex für Deutschland 61111-0010, Wiesbaden, https://www-genesis.destatis.de/genesis/online/data?operation=abruftabelleAbrufen&selectionname=61111-0001&levelindex=1&levelid=1 492717043680&index=1 (19.10.2015).

Statistisches Bundesamt 2015c: Daten zu Grundmitteln ohne private Hochschulen, Sonderauswertung des StatBA vom 5./9.10.2015.

Timmermann, Dieter 2010: Alternativen der Hochschulfinanzierung, Düsseldorf, http://www.boeckler.de/pdf/p_arbp_211.pdf (22.11.2015).

A Bildungsfinanzierung der öffentlichen Hand – Stand und Herausforderungen

Roman Jaich

Vorbemerkungen

Fast alle nationalen und internationalen Vergleichsstudien stellen dem deutschen Bildungssystem ein miserables Ergebnis aus:

- Ca. 5,6% der Absolventen und Absolventinnen allgemeinbildender Schulen verlassen diese ohne einen Schulabschluss (Statistisches Bundesamt 2016: 456).
- Von den Jugendlichen mit Migrationshintergrund schaffen unverhältnismäßig viele (2015 waren es 11,8%) keinen Schulabschluss (Statistisches Bundesamt 2016: 466 f.). Sie sind die Verlierer des Bildungssystems.
- Die Zahl der funktionalen Analphabeten ist mit 7,5 Mio. in Deutschland erschreckend hoch (Grotlüschen/Riekmann 2011: 2).
- Die Entscheidung über die Bildungskarriere wird stärker als in anderen Ländern von der sozialen Herkunft der Eltern geprägt (Klemm 2016).
- Immer noch landen jährlich zu viele jungen Menschen – ca. 270.000 in 2015 – im sogenannten beruflichen Übergangssystem zwischen Schule und Beruf (Autorengruppe Bildungsberichterstattung 2016: 102).
- Die Beteiligung der erwachsenen Bevölkerung am lebenslangen Lernen steigt. Soziale Disparitäten hinsichtlich der Teilnehmerinnen und Teilnehmer nach Bildungs- und Ausbildungsstand sowie nach Erwerbsstatus bestehen jedoch weiterhin in gravierendem Umfang. (Autorengruppe Bildungsberichterstattung 2016: 144).

Es gibt daher ausreichend Gründe, sich für eine Reform unseres Bildungssystems einzusetzen. Denn hinter diesen Befunden verbergen sich einerseits Einzelschicksale, d. h. junge und auch ältere Menschen, die aus Bildungsprozessen und damit verbunden auch aus gesellschaftlichen Subsystemen, wie z. B. dem Arbeitsmarkt, ausgegrenzt werden. Andererseits wird damit mittelfristig auch die wirtschaftliche Leistungsfähigkeit Deutschlands gefährdet. Eine Reform des Bildungssystems bedeutet dabei einerseits immer eine Veränderung der Strukturen, andererseits aber auch immer die Berücksichtigung der dafür erforderlichen Finanzen. Damit kommt das Thema Bildungsfinanzierung ins Spiel.

Bildungsfinanzierung als eigenständiges Diskussionsfeld ist Ende der 80er-Jahre des 20. Jahrhunderts aufgekommen. Hintergrund war schon damals die Erkenntnis, dass der Bildungsbereich reformbedürftig und mit zu wenig öffentlichen Ressourcen ausgestattet war. Doch statt dieser Erkenntnis Taten folgen zu lassen, erhofften sich die damaligen politischen Entscheidungsträger auf zum Teil kommunaler, Landes- und Bundesebene, dass Effizienzgewinne aus dem Einsatz neuer Steuerungssysteme ausreichend Finanzreserven mobilisieren würden. Zusätzliche Investitionen wurden daher als nicht notwendig erachtet. Diese Hoffnung erwies sich als trügerisch: sei es bei der Kita-Card der Kindertagesstätten, den Globalhaushalten im Schulbereich oder der Einführung der Hochschulautonomie. Häufig erforderten die neuen Steuerungsmodelle sogar zusätzliche Ressourcen, statt Effizienzgewinne zu bringen. Zum Teil sind sie daher schon wieder „Geschichte".

Stattdessen kommen heute neue Konzepte auf die Tagesordnung, bei denen es nicht mehr nur darum geht, das Ressourcenvolumen zu verändern, sondern innerhalb der Akteursgruppen neu zu verteilen. Gemeint sind die vielfältigen Formen zur Berechnung von Bildungsrenditen. Mit Bildungsrenditen werden monetäre Erträge einer Bildungsinvestition (z. B. Studium) meist in Form eines prozentualen Zuwachses von Einkommen ermittelt (für eine Übersicht vgl. z. B. Buschle/Haider 2013). Dahinter steht die an sich plausible Annahme, dass Menschen mit höheren Bildungsabschlüssen in der Regel höhere Einkommen erzielen als Menschen mit geringeren Bildungsabschlüssen.

Die Ermittlung von Bildungsrenditen, und damit verbunden meist der Hinweis auf hohe private Renditen von Bildung, wird dabei zum Teil als Argument dafür genutzt, mehr private Investitionen in den Bildungsbereich zu fordern, etwa durch die Einführung von Studiengebühren (vgl. z. B. Anger/Plünnecke/Schmidt 2010).

Problematisch ist das Renditekonzept dahingehend, dass in der Regel von einer Status-quo-Betrachtung ausgegangen wird, das heißt von einem konstanten Niveau der Qualifikationsstruktur. Damit ist gemeint, dass Rückkoppelungseffekte nicht in den Blick genommen werden. Die aus den 80er-/90er-Jahren bekannten sogenannten „Schweinezyklen" in den Ingenieurwissenschaften verweisen aber auf die Relevanz solcher Effekte: Damals hatte wiederholt ein Fachkräftemangel bei Ingenieurinnen und

Ingenieuren dazu geführt, dass die vermeintlich sicheren Arbeitsplätze mit guten Einkommen junge Menschen dazu bewegt haben, Ingenieurwissenschaften zu studieren. Einige Jahre später drängten nun aber gleichzeitig viele Absolventinnen und Absolventen der Ingenieurwissenschaften auf den Markt. In der Folge verringerten sich die guten Arbeitsmarktchancen, und ebenso reduzierten sich entsprechend die erwarteten individuellen und kollektiven Renditen. Diese relativ schlechten Arbeitsmarktchancen können in der weiteren Folge dazu führen, dass deutlich weniger junge Menschen sich für ein Ingenieurstudium entscheiden, und der Zyklus aus Mangel an Ingenieurinnen und Ingenieuren, guten Arbeitsmarktchancen und damit verbundenen Renditen beginnt von Neuem.

Für erwartete Renditen sind daher nicht nur die eigenen Bildungsentscheidungen maßgeblich, sondern auch die Studienentscheidungen aller anderen. Gleiches trifft auf die fiskalischen oder gesellschaftlichen Bildungsrenditen zu, zumindest dann, wenn erwartete Einkommen und damit verbundene Steuer- und Sozialversicherungstransfers in den Blick genommen werden. Konkret bedeutet dies, dass Bildungsrenditen unterschiedlich ausfallen werden, je nachdem ob eine Studierendenquote 30 %, 50 % oder sogar 60 % beträgt.

Ökonomische Betrachtungen sollten trotzdem nicht außer Acht bleiben. So verweist der ökonomische Ansatz selber auf seine Grenzen, wenn die seinem Optimierungskalkül zugrunde gelegten Voraussetzungen analysiert werden. Annahmen wie z. B. vollständige Information, Abwesenheit von Informationsasymmetrien, externen Effekten oder öffentlichen Gütern sind gerade im Bildungsbereich in der Regel nicht gegeben und sprechen daher für eine öffentliche Finanzierung und Bereitstellung (vgl. Nagel/Jaich 2004).

Maßstab für die Höhe der nationalen öffentlichen Bildungsfinanzierung

Wie ausgeführt, ermöglichen ökonomische Überlegungen eine Aussage über die Notwendigkeit, Bildung weitgehend öffentlich finanziert bereitzustellen, nicht jedoch über deren Umfang. Auch internationale Vergleiche führen hier nicht wirklich weiter. Zwar wird regelmäßig angeführt, dass die Ausgaben für Bildung im Verhältnis zum Bruttoinlandsprodukt im internationalen Vergleich in Deutschland relativ gering sind. So betrugen laut internationaler Vergleichsstudie die öffentlichen und privaten Ausgaben für Bildungseinrichtungen des Primar- bis Tertiärbereiches in Relation zum Bruttoinlandsprodukt im Jahr 2013 in Deutschland 4,3 % und lagen damit sowohl unter dem OECD-Durchschnitt von 5,2 % wie auch unter dem Durchschnitt der EU-22-Staaten von 5,0 % (OECD 2016: 261). Ausgedrückt wird mit dieser Maßzahl (d. h., welcher Anteil des erwirtschafteten Sozialproduktes in Bildung investiert wird) die Wertschätzung, die Nationalstaaten ihren Bildungssystemen beimessen, nicht aber die Qualität der jeweiligen Bildungssysteme.

Die Frage der Bildungsfinanzierung ist daher an erster Stelle verknüpft mit der Frage nach der Ausgestaltung eines Bildungssystems. Das heißt, vor der Beantwortung der Frage(n) zum Finanzierungssystem muss immer die Frage stehen, wie das Bildungssystem aussehen sollte.

Oder andersherum formuliert: Es gibt nicht das alleinige optimale Bildungssystem. Vielmehr ist das Bildungssystem ein gesellschaftliches Subsystem, das eingebunden ist in ein Geflecht weiterer Subsysteme (z. B. Arbeitsmarkt- oder Politiksystem). Im Idealfall gibt es eine optimale Beziehung der Subsysteme zueinander. Internationale Vergleiche von Bildungssystemen stoßen daher immer wieder an Grenzen. Dazu zwei Beispiele:

1. Hinsichtlich der Finanzierung von Studiengängen unterscheiden sich Deutschland und die USA ganz erheblich. Beide Systeme funktionieren jedoch für sich relativ gut, da sie mit der Ausgestaltung ihrer jeweiligen Arbeitsmärkte korrespondieren.
2. Die Versuche, der mit der EU-Krise verbundenen hohen Jugendarbeitslosigkeit durch die Einführung von dualen Berufsbildungsgängen (unter anderem) in südeuropäischen Ländern Herr zu werden, sind nicht gerade erfolgreich verlaufen. Eine wichtige Ursache hierfür ist, dass die duale Berufsausbildung nicht nur eine Verbindung von zwei Lernorten ist, sondern als eingebunden in die Strukturen des Arbeitsmarktes gesehen werden muss, insbesondere durch Einbeziehung der Sozialpartner. Erst dies führt zur Akzeptanz der Berufsausbildung bei den betrieblichen Akteuren.

Daraus folgt, dass es nicht möglich ist, auf wissenschaftlichem Niveau zu bestimmen, welches Bildungssystem das beste ist und welche Finanzierungsstruktur es dafür braucht. Zwar gibt es eine Reihe von Untersuchungen, die belegen, dass ein bestimmtes Bildungsniveau für wirtschaftlichen Wohlstand notwendig ist. Allerdings sind diese jeweils auf eine bestimmte institutionelle Struktur bezogen und daher als Handlungsempfehlung nur bedingt aussagekräftig. Die im Folgenden präsentierten Zahlen beruhen daher auf gewerkschaftspolitischen Zielsetzungen, d. h. Gerechtigkeitsvorstellungen und der Überzeugung, dass Bildung öffentliche Aufgabe sei, die staatliches Handeln nach sich zieht.

Wie viel zusätzliche Ressourcen benötigt das Bildungssystem?

Im Rahmen eines Gutachtens für die Max-Träger-Stiftung wurden vor diesem Hintergrund die zusätzlichen öffentlichen Ausgaben für ein Bildungssystem ermittelt, das gewerkschaftlichen Ansprüchen genügt (Jaich 2016).

Frühkindliche Bildung

Die positiven Wirkungen, die von einer guten frühkindlichen Bildung ausgehen, sind bereits vielfach beschrieben worden und mittlerweile auch in Deutschland unbestritten. In den Bereich der Kindertagesstätten sind in den letzten Jahren erhebliche Ressourcen geflossen, insbesondere für den Ausbau der Betreuung unter drei Jahren. Von 2008 bis 2013 sind die jährlichen Ausgaben um 13 Mrd. Euro angestiegen. Aber auch diese deutliche Aufwertung des Bereiches reicht noch nicht aus, die Kindertagesstätten in Deutschland zumindest auf internationales Durchschnittsniveau anzuheben, geschweige denn auf das Niveau der Länder Nordeuropas. Handlungsbedarf gibt es sowohl in quantitativer Hinsicht im Hinblick auf den Ausbau der Betreuung für unter 3-Jährige sowie den Ausbau der Ganztagsbetreuung wie auch im Hinblick auf qualitative Erfordernisse wie z. B. die Verbesserung des Betreuungsschlüssels.
  Zentral im Bereich Kindertagesstätten ist die Abschaffung von Gebühren. Bildungseinrichtungen sollten in Deutschland allgemein kostenfrei sein. Werden Kindertagesstätten als Bildungseinrichtungen angesehen – und hieran besteht in Deutschland seit einiger Zeit kein Zweifel mehr –, so sollte der Besuch einer Kindertageseinrichtung für die Eltern kostenfrei sein. Einige Bundesländer sind hier schon ein Stück des Weges gegangen.

Die konsequente Umsetzung dieser Ziele für den Bereich frühkindlicher Bildung würde bundesweit zusätzliche jährliche Ausgaben in Höhe von ca. 11 Mrd. Euro verursachen (Jaich 2016: 26).

Allgemeinbildende Schulen

Der Reputationsverfall der Hauptschule, vor allem in den Großstädten mit hohen Migrantenanteilen und starker räumlicher Segregation der Bevölkerung, ist mittlerweile so dramatisch, dass auch konservative Politikerinnen und Politiker wegen abnehmender Schülerzahlen die Abschaffung der Hauptschule erwägen bzw. in einzelnen Bundesländern (z. B. Hamburg, Berlin, Schleswig-Holstein) beschlossen haben. Deutlich wird hier jedoch auch, dass der Bildungsfinanzierung bei der Schaffung geeigneter Rahmenbedingungen Grenzen gesetzt sind. So wurden in den meisten Bundesländern Hauptschulen mit immer mehr Ressourcen ausgestattet und entwickelten sich zum zweitteuersten Schultyp bezogen auf die Ausgaben je Schülerin bzw. Schüler nach den Förderschulen. Bezogen auf Erfolgsgrößen wie Reduzierung der Schulabsolventinnen und -absolventen ohne Hauptschulabschluss oder Reduzierung der Klassenwiederholung wurde trotz dieses enormen Mehraufwandes wenig erreicht. Hier zeigt sich, dass allein zusätzliche finanzielle Ressourcen ohne gleichzeitig strukturelle Veränderungen wenig bewirken. Die Auflösung des gegliederten Schulsystems kann hier zielführend sein, da damit die Quasi-Festlegung von Bildungs- und Erwerbsverläufen durch die Einsortierung in einen Schultyp entfällt. Zudem leistet sich Deutschland mit dem gegliederten Schulsystem nicht nur ein teures, sondern auch ein stark differenziertes und unüberschaubares, vor allem aber sozial selektives System. Der Zugang zum Gymnasium ist vor allem vom Bildungsstand der Eltern abhängig. Damit trägt das gegliederte Schulsystem vor allem zu einer Stabilisierung bestehender Bildungseliten bei.

Die Ausführungen zeigen, dass allein monetäre Ressourcen nicht ausreichen, um das deutsche Bildungssystem international anschlussfähig zu machen. Strukturelle Veränderungen, hier vor allem die gemeinsame Schule – wie auch immer die konkrete Bezeichnung im jeweiligen Bundesland ist – verbunden mit der Abschaffung der Gymnasien, benötigen nicht in erster Linie finanzielle Ressourcen, sondern eine politische Entscheidung. Wie im Bereich Kindertagesstätten besteht einerseits Handlungsbedarf in quantitativer Hinsicht, nämlich beim Ausbau der Ganztagsbetreuung, sowie qualitativ hinsichtlich der Verbesserung der Qualität des Unterrichts. Eine der großen Herausforderungen aus Sicht der Bildungsfinanzierung im allgemeinbildenden Schulsystem ist zudem die Umsetzung der Inklusion.

Die konsequente Umsetzung dieser Ziele würde bundesweit zusätzliche jährliche Ausgaben in Höhe von ca. 20 Mrd. Euro verursachen, wenn hinsichtlich Inklusion eine Quote von 90 % als Zielmarke formuliert wird (Jaich 2016: 49).

Berufliche Erstausbildung

Die zentrale Problemlage im Bereich der beruflichen Bildung wird seit Jahren darin gesehen, dass von Unternehmen zu wenige Ausbildungsplätze bereitgestellt werden. Die Hoffnung, dass sich dieses Problem durch den demografischen Wandel auflösen würde, hat sich nur zum Teil erfüllt. Die Lücke zwischen nachgefragten und angebotenen Ausbildungsplätzen ist zwar geringer geworden, aber nicht geschlossen.

Ein weiteres Handlungsfeld betrifft die Situation an den beruflichen Schulen. Hier sind finanzielle Ressourcen zur Verbesserung der Rahmenbedingungen – analog zu den Ausführungen über allgemeinbildende Schulen – notwendig.

Die konsequente Umsetzung dieser Ziele würde bundesweit zusätzliche jährliche Ausgaben in Höhe von ca. 7 Mrd. Euro verursachen (Jaich 2016: 59 f.).

Hochschulen

Das zentrale Problem im Hochschulbereich ist schon länger in dessen Überlastung zu sehen. Dies hat sich mit der Ausweitung der Studierendenzahlen noch einmal verschärft. Die Hochschulpakte 1 bis 3, die geschlossen wurden, um die Finanzierungslücke zwischen Bund und Ländern aufgrund der gestiegenen Studierendenzahlen zu schließen, reichen bei Weitem nicht aus. Ebenso führt die Entlastung der Länder bei der BAföG-Finanzierung nicht immer zu einer Verbesserung der Hochschulsituation. Eine Verbesserung der Situation an den Hochschulen, insbesondere der Lehre, bedarf einer besseren Personalausstattung. Als Orientierung wird das Verhältnis wissenschaftlichen Personals zu Studierenden des Jahres 1980 zugrunde gelegt, d. h. die personelle Ausstattung der Hochschulen vor der Bildungsexpansion.

Die konsequente Umsetzung einer Betreuungsquote von einer Stelle wissenschaftlichen Personals auf dreizehn Studierende würde bundesweit zusätzliche jährliche Ausgaben in Höhe von ca. 6 Mrd. Euro verursachen (Jaich 2016: 65).

Weiterbildung

Zusätzliche Ressourcen für Bildungseinrichtungen betreffen im Bereich der Weiterbildung vor allem die Förderung der allgemeinen Weiterbildung auf Grundlage der Weiterbildungsgesetze der Länder. Zudem sollte durch die öffentliche Hand eine Infrastruktur für das lebenslange Lernen bereitgestellt werden. An erster Stelle ist hier eine flächendeckende Weiterbildungsberatung zu nennen.

Die konsequente Umsetzung dieser Ziele würde bundesweit zusätzliche jährliche Ausgaben in Höhe von ca. 1 Mrd. Euro verursachen (Jaich 2016: 69).

Schlussbetrachtung

Im Ergebnis wird in der aktuellen Studie der Max-Träger-Stiftung ausgeführt, dass für eine Verbesserung des deutschen Bildungssystems, orientiert an der Umsetzung gewerkschaftlicher inhaltlicher Forderungen, jährliche Mehrausgaben der Bundesländer in Höhe von mindestens 45 Mrd. Euro erforderlich wären (Jaich 2016: 73). Berücksichtigt sind hierbei noch nicht die zusätzlich notwendigen Ausgaben des Bundes für die Förderinstrumente BAföG sowie AFBG und die Förderung der Weiterbildung aus dem Sozialgesetzbuch-(SGB-)Bereich. Würden diese berücksichtigt, würden sich die jährlichen Mehrausgaben noch einmal um ca. 6 Mrd. Euro erhöhen. Die Ergebnisse der Studie liegen damit in qualitativer Hinsicht in etwa auf einem Niveau mit den vergleichbaren Vorgängerstudien von Jaich (2008, 2009) oder auch von Piltz (2011).

Ein weiterer gewichtiger Posten, der noch nicht in den Blick genommen wurde, sind die Investitionsausgaben, von denen zumindest bekannt ist, dass sie erheblich ausfallen dürften.

Abschließend sei auf einen Umstand hingewiesen, der erst bei einer zeitlichen Betrachtung der Veränderung der Bildungsausgaben auffällt: Forderungen nach Veränderungen im Bildungssystem sind politische Forderungen und müssen politisch begründet werden. Es zeigt sich aber, dass rein bildungspolitische Argumentationen nicht immer weiterführen. So ist z. B. festzustellen, dass der gewaltige Ausbau der Kindertagesstätten (insbesondere in letzter Zeit der Ausbau für unter dreijährige Kinder) nicht mit bildungsökonomischen Argumenten durchgesetzt wurde, sondern unter Verweis auf den Fachkräftemangel, d. h. mit Argumenten aus der Arbeitsmarktpolitik.

Literatur

Anger, Christina/Plünnecke, Axel/Schmidt, Jörg 2010: Bildungsrenditen in Deutschland – Einflussfaktoren, politische Optionen und volkswirtschaftliche Effekte, Institut der deutschen Wirtschaft Köln, Köln.

Autorengruppe Bildungsberichterstattung 2016: Bildung in Deutschland 2016. Ein indikatorgestützter Bericht mit einer Analyse zu Bildung und Migration, Bielefeld.

Buschle, Nicole/Haider, Charsten 2013: Über den ökonomischen Nutzen der Bildung – Ansätze zur Berechnung von Bildungsrenditen, in: Wirtschaft und Statistik (11), 805–817.

Grotlüschen, Anke/Riekmann, Wibke 2011: leo. – Level-One Studie. Literalität von Erwachsenen auf dem unteren Kompetenzniveau, Presseheft, Hamburg.

Jaich, Roman 2008: Gesellschaftliche Kosten eines zukunftsfähigen Bildungssystems, Hans-Böckler-Stiftung, Arbeitspapier 165, Düsseldorf.

Jaich, Roman 2009: Reicht das Zehn-Prozent-Ziel des Dresdener Bildungsgipfels für eine nachhaltige Reform des Bildungssystems? Gutachten im Auftrag der Hans-Böckler-Stiftung, Düsseldorf.

Jaich, Roman 2016: Bildungsfinanzierung der öffentlichen Hand – Stand und Herausforderungen, Gutachten im Auftrag der Max-Träger-Stiftung, Frankfurt am Main.

Klemm, Klaus 2016: Soziale Herkunft und Bildung im Spiegel neuerer Studien, in: Jungkamp, Burkhart/John-Ohnesorg, Marei (Hg.): Soziale Herkunft und Bildungserfolg, in: Netzwerk Bildung, Berlin, 17–22.

Nagel, Bernhard/Jaich, Roman 2004: Bildungsfinanzierung in Deutschland, Baden-Baden.

OECD 2016: Bildung auf einen Blick. OECD-Indikatoren, Bielefeld.

Piltz, Hendrik 2011: Bildungsfinanzierung für das 21. Jahrhundert, Gutachten im Auftrag der Max-Träger-Stiftung, Frankfurt am Main.

Statistisches Bundesamt 2016: Bildung und Kultur. Allgemeinbildende Schulen, Schuljahr 2015/2016, Fachserie 11, Reihe 1, Wiesbaden.

A   Arbeitsplatz Universität: Anforderungen an Umfang und Struktur des wissenschaftlichen Personals

Ergebnisse einer Expertise im Auftrag der Max-Traeger-Stiftung

Anke Burkhardt

Hochschulpolitischer Kontext

Kennzeichnend für das Qualifizierungs- und Karrieremodell deutscher Universitäten ist ein mehrstufiges Prozedere des Erwerbs der Berufungsfähigkeit in Form eines sich über zwei Jahrzehnte erstreckenden Qualifizierungsprozesses aus Hochschulstudium, Promotions- und Postdoc-Phase, wobei selbst bei hervorragenden Leistungen die Einmündung in ein dauerhaftes Beschäftigungsverhältnis mit dem Recht zu selbstständiger Forschung und Lehre keineswegs garantiert ist.

Das Durchschnittsalter zum Zeitpunkt der Habilitation liegt seit Längerem relativ stabil bei über 40 Jahren (2015: 41,2 Jahre, Statistisches Bundesamt 2016c). Auf die sechsjährige Juniorprofessur werden Nachwuchswissenschaftlerinnen und -wissenschaftler mit durchschnittlich 34,7 Jahren berufen, sodass sie bei Abschluss ebenfalls die 40 überschritten haben (Burkhardt/Nickel 2015: 129). Die Erstberufung auf eine Lebenszeitprofessur erfolgt in der Regel erst in der ersten Hälfte des 5. Lebensjahrzehnts. Die Entscheidung für eine wissenschaftliche Laufbahn setzt aber nicht nur einen „langen Atem", sondern auch erhebliche Risikobereitschaft voraus. Der Karriereverlauf ist nur begrenzt planbar. Typisch sind berufliche Patchwork-Biografien mit kurzen Vertragslaufzeiten, Teilzeitarbeit und Drittmittelfinanzierung sowie Phasen von qualifikationsfremden Überbrückungstätigkeiten oder Arbeitslosigkeit. 9 von 10 wissenschaftlichen Mitarbeiterinnen und Mitarbeitern im Angestelltenverhältnis an Universitäten sind von Befristung betroffen. Knapp die Hälfte arbeitet in Teilzeit. Der Anteil des Drittmittelpersonals am Hochschulpersonal für Forschung und Entwicklung (Vollzeitäquivalent/VZÄ) liegt seit 2010 über 60 Prozent (2013: 61,8 Prozent, Statistisches Bundesamt 2015b). Im Bundesmaßstab stellt die Juniorprofessur derzeit die einzige Personalkategorie dar, die explizit der wissenschaftlichen Qualifizierung nach der Promotion dient. Mit knapp

1.600 Juniorprofessor/innen ist die Anzahl allerdings bisher deutlich hinter den ursprünglich avisierten 6.000 Stellen zurückgeblieben.

Der für deutsche Universitäten typische „Flaschenhals" der Personalstruktur schmälert die Karriereaussichten für den wissenschaftlichen Nachwuchs (vgl. Kreckel/Zimmermann 2014). Professorinnen und Professoren machen inzwischen nur noch 8 Prozent des wissenschaftlichen Personals an Universitäten aus (1975: rd. 20 Prozent). Im Zeitraum 2016 bis 2026 werden lediglich rd. 8.300 Professorinnen und Professoren an Universitäten in den Ruhestand gehen (Stand 2014, Sonderauswertung des Statistischen Bundesamtes). Auch wenn die Tendenz leicht steigend ist, steht keine Emeritierungswelle bevor. Hochrechnungen lassen darauf schließen, dass nur etwa ein Drittel derjenigen, die sich jährlich über Habilitation, Juniorprofessur, Nachwuchsgruppenleitung oder andere Wege qualifiziert haben, auf eine Professur oder eine Führungsposition an einer außeruniversitären Forschungseinrichtung gelangt. Wer es nicht schafft, muss entweder auf den Verbleib in der Wissenschaft im Rahmen von Drittmittelprojekten hoffen oder die schwere Aufgabe meistern, sich mit über 40 Jahren eine neue berufliche Perspektive außerhalb der Wissenschaft zu erschließen.

Aus empirischen Untersuchungen geht übereinstimmend hervor, dass Postdocs in erster Linie die fehlende Planbarkeit und die unsicheren Verbleibsaussichten als belastend empfinden. So äußern sich Juniorprofessorinnen und -professoren zwar mehrheitlich positiv über ihre berufliche Situation, aber nahezu drei Viertel von ihnen sind im Hinblick auf die Planbarkeit des weiteren Werdegangs in der Wissenschaft unzufrieden (Burkhardt/Nickel 2015: 220ff.). Nachwuchswissenschaftlerinnen und -wissenschaftler, die eine berufliche Zukunft außerhalb der Wissenschaft planen, geben jeweils zu über 60 Prozent an, dass ihre Entscheidung auf schlechte Beschäftigungsperspektiven in der Wissenschaft sowie höhere Beschäftigungssicherheit und bessere Verdienstmöglichkeiten außerhalb der Wissenschaft zurückzuführen ist (Briedis et al. 2013: 30). Hinsichtlich Einkommen, unbefristeter Vollzeitbeschäftigung und der Wahrnehmung von Leitungsfunktionen weisen andere Berufsfelder für Hochqualifizierte gegenüber dem Hochschulbereich einen deutlichen Attraktivitätsvorsprung auf (Jongmanns 2011: 82). Fast die Hälfte der Hochschullehrer und -lehrerinnen gab im Rahmen einer vom Institut für Demoskopie Allensbach im Auftrag des Deutschen Hochschulverbandes durchgeführten Befragung an, dass es schwierig ist, gute Leute für die Forschung zu bekommen, weil die Stellen auf zu kurze Zeit befristet sind (Petersen 2017: 976).

Angesichts dieses Attraktivitätsgefälles zuungunsten des Hochschulbereichs wird zunehmend kritisch hinterfragt, ob das hochschul- und wissenschaftspolitische Ziel, die „besten Köpfe" zu gewinnen sowie in der Wissenschaft und in Deutschland zu halten, unter diesen Bedingungen Aussicht auf Erfolg hat. Seit Erscheinen des vom Bundesministerium für Bildung und Forschung (BMBF) in Auftrag gegebenen ersten Bundesberichts zum wissenschaftlichen Nachwuchs (BMBF 2008; Burkhardt 2008), in dem die verfügbaren statistischen Daten und empirischen Forschungsbefunde einer zusammenfassenden Analyse unterzogen wurden, besteht unter den beteiligten hochschulpolitischen Akteurinnen und Akteuren auf Bundes-, Landes- und Hochschulebene weitgehend Einigkeit über den Reformbedarf der Postdoc-Phase, und zwar insbesondere in Bezug auf die Beschäftigungsbedingungen sowie die Verbleibschancen und die Karriereperspektiven in der Wissenschaft.

Neue Impulse gingen von den „Empfehlungen zu Karrierezielen und -wegen an Universitäten" des Wissenschaftsrates (2014) aus. Er plädierte für eine grundsätzliche Neugestaltung der Postdoc-Phase und der Wege zur Professur, wobei er sich für frühzeitigere Selbstständigkeit in der Wissenschaft und verbindliche Entfristungs-, Bewährungs- und Aufstiegskriterien einsetzte. Vorgeschlagen wurde die konzeptionelle Weiterentwicklung der Juniorprofessur zu einer Tenure-Track-Professur (W1 oder W2, Lehrdeputat von durchschnittlich fünf Semesterwochenstunden). Etwa ein Fünftel der Professuren an Universitäten, deren Anzahl um 7.500 angehoben werden müsste, wurden für Tenure-Track-Professuren veranschlagt (Wissenschaftsrat 2014: 14).

Große Hoffnung wurde auch in die bereits 2013 im Koalitionsvertrag zwischen CDU, CSU und SPD angekündigte Novellierung des Wissenschaftszeitvertragsgesetzes (WissZeitVG) gesetzt. Mit der Ende 2015 verabschiedeten Neufassung des Gesetzes wurde die sachgrundlose Befristung durch eine an wissenschaftliche Qualifizierung gebundene Befristung abgelöst. Im Fall von Drittmittelfinanzierung soll die vereinbarte Befristungsdauer zukünftig der Dauer der Mittelbewilligung entsprechen. Nicht umgesetzt wurden Forderungen nach der Aufhebung der Tarifsperre und Mindestvertragslaufzeiten.

In der sich an die Empfehlungen des Wissenschaftsrats anschließenden hochschulpolitischen Debatte wurde eine Vielzahl von Vorschlägen zur Neugestaltung der Personalstruktur und zur gezielten Förderung des Hochschullehrernachwuchses unterbreitet. Dazu zählt z. B. die Aufforderung der Bundestagsfraktion DIE LINKE, die Bundesregierung möge die Einrichtung von 100.000 unbefristeten Stellen im Hochschulbereich fördern, um dem wissenschaftlichen Personal eine dauerhafte berufliche Perspektive in der Wissenschaft zu eröffnen (Fraktion DIE LINKE 2015: 3). Von der Bundestagsfraktion der CDU/CSU stammt die Idee, über ein Förderprogramm 1.000 zusätzliche Stellen für Nachwuchsprofessuren einzurichten, die den Titel Assistenz- oder Associate-Professur tragen und mit einem Tenure Track ausgestattet sein sollen (Der Tagesspiegel 2015). Außerdem setzte sich die CDU für die Einführung eines Gütesiegels ein, das Hochschulen für besonders engagierte Nachwuchsförderung erhalten sollen (Vitzthum 2015). Als weiteres Beispiel sei der Vorschlag der Jungen Akademie genannt, im Rahmen einer neuen Exzellenzförderlinie des Bundes als neue Stellenkategorie eine W3-äquivalente Bundesprofessur einzuführen, um „herausragenden Wissenschaftlerinnen und Wissenschaftlern eine unbefristete Möglichkeit zur selbstständigen Forschung und Lehre an einer Universität ihrer Wahl" (Specht et al. 2016: 1) zu bieten. Vorgeschlagen wurde die Etablierung von 100 Bundesprofessuren jährlich über einen Zeitraum von 10 Jahren.

Niederschlag fand diese Diskussion in dem Mitte 2016 von Bund und Ländern vereinbarten Nachwuchsförderprogramm mit einem Gesamtvolumen von bis zu 1 Mrd. Euro für die Laufzeit 2017 bis 2032. „Ziel des Programmes ist es, die Karrierewege des wissenschaftlichen Nachwuchses an Universitäten und gleichgestellten Hochschulen (im Folgenden: Universitäten) besser planbar und transparenter zu gestalten. Jungen Wissenschaftlerinnen und Wissenschaftlern soll früher als bisher eine Entscheidung über den dauerhaften Verbleib im Wissenschaftssystem ermöglicht werden" (GWK 2016, Präambel). Der Schwerpunkt liegt auf der Förderung von 1.000 Tenure-Track-Professuren. Diese sind auf sechs Jahre befristet und können in W1 oder W2 ausgewiesen werden. Bei positiver Tenure-Evaluation können zusätzlich Personalaufwendungen für Anschlussstellen (W2 oder W3) für bis zu zwei Jahre gefördert werden.

Anliegen der Expertise und Vorgehensweise

Den vonseiten der Hochschulpolitik unterbreiteten Vorschlägen und dem beschlossenen Nachwuchsförderprogramm ist gemeinsam, dass sie ihre Begründung aus der Reformbedürftigkeit von Personalstruktur und -ausstattung ziehen, wobei insbesondere die eingeschränkte Attraktivität einer wissenschaftlichen Karriere im Hochschulbereich aufgrund problematischer Beschäftigungsbedingungen und ungünstiger Verbleibs- und Aufstiegsperspektiven thematisiert wird. Dagegen ist eine nachvollziehbare leistungs- und entwicklungsbezogene Bemessung sowohl des Umfangs des geforderten Stellenausbaus als auch des Fördervolumens nur in Ansätzen erkennbar. Mit der nachfolgend vorgestellten Expertise[5] im Auftrag der Max-Traeger-Stiftung sollen Wissensdefizite zum zukünftigen Personalbedarf durch Sichtung und Zusammenführung von Statistiken, Prognosen und empirischen Befunden abgebaut werden. Ziel ist die Erarbeitung wissenschaftlich fundierter und faktengestützter Aussagen zum Bedarf an wissenschaftlichem Personal an Universitäten – insbesondere an Professorinnen und Professoren – unter Berücksichtigung zukünftiger Leistungsanforderungen und bestimmter Qualitätsstandards sowie die Ableitung von Schlussfolgerungen für das Finanzvolumen einer gezielten und bedarfsgerechten Förderung des Hochschullehrernachwuchses. Die Vorausberechnungen nehmen die Gesamtentwicklung des universitären Bereichs in Deutschland und dessen internationale Wettbewerbsfähigkeit in den Blick. Sie beschränken sich nicht auf das Segment der Bundesförderung, sondern vermitteln einen Eindruck der von Bund, Ländern und Hochschulen gemeinsam zu bewältigenden Herausforderungen. Die Expertise konzentriert sich auf Universitäten und das hauptberufliche wissenschaftliche Personal. Sie erstreckt sich auf den Zeitraum bis 2026.

Angesichts der Komplexität der Thematik einerseits und der eingeschränkten Verfügbarkeit und Aussagekraft statistischer Daten andererseits muss mit Annahmen und Spannbreiten gerechnet werden. Die Vorausberechnungen haben somit den Charakter von begründeten Schätzungen. Offenbleiben mussten Fragen nach der konkreten Ausgestaltung der Beschäftigungsverhältnisse des wissenschaftlichen Personals und nach dem Bedarf an wissenschaftsstützendem Personal. Außerdem erlaubt die Datenlage keine Differenzierung nach Bundesländern, Fächergruppen und Geschlecht.

Die Vorausberechnungen erfolgten mehrgleisig. Erstens wurden Trends der letzten Jahre für das kommende Jahrzehnt fortgeschrieben. Das betrifft z. B. die Höhe von tariflicher Vergütung und W-Besoldung, das altersbedingte Ausscheiden von Professoren und Professorinnen, den Anteil Studierender in der Regelstudienzeit, die Anzahl der Promotionsabschlüsse, den Anteil Promovierender im hochschulischen Beschäftigungsverhältnis, die Verbleibsquote Promovierter im Hochschulbereich und den Umfang der Drittmitteleinwerbung. Zweitens fanden bereits vorliegende Prognosen

---

[5] Burkhardt, Anke (2016): Professorinnen, Professoren, Promovierte und Promovierende an Universitäten. Leistungsbezogene Vorausberechnung des Personalbedarfs und Abschätzung der Kosten für Tenure-Track-Professuren. Eine Expertise mit Unterstützung der Max-Traeger-Stiftung, GEW, Frankfurt a. M.

und Modellrechnungen Verwendung, darunter der Kultusministerkonferenz (KMK) zum Hochschulzugang (KMK 2014), der Prognos AG zum quantitativen Verhältnis der Studierenden an Fachhochschulen und Universitäten (Vitzthum 2015) sowie des Statistischen Bundesamtes zur Bevölkerungsentwicklung und zum Wanderungssaldo (Statistisches Bundesamt 2015a, 2016a, 2016b). Drittens wurden hochschulpolitische Zielstellungen operationalisiert. Dazu zählen u. a. die Angleichung der Studienanfängerquote an das EU21- oder OECD-Niveau, die schrittweise Verbesserung der Betreuungsrelation zwischen Studierenden und Professoren und Professorinnen in Anlehnung an die Entwicklung an schweizerischen Universitäten, eine leistungsadäquate finanzielle und personelle Ausstattung der Tenure-Track-Professuren sowie eine Begrenzung des Anteils der Drittmittelfinanzierung der Kapazität für Forschung und Entwicklung (FuE) an Universitäten auf 50 Prozent.

Zentrale Befunde

Im Fokus stehen die an Universitäten zu erbringenden Leistungen, wobei neben Studium und Lehre auch die Förderung des wissenschaftlichen Nachwuchses sowie die Entwicklung der FuE-Kapazität einbezogen werden. Daraus werden erstens Rückschlüsse auf den altersbedingten Ersatz- und Erweiterungsbedarf an unbefristeten Professorinnen und Professoren im Hinblick auf die Bewältigung der Lehraufgaben angesichts einer steigenden Anzahl von Studierenden bei gleichzeitiger Verbesserung der Betreuungsrelation gezogen. Abgeleitet wird, in welchem Umfang zusätzliche Stellen für den Hochschullehrernachwuchs (speziell Tenure-Track-Professuren) erforderlich sind und welches Fördervolumen für dessen aufgabenadäquate Besoldung und Ausstattung zu veranschlagen ist. Zweitens wird mit Bezug auf die Entwicklung von Hochschulzugang, Studierendenbestand, Promotionsquote und Promotionsformen sowie unter Berücksichtigung der beruflichen Präferenzen von Nachwuchswissenschaftlerinnen und -wissenschaftlern auf den Bedarf an Qualifikationsstellen für Promovierende und Promovierte geschlossen. Drittens wird dargestellt, wie sich ein Ausbau von FuE-Kapazität auf den Bedarf an wissenschaftlichem Personal für Forschung und Lehre unterhalb der Professur und dessen Finanzierung auswirken könnte.

Perspektive I: Studium und Lehre

In einem ersten Schritt wird in einer *Basisvariante A* der zukünftige Studierendenbestand anhand der Entwicklung des Hochschulzugangs berechnet. Es wird vereinfacht davon ausgegangen, dass sich die beim Hochschulzugang vollzogenen bzw. prognostizierten prozentualen Veränderungen zeitversetzt mit einem Abstand von fünf Jahren im Studierendenbestand niederschlagen. Zugrunde gelegt wird zum einen die reale Entwicklung der Studienanfängerzahlen bis 2014. Zum anderen wird für den nachfolgenden Zeitraum auf die Studienanfängerprognose der KMK zurückgegriffen (KMK 2014). Die KMK-Prognosen lagen bisher allerdings immer unter den tatsächlich eingetretenen Entwicklungen. Es ist zu erwarten, dass sich durch die seit 2015 stark gestiegenen Flüchtlingszahlen die Diskrepanz zwischen vorliegenden Vorausberechnungen und realem Hochschulzugang ausprägt. Unter Annahme, dass die Flüchtlingswelle 2015/16 ihren Höhepunkt überschritten hat und in den nächsten Jahren abebbt, sowie unter Berücksichtigung von Altersstruktur (einbezogen wurden die 20- bis 25-Jährigen sowie zeitversetzt die 15- bis 19-Jährigen), Bildungsstand und Studierneigung der Flüchtlinge ist zusätzlich zu dem bereits seit 2013 stark gestiegenen Wanderungssaldo in den nächsten 10 Jahren hochgerechnet mit etwa 110.000 Studienanfängerinnen und -anfängern in Deutschland zu rechnen. Die Anzahl der Flüchtlinge, die ein Studium aufnehmen, könnte noch höher ausfallen, wenn man davon ausgeht, dass es einen Nachholbedarf gibt, weil in einigen der Flüchtlingsländer keine ausreichenden Studienmöglichkeiten zur Verfügung standen. Deshalb wäre es vertretbar, die Altersjahrgänge 18 bis 30 Jahre einzubeziehen. Als Referenzjahr eignet sich das Jahr 2014, mit einem zwar hohen, aber von der Extremsteigerung 2015 noch weit entfernten Flüchtlingszustrom. Auf dieser Basis lässt sich eine zusätzliche Erhöhung des Hochschulzugangs um rd. 145.000 Personen durch Flüchtlinge innerhalb von 10 Jahren berechnen. Der „Flüchtlingsfaktor" ist in die Vorausberechnung des Studierendenbestandes eingeflossen. Im 10-Jahres-Durchschnitt wächst der Studierendenbestand dadurch jährlich um etwa zwei bis drei Prozent. Die Vorausberechnung in der Basisvariante A ergibt *im Durchschnitt der Jahre 2016/17 bis 2026/27* einen Bestand von rd. *2 Mio. Studierenden.*

Auf der Basisvariante A aufbauend werden *alternative Varianten* unter Verwendung folgender Annahmen entwickelt:

- *Angleichung an das internationale Niveau*
Als hochschulpolitisches Zielszenario wird eine Angleichung des in Deutschland realisierten Hochschulzugangs an das 2013 erreichte Niveau der Studienanfängerquote im EU21-Durchschnitt (vgl. Abb. 1) angenommen und auf den Studierendenbestand übertragen. Es ergäbe sich im Prognosezeit-

raum bis 2026/27 ein Durchschnittsbestand von 2,1 Mio. Studierenden an Universitäten; bei Zugrundelegung der OECD-Studienanfängerquote sogar von *2,3 Mio. Studierenden.*

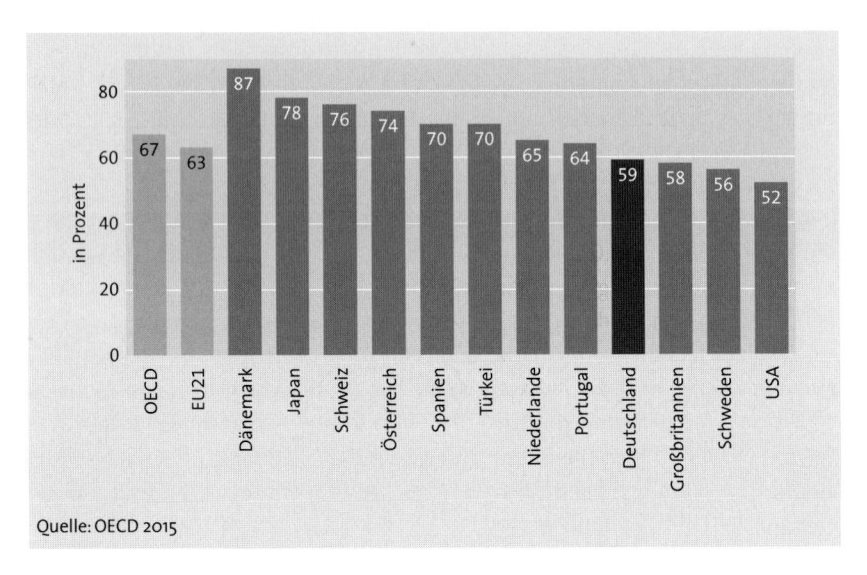

Land	in Prozent
OECD	67
EU21	63
Dänemark	87
Japan	78
Schweiz	76
Österreich	74
Spanien	70
Türkei	70
Niederlande	65
Portugal	64
Deutschland	59
Großbritannien	58
Schweden	56
USA	52

Quelle: OECD 2015

Abb. 1: Studienanfängerquote für das Erststudium im Tertiärbereich im OECD-Vergleich 2013

- *Zunehmende Einhaltung der Regelstudienzeit*

Diese Variante orientiert sich am Berechnungsmodell für den zusätzlichen Personalbedarf an Universitäten, das der Wissenschaftsrat in seinen 2008 vorgelegten „Empfehlungen zur Qualitätsverbesserung von Studium und Lehre" verwendet hat. Ausschlaggebend für die Bedarfsermittlung ist die Relation Studierende in der Regelstudienzeit je Professor bzw. Professorin. „Dies berücksichtigt, dass bei einer deutlichen Verbesserung der Betreuungsrelationen und anderer Maßnahmen zur Qualitätsverbesserung der Lehre künftig ein Studium in der Regelstudienzeit abschließbar sein sollte und dadurch die Gesamtzahl der Studierenden, die sich zeitgleich an den Hochschulen befinden, sinken wird" (Wissenschaftsrat 2008: 95). Für die Vorausberechnung des Studierendenbestandes wurde mit dem Durchschnittswert aus dem Zeitraum 2010/11 bis 2014/15 gearbeitet. Im Unterschied zum Wissenschaftsrat fand der Anteil der Studierenden in der Regelstudienzeit plus zwei Semester Eingang in die Berechnung, weil eine vollständige Einhaltung der Regelstudienzeit nicht zu erwarten ist. Der auf Basis einer Sonderauswertung des

Statistischen Bundesamtes für Universitäten (einschl. PH/TH/KH) ermittelte Durchschnittswert liegt bei *89 Prozent der Studierenden* insgesamt.

- **Neujustierung des Verhältnisses von Universitäten und Fachhochschulen**
Aufgegriffen wird eine Einschätzung der Prognos AG im Auftrag der Bertelsmann Stiftung zu Trends und Entwicklungsszenarien der nachschulischen Bildung bis 2030 (Münch/Faaß/Hoch 2015). In dem Szenario „Beschleunigte Akademisierung" wird im Unterschied zu den Vorausberechnungen der KMK statt einer leicht rückläufigen Tendenz für 2030 eine Steigerung auf knapp über 500.000 Studienanfänger und -anfängerinnen prognostiziert. Zur Begründung verweisen Münch, Faaß und Hoch auf den wachsenden Zustrom von Studieninteressierten aus dem Ausland und von beruflich Qualifizierten. Angenommen wird gleichzeitig eine anteilige Verschiebung zugunsten von Fachhochschulen. Für den Anteil der Studienanfängerinnen und -anfänger an Universitäten wird eine schrittweise Absenkung auf 52 Prozent für wahrscheinlich gehalten (Münch/Faaß/Hoch 2015: 59 ff.). Die Kombination von absoluter Steigerung des Hochschulzugangs insgesamt und anteiliger Reduzierung bei den Universitäten wird im vorliegenden Berechnungsmodell nachgezeichnet.

Übereinstimmend ergibt sich, dass der Studierendenbestand an Universitäten im kommenden Jahrzehnt durchgängig die Studierendenanzahl im Wintersemester 2014/15 übertreffen wird. Auch wenn die Steigerung der Studierendenanzahl insgesamt anfangs deutlicher ausfällt, handelt es sich nicht um ein vorübergehendes Phänomen. Zu erwarten ist vielmehr ein anhaltendes „Hochplateau" in der Größenordnung von bis zu *2,3 Mio. Studierenden an Universitäten* (vgl. Abb. 2).

Die voranstehend geschilderte Vorausberechnung des Studierendenbestandes stellte den ersten Schritt dar, um den zukünftigen Bedarf an Professoren und Professorinnen abschätzen zu können. In einem zweiten Schritt geht es um die Festlegung der Betreuungsrelation Studierende je Professorin bzw. Professor an Universitäten. Diese hat sich in den letzten Jahren stetig verschlechtert. Während sie im Jahr 2000 noch bei 59 zu 1 lag, erreicht sie seit 2012 regelmäßig Werte von über 70 zu 1.

Bliebe die Anzahl der Professorinnen und Professoren konstant auf dem Niveau von 2014, würde sich die Betreuungsrelation dadurch deutlich von derzeit 72 auf bis zu 90 Studierende je Professor bzw. Professorin verschlechtern. Selbst die Fortschreibung der bisherigen moderaten Steigerungsrate der Anzahl der Professorinnen und Professoren würde nicht ausreichen, um die Betreuungsrelation auf dem aktuellen Niveau zu halten.

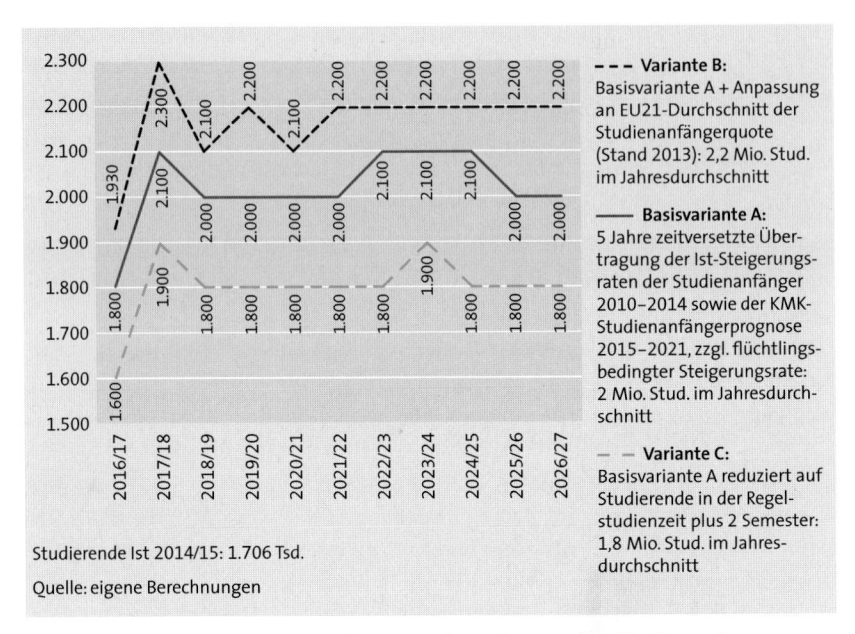

Studierende Ist 2014/15: 1.706 Tsd.
Quelle: eigene Berechnungen

Abb. 2: Ausgewählte Varianten der Vorausberechnung des Studierendenbestandes an Universitäten (in Tsd. Personen)

In den 2008 vorgelegten „Empfehlungen zur Qualitätsverbesserung von Lehre und Studium", die eine Verbesserung der Betreuungsrelation für dringend erforderlich erklärten, hat sich der Wissenschaftsrat für die Schweiz als Referenzland entschieden. Sie sei besonders geeignet, „da ihr Universitätssystem dem deutschen strukturell sehr ähnlich ist (professuren- und forschungsorientiert), die erforderlichen Daten zur Verfügung stehen und es sich bei der Schweiz um einen sehr anerkannten wissenschaftlichen Konkurrenten im globalen Wettbewerb handelt" (Wissenschaftsrat 2008: 94; CRUS 2006: 9). Die Schweiz empfiehlt sich auch deshalb als Referenzland, weil sie es geschafft hat, eine im Vergleich zu Deutschland ähnliche Betreuungsrelation an Universitäten innerhalb von 10 Jahren durch aktive hochschulpolitische Steuerung deutlich zu verbessern. Im landesweiten Durchschnitt lag die Betreuungsrelation 2013/14 an universitären Hochschulen in der Schweiz bezogen auf Professorinnen und Professoren in Personen bei 35 zu 1, bezogen auf Professoren und Professorinnen in Vollzeitäquivalenten

(VZÄ) bei 38 zu 1. Gewichtet nach Fächergruppen ergibt sich bezogen auf Professoren und Professorinnen in Personen eine Relation von 46 zu 1. Soll an deutschen Universitäten eine schrittweise Verbesserung der Betreuungsrelation in Anlehnung an diesen Wert realisiert werden, so müsste sich der *Bestand an Professoren und Professorinnen* im Vergleich zu 2014 bis 2026 *um 84 Prozent auf 43.300 Professorinnen und Professoren erhöhen.*

Zur Deckung des Erweiterungsbedarfs und des altersbedingten Ersatzbedarfs (vgl. Abb. 3) werden *7.300 Tenure-Track-Professuren benötigt*, wenn man davon ausgeht, dass sich zukünftig etwa zwei Drittel der Neuberufenen auf diesem Weg für eine Lebenszeitprofessur qualifizieren werden und eine Übergangsquote von 85 Prozent realisiert werden soll. Da bereits knapp 1.600 Juniorprofessorinnen und -professoren an Universitäten tätig sind, müssten zusätzlich rd. 5.700 Tenure-Track-Professuren eingeplant werden.

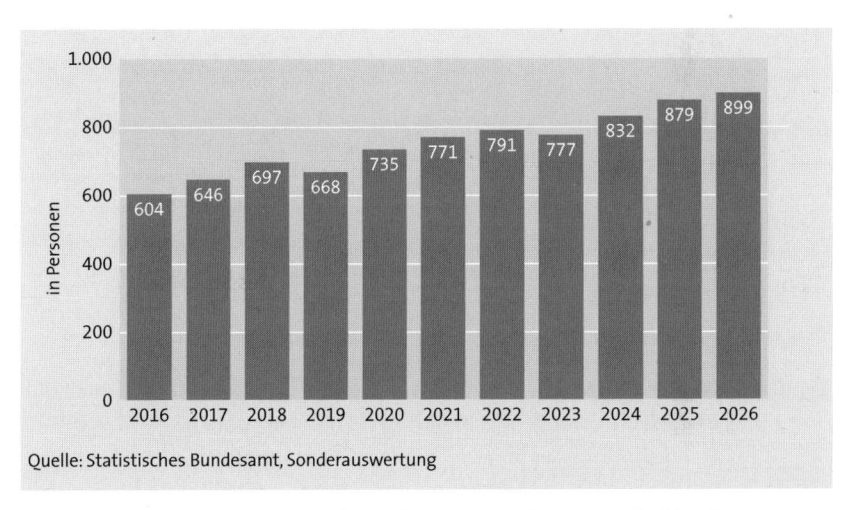

Jahr	in Personen
2016	604
2017	646
2018	697
2019	668
2020	735
2021	771
2022	791
2023	777
2024	832
2025	879
2026	899

Quelle: Statistisches Bundesamt, Sonderauswertung

Abb. 3: Anzahl der voraussichtlich im Alter von 65 Jahren ausscheidenden Professorinnen und Professoren an Universitäten (Stand 2014, in Personen)

Für die Berechnung der Kosten für Tenure-Track-Professuren wurde eine haushaltsfinanzierte Ausstattung mit einer Stelle für einen wissenschaftlichen Mitarbeiter bzw. eine wissenschaftliche Mitarbeiterin (TV-L 13), eine wissenschaftliche Hilfskraft im Umfang der Hälfte der regulären Arbeitszeit und eine Overhead-Pauschale in Höhe von 20 Prozent der Personalkosten angenommen. Bei gleichen Anteilen von W1- und W2-Besoldung und sechsjähriger Vertragslaufzeit würde sich das Finanzvolumen für eine Tenure-Track-Professur mit Ausstattung im Durchschnitt der Jahre 2017 bis 2026 auf 1.085.000 Euro belaufen. Für eine W1-Tenure-Track-Professur mit Ausstattung dürften 2026 Jahreskosten in Höhe von 177.000 Euro anfallen, für eine W2-Tenure-Track-Professur in Höhe von 236.000 Euro (vgl. Abb. 4).

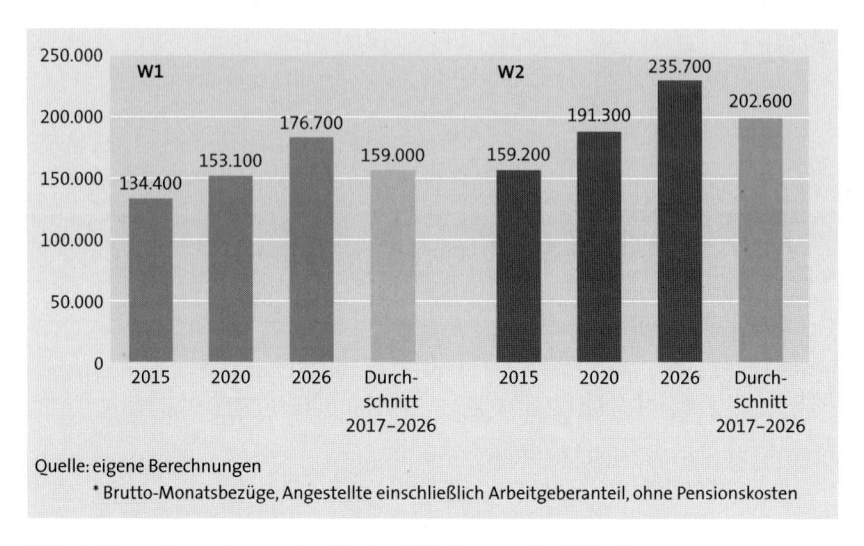

Quelle: eigene Berechnungen
* Brutto-Monatsbezüge, Angestellte einschließlich Arbeitgeberanteil, ohne Pensionskosten

Abb. 4: Vorausberechnung der Kosten* für Tenure-Track-Professuren mit Ausstattung nach Besoldungsgruppe (in Euro)

Perspektive II: Förderung des wissenschaftlichen Nachwuchses

Deutschland weist im internationalen Vergleich mit 2,1 Promotionen pro 1.000 der Bevölkerung im Alter von 25 bis 34 Jahren (2012) eine überdurchschnittliche Promotionsquote auf (EU-Durchschnitt 1,1)[6]. Die Promotion stellt einen in vielen Berufsbereichen anerkannten Qualifikationsnachweis dar. Sie eröffnet sehr gute Beschäftigungs- und Karriereaussichten. Promovierte sind fast ausnahmslos erwerbstätig, nehmen häufig Leitungsfunktionen wahr und verfügen über ein relativ hohes Einkommen. Es kann daher kaum verwundern, dass die Promotionsquote der Hochschulabsolventinnen und -absolventen in den letzten Jahren nahezu unverändert auf hohem Niveau verblieben ist. Die Anzahl der abgeschlossenen Promotionen ist kontinuierlich gestiegen. Schreibt man diese Entwicklung fort, ist damit zu rechnen, dass sich die Anzahl bis 2026 auf bis zu 36.000 erhöht (vgl. Abb. 5).

6   Eurostat

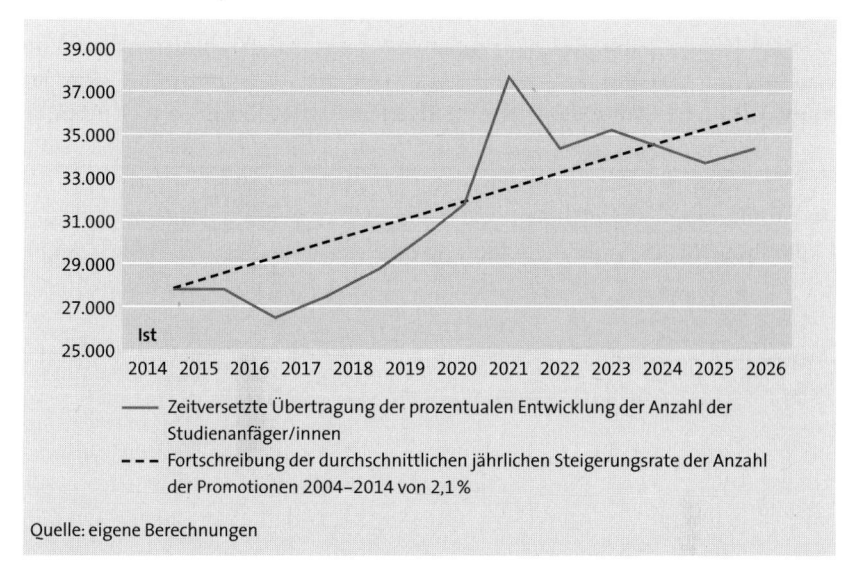

A ARBEITSPLATZ UNIVERSITÄT: ANFORDERUNGEN AN UMFANG UND STRUKTUR

[Diagramm: Linienchart mit Werten von 25.000 bis 39.000, Jahre 2014–2026, Markierung "Ist"]

— Zeitversetzte Übertragung der prozentualen Entwicklung der Anzahl der Studienanfäger/innen
--- Fortschreibung der durchschnittlichen jährlichen Steigerungsrate der Anzahl der Promotionen 2004–2014 von 2,1 %

Quelle: eigene Berechnungen

Abb. 5: Vorausberechnung der Anzahl der abgeschlossenen Promotionen bis 2026

Legt man die derzeitige Situation zugrunde und veranschlagt einen Anteil an Promovierenden in einem hochschulischen Beschäftigungsverhältnis von knapp zwei Dritteln, eine durchschnittliche Promotionsdauer von fünf Jahren und eine Erfolgsquote von etwas über 50 Prozent, so würden Anfang des nächsten Jahrzehnts *für bis zu 174.000 Promovierende Beschäftigungsverhältnisse an Hochschulen* (umfasst Vollzeit/Teilzeit und Haushalts-/Drittmittelfinanzierung) *benötigt*. In einem alternativen Szenario mit einem Anteil der an Hochschulen beschäftigten Promovierenden von 50 Prozent, einer durchschnittlichen Promotionsdauer von vier Jahren und einer Erfolgsquote von 70 Prozent ergibt sich ein *Bedarf von 98.000 Stellen für Promovierende*.

Anders als zum Beispiel im angloamerikanischen Raum, wo mit der Promotion in erster Linie eine Karriere in der Wissenschaft angestrebt wird, verbleibt in Deutschland nur eine Minderheit der Promovierten in der Wissenschaft. Etwa 1,5 Jahre nach Abschluss der Promotion ist ca. noch ein Viertel der erwerbstätigen Promovierten an Hochschulen und außeruniversitären Forschungseinrichtungen beschäftigt. Ein weiteres Zehntel ist in Forschung und Entwicklung im privaten Sektor tätig. Über die Hälfte übt eine eher wissenschaftsferne berufliche Tätigkeit aus. Für die Vorausberechnung wird davon ausgegangen, dass auch in Zukunft nur ein Fünftel der Promovierten den beruflichen Verbleib im universitären

Bereich anstrebt. Ein Teil von ihnen wird eine Hochschullehrerlaufbahn einschlagen und die wissenschaftliche Qualifizierung fortsetzen. Andere werden sich in Richtung Wissenschaftsmanagement orientieren oder eine Lehr- und Forschungstätigkeit unterhalb der Professur ausüben. Mit Bezug auf die prognostizierte Entwicklung des Promotionsgeschehens und bei Annahme einer mindestens sechsjährigen Beschäftigungsdauer nach der Promotion müssten *2026 für bis zu 43.000 Promovierte Beschäftigungsverhältnisse* an Universitäten zur Verfügung stehen. Eingeschlossen sind die veranschlagten 7.300 Tenure-Track-Professuren.

Perspektive III: Forschung und Entwicklung (FuE)

Im Zeitraum 2004 bis 2013 hat sich die FuE-Kapazität (VZÄ) des wissenschaftlichen Personals an Universitäten im Durchschnitt um 3,7 Prozent jährlich erhöht. Der Anteil der FuE-Kapazität hauptberuflicher wissenschaftlicher Mitarbeiterinnen und Mitarbeiter unterhalb der Professur an der FuE-Kapazität insgesamt machte 2013 geschätzt 80 Prozent aus. Bezogen auf das haushaltsfinanzierte Jahresarbeitszeitbudget wendeten sie rund 40 Prozent für FuE und 60 Prozent für lehrbezogene Aufgaben auf. In der Vorausberechnung werden diese Werte auf den Zeitraum bis 2016 übertragen. Als hochschulpolitische Zielgröße wird ein Verhältnis von haushalts- und drittmittelfinanzierter FuE-Kapazität des wissenschaftlichen Personals insgesamt von 50 zu 50 veranschlagt. Unter Berücksichtigung der Tatsache, dass Professoren und Professorinnen und das nebenberufliche wissenschaftliche Personal zu einem größeren Anteil aus Haushaltsmitteln finanziert werden, lässt sich für die Gruppe der hauptberuflichen wissenschaftlichen Mitarbeiter und Mitarbeiterinnen ein anzustrebendes Verhältnis von haushalts- und drittmittelfinanzierter FuE-Kapazität von 40 zu 60 ableiten.

Unter differenzierter Anrechnung von Vollzeit- und Teilzeitbeschäftigung waren 2013 hauptberufliche wissenschaftliche Mitarbeiterinnen und Mitarbeiter im Umfang von rd. 134.000 VZÄ an Universitäten tätig. Je nachdem, ob man die Lehrkapazität stabil auf dem Niveau von 2013 hält oder eine prozentuale Steigerung analog zur Entwicklung der FuE-Kapazität annimmt, würde sich die *Steigerung der Personalkapazität hauptberuflicher wissenschaftlicher Mitarbeiter und Mitarbeiterinnen* bis 2026 im Vergleich zu 2013 in der Spannbreite *zwischen 29 Prozent* (um 39.000 VZÄ) *und 56 Prozent* (um 75.000 VZÄ) belaufen.

Auf Basis der zu erwartenden Drittmitteleinwerbung bei gleichzeitiger Beschränkung des Drittmittelanteils an der Finanzierung des FuE-Personals auf 50 Prozent lässt sich daraus ableiten, dass der *Bestand an haushaltsfinanzierten hauptberuflichen wissenschaftlichen Mitarbeiterinnen und Mitarbeitern* im Durchschnitt der Jahre 2017 bis 2026 *jährlich im Umfang zwischen rd. 1.300 und 4.500 VZÄ wachsen* müsste.

Fazit

Auch wenn die verschiedenen Berechnungsstränge aufgrund der unterschiedlichen statistischen Basis und der abweichenden Bezugsgrößen nur bedingt in einen direkten quantitativen Zusammenhang zu bringen sind, bleibt festzuhalten, dass in Bezug auf die drei untersuchten Leistungsbereiche – Lehre und Studium, Nachwuchsförderung, Forschung und Entwicklung – *mit einem erheblichen Zusatzbedarf an Lehr- und Forschungspersonal an Universitäten gerechnet werden muss*. Das gilt selbst bei Beschränkung auf relativ gesicherte Zukunftsszenarien und eine bloße Fortschreibung bisheriger Entwicklungstrends. Die Umsetzung erklärter hochschulpolitischer Zielstellungen – wie der Anschluss an das internationale Niveau beim Hochschulzugang, die Verbesserung der Betreuungsrelation im Studium oder die Erhöhung der Attraktivität einer wissenschaftliche Karriere an Universitäten – wird ohne eine deutliche Aufstockung der Anzahl von unbefristeten Professuren, die Einführung von aufgabenadäquat ausgestatteten Tenure-Track-Professuren, die Aufstockung des Stellenbestandes für Promovierte unterhalb der Professur und den Ausbau von Qualifizierungsangeboten für Doktorandinnen und Doktoranden nicht zu realisieren sein.

Literatur

BMBF (Hg.) 2008: Bundesbericht zur Förderung des Wissenschaftlichen Nachwuchses (BuWiN), Bonn.
Briedis, Kolja et al. 2013: Personalentwicklung für den wissenschaftlichen Nachwuchs. Bedarf, Angebote und Perspektiven – eine empirische Bestandsaufnahme, Hannover.
Burkhardt, Anke (Hg.) 2008: Wagnis Wissenschaft. Akademische Karrierewege und das Fördersystem in Deutschland, Leipzig.
Burkhardt, Anke/Nickel, Sigrun (Hg.) 2015: Die Juniorprofessur – neue und traditionelle Qualifizierungswege im Vergleich, Berlin.

CRUS (2006): Strategische Planung 2008–2011 der Schweizerischen Universitäten, http://www.swissuniversities.ch/fileadmin/swissuniversities/Dokumente/DE/UH/PlanStrat08-11-d-3.pdf (02.02.2017)

Der Tagesspiegel 2015: Die CDU will 1000 neue Professuren, in: Der Tagesspiegel vom 30.06.2015, 25.

Fraktion DIE LINKE 2015: Gute Arbeit in der Wissenschaft – Stabile Ausfinanzierung statt Unsicherheiten auf Kosten der Beschäftigten und Wissenschaftszeitvertragsgesetz grunderneuern. Antrag vom 05.05.2015, Drs. 18/4804.

Jongmanns, Georg 2011: Evaluation des Wissenschaftszeitvertragsgesetzes (WissZeitVG). Gesetzesevaluation im Auftrag des BMBF, Hannover.

Gemeinsame Wissenschaftskonferenz (GWK) 2016: Verwaltungsvereinbarung zwischen Bund und Ländern gemäß Artikel 91b Absatz 1 des Grundgesetzes über ein Programm zur Förderung des wissenschaftlichen Nachwuchses gemäß Beschluss der Regierungschefinnen und Regierungschefs von Bund und Ländern vom 16. Juni 2016.

KMK 2009: Vorausberechnung der Studienanfängerzahlen 2009–2020 – Zwischenstand, Bonn.

KMK 2012: Vorausberechnung der Studienanfängerzahlen 2012–2025. Erläuterung der Datenbasis und des Berechnungsverfahrens, Statistische Veröffentlichungen der Kultusministerkonferenz (Nr. 197) Berlin.

KMK 2014: Vorausberechnung der Studienanfängerzahlen 2014–2025. Erläuterung der Datenbasis und des Berechnungsverfahrens, Statistische Veröffentlichungen der Kultusministerkonferenz (Nr. 205), Berlin.

Kreckel, Reinhard/Zimmermann, Karin 2014: Hasard oder Laufbahn. Akademische Karrierestrukturen im internationalen Vergleich, Leipzig.

Münch, Claudia/Faaß, Marcel/Hoch, Markus 2015: Nachschulische Bildung 2030. Trends und Entwicklungsszenarien, Prognos AG Europäisches Zentrum für Wirtschaftsforschung und Strategieberatung/Bertelsmann Stiftung, Berlin, Gütersloh.

OECD 2015: Bildung auf einen Blick 2015. OECD-Indikatoren, Paris.

Petersen, Thomas 2017: Bürokratie an den Universitäten schadet der Lehre. Hochschullehrerumfrage zeigt große Unzufriedenheit mit Reformen, in: Forschung & Lehre (1/17), 974–976.

Specht, Jule et al. 2016: Die Bundesprofessur: Eine personenbezogene, langfristige Förderung im Deutschen Wissenschaftssystem. Debattenbeitrag der AG Wissenschaftspolitik der Jungen Akademie, Berlin.

Statistisches Bundesamt 2015a: Bevölkerung Deutschlands bis 2060. Ergebnisse der 13. Koordinierten Bevölkerungsvorausberechnung, Wiesbaden.

Statistisches Bundesamt 2015b: Monetäre hochschulstatistische Kennzahlen 2013, Fachserie 11, Reihe 4.3.2, Wiesbaden.

Statistisches Bundesamt 2016a: Bevölkerung und Erwerbstätigkeit. Wanderungen 2014, Fachserie 11, Reihe 1.2, Wiesbaden.

Statistisches Bundesamt 2016b: Nettozuwanderung von Ausländerinnen und Ausländern im Jahr 2015 bei 1,1 Millionen, Pressemitteilung 105/16 vom 21.03.2016.

Statistisches Bundesamt 2016c: Personal an Hochschulen 2015, Fachserie 11, Reihe 4.4, Wiesbaden.

Vitzthum, Thomas 2015: Union will Gütesiegel für Hochschulen, in: Die Welt online vom 22.04.2015, https://www.welt.de/politik/deutschland/article139926634/Union-will-Guetesiegel-fuer-Hochschulen.html (17.04.2017).

Wissenschaftsrat 2008: Empfehlungen zur Qualitätsverbesserung von Studium und Lehre, Köln.

Wissenschaftsrat 2014: Empfehlungen zu Karrierezielen und -wegen an Universitäten, Köln.

A   Finanzierung von Fachhochschulen – spezifische Probleme und Anforderungen

Heinz J. Henkemeier

Bedeutungszuwachs der Fachhochschulen

Vor knapp 50 Jahren wurde die staatsvertragliche Grundlage für die Gründung der Fachhochschulen als eigenständige Institutionen des deutschen Hochschulwesens geschaffen. Denn am 31. Oktober 1968 schlossen die Ministerpräsidenten der ehemals elf Bundesländer der Bundesrepublik Deutschland das „Abkommen zwischen den Ländern der Bundesrepublik zur Vereinheitlichung auf dem Gebiet des Fachhochschulwesens" miteinander ab. Das Profil des neuen Hochschultyps war bereits damals – jedenfalls soweit es die Lehre betrifft – klar umschrieben: „Sie vermitteln eine auf wissenschaftlicher Grundlage beruhende Bildung, die zu staatlichen Abschlussprüfungen führt und zu selbstständiger Tätigkeit im Beruf befähigt" (Bekanntmachung des Abkommens auf dem Gebiet des Fachhochschulwesens 1969: Art. 1 Satz 2).

Die Anerkennung als eigenständige Hochschulart neben den Universitäten fanden die Fachhochschulen spätestens mit dem Hochschulrahmengesetz (HRG) von 1976. Bemerkenswert ist im Übrigen, dass der Forschungsauftrag der Fachhochschulen in § 2 Abs. 1 HRG im Grundsatz bereits formuliert wurde, wenngleich er an die jeweilige Aufgabenstellung geknüpft war und den Bundesländern vorbehalten blieb, diesen Forschungsauftrag näher zu konkretisieren (vgl. § 2 Abs. 1 und Abs. 9 HRG von 1976). Dies haben die Bundesländer seither auf teils unterschiedliche Weise getan. Der Wissenschaftsrat hat im Jahr 2010 in seinen Empfehlungen zur Rolle der Fachhochschulen im Hochschulsystem u. a. festgestellt, dass seit der Gründung der Fachhochschulen eine Ausweitung des Forschungsauftrags in den Hochschulgesetzen der Länder stattgefunden hat (Wissenschaftsrat 2010: 121). Sehr weitgehend formuliert es beispielsweise das nordrhein-westfälische Hochschulgesetz in § 3 Abs. 2 Satz 2: „Sie nehmen Forschungs- und Entwicklungsaufgaben, künstlerisch-gestalterische Aufgaben des Wissenstransfers (insbesondere wissenschaftliche Weiterbildung, Technologietransfer) wahr."

In den zurückliegenden Jahrzehnten haben sich die heute 216 deutschen Fachhochschulen einen wichtigen Platz im deutschen Hochschulsystem erobert, seit den 1990er-Jahren auch in den neuen Bundesländern.

Dies gilt sowohl für den Bereich von Lehre und Studium, aber auch in der angewandten Forschung und Entwicklung. In beiden Sektoren haben die Fachhochschulen deutlich und kontinuierlich an Gewicht zugenommen. Betrachtet man nur den Wachstumsprozess der letzten 14 Jahre, d. h. von 2002 bis 2015, so stellt man fest, dass sich die Anzahl der Studierenden an den Fachhochschulen beinahe verdoppelt hat, und zwar von 479.720 auf 929.029 Studentinnen und Studenten.[7] Das entspricht einer Steigerungsquote von 94% bezogen auf den hier betrachteten Zeitraum. Ein besonders rasanter Anstieg ist seit dem WS 2008/09 zur verzeichnen (Statistisches Bundesamt 2015a und 2016a).

Im gleichen Zeitraum ist die Zahl der Studierenden an den Universitäten ebenfalls angestiegen, allerdings viel moderater. Hier betrug die Steigerungsrate lediglich 26% (Abb. 1).

HP = Hochschulpakt; FH = Fachhochschulen; Uni = Universitäten
Universitäten einschl. Pädagogischer und Technischer Hochschulen und Medizin
Quelle: Statistisches Bundesamt 2015a und 2016a

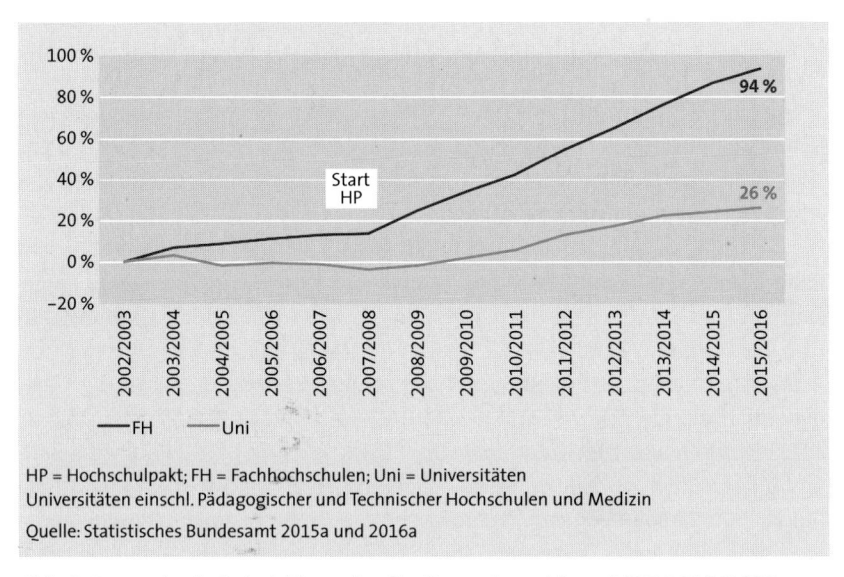

Abb. 1: Prozentuale Entwicklung der Studierendenzahlen ab WS 2002/2003

Das Drittmittelaufkommen als wichtiger Indikator für Forschungsaktivitäten hat sich im hier betrachtetet Zeitraum von 140 Mio. Euro in 2002 auf fast 575 Mio. Euro in 2014 mehr als vervierfacht (Statistisches Bundesamt 2016d).

---

[7] In einem Fachstudium immatrikulierte Studierende ohne Beurlaubte, Gasthörerinnen und Gasthörer und Studienkollegiate.

FINANZIERUNG VON FACHHOCHSCHULEN – SPEZIFISCHE PROBLEME UND ANFORDERUNGEN   **A**

Auch hier war die Steigerung bei den Fachhochschulen deutlich dynamischer als an den Universitäten (Abb. 2).

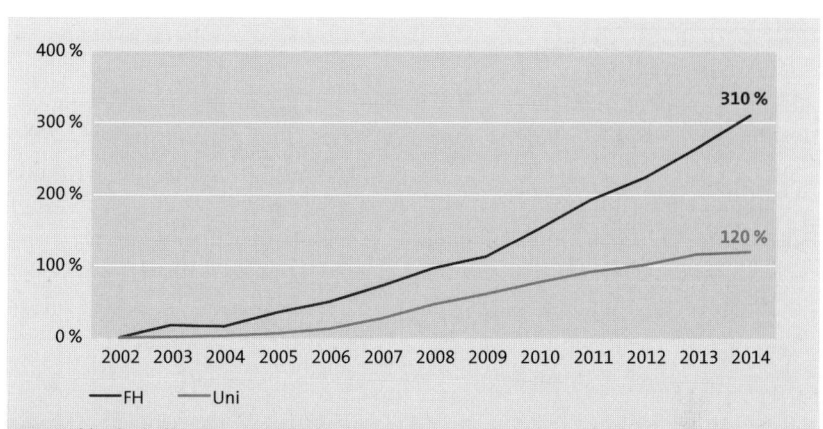

FH = Fachhochschulen; Uni = Universitäten
Universitäten einschl. Pädagogischer und Technische Hochschulen, ohne medizinische Einrichtungen und Gesundheitswissenschaften
Quelle: Statistisches Bundesamt 2016d

Abb. 2: Prozentuale Drittmittelentwicklung nach Hochschulart ab 2002

HP = Hochschulpakt; FH = Fachhochschulen; Uni = Universitäten
Universitäten einschl. Pädagogischer und Technischer Hochschulen, medizinischer Einrichtungen und Gesundheitswissenschaften
Quelle: Statistisches Bundesamt 2015b und 2016b

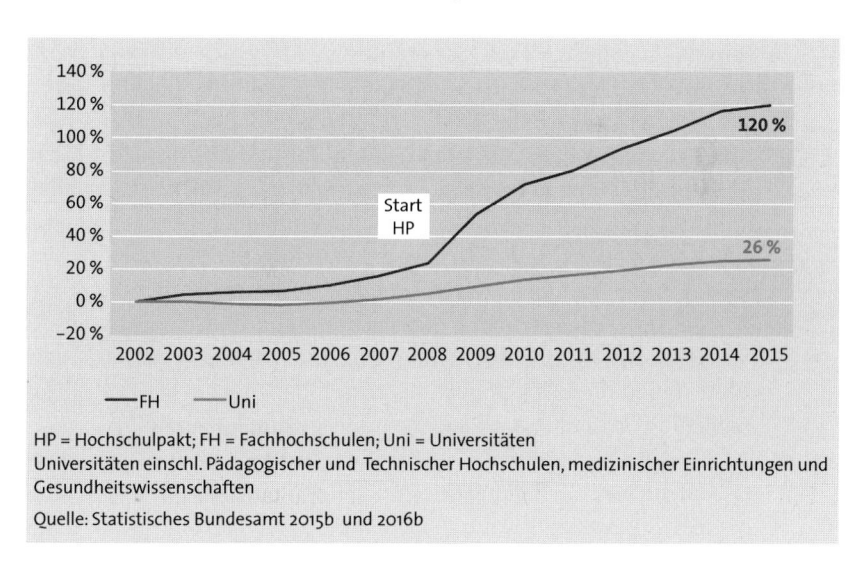

Abb. 3: Prozentuale Personalentwicklung nach Hochschulart ab 2002

Es liegt auf der Hand, dass diese Wachstumsprozesse zu deutlich gestiegenen Beschäftigungszahlen an den Fachhochschulen führen mussten und tatsächlich auch geführt haben. Betrug die Zahl der sog. Beschäftigungsfälle[8] an den Fachhochschulen 2002 nur 56.677 Personen, so waren es 2015 insgesamt 124.725 Personen (Statistisches Bundesamt 2015b und 2016b). Diesem rasanten Personalaufbau um 120 % steht eine Erhöhung des Personalbestands an den Universitäten um 26 % gegenüber (Abb. 3).

Ein solch signifikanter Wachstumsprozess und speziell die notwendigen personellen Anpassungen an die qualitativ und quantitativ gestiegenen Anforderungen, denen sich die Fachhochschulen stellen müssen, haben zu deutlich gestiegenen Kosten geführt, sodass der Frage nachzugehen ist, ob die Finanzierung der Fachhochschulen dem in adäquater Weise gefolgt ist.

Finanzierungsbedingungen

Will man diese Frage solide beantworten, so muss man sich zunächst mit den wesentlichen Finanzierungsbedingungen für Hochschulen befassen.

Sie finanzieren sich aus einer Vielzahl unterschiedlicher Quellen:
- Die Basis bilden die sogenannten Grundmittel. Das sind Landesmittel, die den Hochschulen zur Deckung ihrer laufenden Ausgaben zweckungebunden und zur eigenen Bewirtschaftung zugewiesen werden.
- Zentrale Bedeutung – jedenfalls für die Fachhochschulen – haben seit etlichen Jahren die Mittel des Hochschulpakts 2020. Es handelt sich hier um ein Gesamtvolumen von rd. 38 Mrd. Euro, das Bund und Länder über die Gesamtlaufzeit des Paktes bereitstellen. Diese dienen dem Aufbau zusätzlicher Studienplatzkapazitäten an den Hochschulen, sind also zweckgebunden und stehen nur während der Laufzeit des Hochschulpakts 2020 zur Verfügung. Nach der Verwaltungsvereinbarung zwischen Bund und Ländern gemäß Art. 91b Abs. 1 Nr. 2 des Grundgesetzes über den Hochschulpakt 2020 stehen diese Mittel noch bis einschließlich zum Jahr 2023 zur Verfügung. Danach ist dieses Förderprogramm beendet.
- Darüber hinaus stehen diverse Programmmittel und Sonderzuweisungen zur Verfügung, die in der Regel in einem Antrags- oder Wettbewerbsverfahren durch den Bund oder einzelne Bundeslän-

---

[8] Die Erhebung umfasst die Beschäftigungsfälle des gesamten am Erhebungsstichtag (1.12.) an Hochschulen haupt- und nebenberuflich tätigen Personals.

der für genau beschriebene Verwendungszwecke und für einen klar beschriebenen Zeitraum zugewiesen werden.
- Über die Deutsche Forschungsgemeinschaft (DFG) werden jährlich rd. 3 Mrd. Euro bereitgestellt (BMBF 2017), an denen die Fachhochschulen aber bislang nur in geringem Maße partizipieren.
- Einige Bundesländer stellen zudem Kompensationsmittel für frühere Studienbeiträge zur Verfügung, so z. B. sog. „Qualitätsverbesserungsmittel" in Nordrhein-Westfalen, „Studienzuschüsse" in Bayern oder „Studienqualitätsmittel" in Niedersachsen.
- Von privaten oder öffentlichen Geldgebern werben Hochschulen Drittmittel ein, die in der Regel projektbezogen bereitgestellt werden, um beispielsweise ein spezielles Forschungsprojekt oder einen Forschungsauftrag zu finanzieren.

Bei näherer Betrachtung kann festgestellt werden, dass die Mittel der meisten Finanzierungsquellen entweder mit einer Zweckbindung versehen sind, die deren Verwendung einschränkt, oder aufgrund der von den Mittelgebern definierten Modalitäten nur für einen begrenzten Zeitraum zur Verfügung stehen. Vielfach treffen beide Restriktionen auch zusammen. Diese Umstände machen eine flexible Handhabung, vor allem aber eine langfristige Finanzplanung vielfach unmöglich.

Einzig die Grundmittel stellen eine Ausnahme dar, weshalb sie für die Hochschulfinanzierung von elementarer Bedeutung sind. Nach den Ermittlungen des Wissenschaftsrats aus dem Jahr 2010 sind die Grundmittel im Fachhochschulsektor von 1,86 Mrd. Euro im Jahr 2000 auf 2,02 Mrd. Euro in 2007 nur geringfügig gewachsen. Inflationsbereinigt stellt der Wissenschaftsrat gar einen realen Rückgang der Grundmittel für Fachhochschulen fest. Bezogen auf die Studierendenzahlen sank die Grundmittelausstattung der Fachhochschulen (nicht inflationsbereinigt) von rd. 2.950 Euro je Studierendem bzw. Studierender im Jahr 2000 auf 2.310 Euro in 2007 (Wissenschaftsrat 2010: 91 f.). Aktuellere Zahlen aus dem Jahr 2013 weisen für die Fachhochschulen einen Betrag von 4.030 Euro pro Studierendem bzw. Studierende aus, während er bei den Universitäten mit 8.080 Euro doppelt so hoch liegt (Statistisches Bundesamt 2016c: 38 f.).

A   HOCHSCHULEN ALS TAGELÖHNER? – GUTE BILDUNG UND WISSENSCHAFT KOSTET!

[Balkendiagramm: Grundmittelquote an ausgewählten Hochschulen]

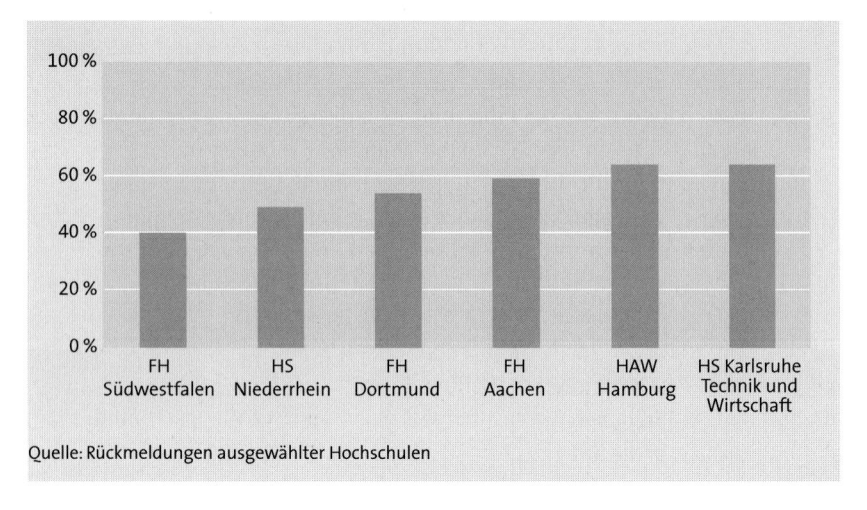

- FH Südwestfalen: ca. 40 %
- HS Niederrhein: ca. 48 %
- FH Dortmund: ca. 53 %
- FH Aachen: ca. 58 %
- HAW Hamburg: ca. 63 %
- HS Karlsruhe Technik und Wirtschaft: ca. 63 %

Quelle: Rückmeldungen ausgewählter Hochschulen

Abb. 4: Grundmittelquote an ausgewählten Hochschulen

Eigene, allerdings nicht repräsentative Ermittlungen zeigen, dass die Grundmittelquote, also das Verhältnis von Grundmitteln zu den insgesamt zur Verfügung stehenden Mitteln, bei den hier betrachteten Hochschulen kaum über 60 % beträgt, in manchen Fällen sogar die 50 %-Marke unterschreitet (Abb. 4).

Wenn man die unterschiedlichen Entwicklungen – stagnierende bzw. real rückläufige Grundfinanzierung gegen Mittelaufwuchs bei Programm- und Drittmitteln – gegenüberstellt, so erkennt man, dass sich hierdurch die Finanzierungsstrukturen der Fachhochschulen massiv verändert haben. Grundmittel, die typischerweise zur Finanzierung dauerhaften sog. Stammpersonals herangezogen oder zur Finanzierung von laufenden Ausgaben für den Hochschulbetrieb verwendet wurden, müssen in immer stärkerem Maße durch Mittel substituiert werden, die unstet und vor allem nur noch temporär zur Verfügung stehen. Eine nachhaltige Finanzplanung und ein konfliktfreies Finanzmanagement werden an den Fachhochschulen von Jahr zu Jahr schwieriger. Besonders massiv betroffen sind hiervon mutmaßlich die Hochschulen, die wegen ihres überdurchschnittlichen Wachstums in der Phase des Hochschulpakts auch überdurchschnittlich vom Hochschulpakt profitiert haben.

Zudem sind wesentliche Hochschulaufgaben bei der Bemessung der Grundmittel gar nicht berücksichtigt, beispielsweise der gesetzlich verankerte Forschungsauftrag der Fachhochschulen. Die Länder finanzieren den Fachhochschulen keinerlei wissenschaftlichen Mittelbau, wie er an den Universitäten existiert. Sie finanzieren letztlich auch nicht die in Forschungsaktivitäten investierte Arbeitszeit der forschenden Fachhochschulprofessorinnen und Fachhochschulprofessoren. Angesichts eines Pflichtdeputats von in der Regel 18 Semesterwochenstunden, die eine Professorin oder ein Professor an einer Fachhochschule erbringen muss, wird die komplette reguläre und durch Grundmittel finanzierte Arbeitszeit der Hochschullehrerinnen und -lehrer durch Aufgaben in Lehre und Studium kompensiert.

Hinsichtlich der finanziellen Ausstattung einer Professur ist ein Blick in die Statistik durchaus erhellend: Mit 546.890 Euro pro Professorin bzw. Professor erhielten die Universitäten[9] im Jahr 2013 das Zweieinhalbfache für Forschung und Lehre im Vergleich zu Fachhochschulen, an denen dieser Betrag nur bei 203.890 Euro pro Professorin bzw. Professor lag (Statistisches Bundesamt 2016c). Forschungsaktivitäten sind demnach entweder nur im Rahmen außerordentlichen zusätzlichen Engagements möglich oder wenn die einzelne Hochschule selbst Mittel aufbringt, um zusätzliches Lehrpersonal zur Entlastung der Forscherinnen und Forscher zu beschäftigen. Bereits 2002 hatte der Wissenschaftsrat empfohlen, die Mittel für wissenschaftliche Mitarbeiterinnen und Mitarbeiter zu erhöhen. In seiner Empfehlung aus dem Jahr 2010 hat er diese Forderung nochmals bekräftigt (Wissenschaftsrat 2010: 80).

Forschung an Fachhochschulen ist deshalb nahezu ausschließlich als drittmittelfinanzierte Forschung darstellbar. Und selbst hier stehen insbesondere Hochschulen mit kleinen Budgets immer wieder vor einer schwierigen Aufgabe. Öffentlich geförderte Drittmittelprojekte erweisen sich häufig als nicht kostendeckend, selbst wenn Projektpauschalen für Gemeinkosten vorgesehen sind (Prognos/KPMG/Joanneum Research 2014: 112). Die Gemeinkosten für allein schon in der Administration immer aufwendigere Projekte liegen vielfach deutlich über den Projektpauschalen. Die Finanzierung von Eigenanteilen, die die Hochschulen oftmals bei solchen Projekten erbringen müssen, zehrt zusätzlich an den vom Land bereitgestellten Grundfinanzierungen, sodass diese Mittel wiederum für andere Zwecke nicht mehr ungeschmälert zur Verfügung stehen.

9   Ohne medizinische Einrichtungen

Folgen der Finanzierungssituation

Diese zunehmende Dysbalance zwischen Grundmitteln und sonstigen, typischerweise temporär zur Verfügung stehenden Finanzmitteln behindert die politisch gewollte Stärkung des Stellenwerts der Fachhochschulen im Hochschulsystem. Der Aufwuchs bei den Studienanfängerzahlen ist seit 2007 nahezu ausschließlich über den Hochschulpakt 2020 und damit temporär finanziert. Ein dauerhafter Anstieg ist so jedenfalls nicht gesichert (siehe auch Wissenschaftsrat 2010: 43).

Das Ungleichgewicht im Hinblick auf die Grundfinanzierung erschwert zudem die mittel- bis langfristige Struktur- und Entwicklungsplanung der betroffenen Hochschulen massiv. Die Auswirkungen sind vielfältig.

Besonders eklatant wirkt es sich im Sektor des Personalmanagements und der Personalentwicklung aus. Personalkosten machen einen Großteil der Gesamtkostenbelastung in den Hochschulen aus. Sie erzeugen häufig langfristige Bindungen und sind deshalb kurzfristig kaum beeinflussbar. Stehen dem Finanzierungsmodalitäten gegenüber, die von vornherein nur auf einen begrenzten Zeitraum angelegt sind, wie das insbesondere beim Hochschulpakt 2020 der Fall ist, so ist das Dilemma vorprogrammiert: Dem Wunsch und der Notwendigkeit nach einem langfristig angelegten Personalmanagement und einer nachhaltigen Personalentwicklung steht der Zwang entgegen, die Finanzplanung auf eine deutlich kürzere Zeitspanne hin auszurichten. Speziell aus diesem Grund sind viele Hochschulen in befristete Beschäftigungsverhältnisse ausgewichen, weil sie nur so die finanziellen Bindungen aus zusätzlichen Personalmaßnahmen jenseits des Stammpersonals auf die Laufzeit der entsprechenden Finanzierungsquelle beschränken konnten. Der Anteil unbefristeter Beschäftigungen an Fachhochschulen ist innerhalb von 7 Jahren von 25,2 % (2004) auf 16,6,% (2010) gesunken (Statistisches Bundesamt 2016c: 26). Prinzipiell betrifft dieses Problem alle Hochschularten und ist nicht fachhochschulspezifisch. Man muss aber feststellen, dass der Anteil der Hochschulpaktfinanzierung gemessen an anderen Finanzierungsquellen und insbesondere gemessen an der Grundfinanzierung relativ gesehen bei ihnen höher ist. Allein aus diesem Grund ist die Betroffenheit der Fachhochschulen hier deutlich größer als die der Universitäten.

Die Folgen dieser Befristungspraxis sind bekannt:
- unsichere Perspektiven für die hiervon betroffenen Beschäftigten,
- Rechtsunsicherheit in Hinblick auf die statthaften Befristungstatbestände aufseiten der Hochschulen,

- zusätzliche Belastung der Personalabteilungen durch eine steigende Zahl von Vorgängen,
- Verlust von eingearbeiteten Beschäftigten und deren Expertise,
- Reduktion von Möglichkeiten systematischer Personalentwicklung.

Dies ist weder im Interesse der Beschäftigten noch der Fachhochschulen und hat in nachvollziehbarer Weise den Widerstand der Arbeitnehmervertretungen hervorgerufen. Zunehmende Restriktionen beim Befristungsrecht, teils als Folge einer veränderten Rechtsprechung der Gerichte, teils auch als Folge von Gesetzesnovellen (z. B. Wissenschaftszeitvertragsgesetz), aber auch Interventionen einzelner Wissenschaftsministerien haben die Beschäftigungsbedingungen aus der Sicht der Beschäftigten mittlerweile zwar ein wenig entschärft. Das Dilemma, in dem sich die Hochschulen befinden, wurde aber bisher nicht beseitigt.

Im Hinblick auf die Wahrnehmung des Forschungsauftrags der Fachhochschulen sind ebenfalls negative Auswirkungen festzustellen. Entsprechende Forschungsaktivitäten sind, wie bereits dargestellt, im Wesentlichen drittmittelfinanziert, da es eine hierfür zur Verfügung stehende Grundfinanzierung praktisch nicht gibt. Das hat natürlich Folgen. Forschung findet im Wesentlichen nur auf den Feldern statt, in denen es öffentliche oder private Geldgeber gibt, die bereit und in der Lage sind, entsprechende Finanzierungen zur Verfügung zu stellen. Damit müssen nicht zwingend auch alle Bereiche abgedeckt sein, in denen ein gesellschaftliches Interesse an einer anwendungsbezogenen Forschung existiert. Es ist jedenfalls nicht auszuschließen, dass einzelne Forschungsfelder nur deshalb brachliegen, weil es hier keine hinreichende Finanzierung gibt.

Drittmittel werden in aller Regel projektbezogen gewährt und stehen damit nur für ein konkretes Projekt zur Verfügung. Das Aufschließen neuer Forschungsfelder, die Projektakquise und die Projektbeantragung gehören in der Regel nicht dazu. Diese Aufgabe kann nur vom Stammpersonal geleistet werden, welches aber an Fachhochschulen allenfalls in geringem Umfang existiert und im Regelfall mit anderen Aufgaben befrachtet ist. Die so bestehende Lücke schließen dann die Forscherinnen und Forscher durch zusätzliches Engagement selbst.

Eigenanteile und unauskömmliche Projektpauschalen schmälern die Grundfinanzierungsanteile der Fachhochschulen weiter, und zwar zulasten anderer Hochschulaufgaben.

Best Practice

Einige Bundesländer haben die Notwendigkeit erkannt, die Grundfinanzierung der Hochschulen zu verbessern und entsprechende Maßnahmen eingeleitet:

In Nordrhein-Westfalen werden die mit dem Hochschulpakt zunächst befristet den Hochschulen zur Verfügung gestellten Mittel im Rahmen der „Hochschulvereinbarung NRW 2021" teilweise verstetigt. Ab dem Jahr 2017 erhalten die Hochschulen zunächst 50 Mio. Euro zusätzlich in ihrer Grundfinanzierung, die ihnen sonst als Hochschulpaktprämien zustünden. Dieser Betrag wächst bis zum Jahr 2021 auf 250 Mio. Euro an und steht den Hochschulen ab dann jedes Jahr zusätzlich und unbefristet in ihrer Grundfinanzierung zur Verfügung, folglich auch nach dem Auslaufen des Hochschulpakts (vgl. Hochschulvereinbarung NRW 2021).

Das Land Niedersachsen stockt den Haushalt der sechs niedersächsischen staatlichen Fachhochschulen dauerhaft um jährlich 64 Mio. Euro auf, um damit reguläre Studienanfängerplätze zu finanzieren. 44 Mio. Euro davon setzt das Land zur Erhöhung der Fachhochschulbudgets ein. Weitere 20 Mio. Euro werden ihnen jährlich für innovative Studiengänge bereitgestellt, beispielsweise im Bereich der Gesundheits- und Erziehungswissenschaften (vgl. Niedersächsisches Ministerium für Wissenschaft und Kultur).

Baden-Württemberg erhöht mit dem Hochschulfinanzierungsvertrag „Perspektive 2020" die Grundfinanzierung der Hochschulen um jährlich 3 %, einerseits durch eine reale Erhöhung der Grundmittel, andererseits durch die Umwidmung von Programmmitteln in Grundmittel (Hochschulfinanzierungsvertrag Baden-Württemberg 2015–2020).

Hochschulpolitische Forderungen

Die politische Forderung nach einer besseren Finanzierung der Hochschulen ist nach alldem gerechtfertigt, besonders dann, wenn es nicht bei Einzelaktionen in wenigen Bundesländern bleiben soll. Die Debatte um eine auskömmliche Hochschulfinanzierung muss einerseits die besonderen Verhältnisse und Erfordernisse der Fachhochschulen stärker in den Blick nehmen. Das zeigen einige der oben aufgelisteten Best-Practice-Beispiele. Sie muss ferner den Blick auf die völlig unzureichende Grundfinanzierung in den Mittelpunkt der Betrachtung stellen. Nicht mehr Geld durch immer neue befristete Programme ist gefragt, sondern mehr Planbarkeit und Verlässlichkeit durch die dauerhafte Bereitstellung von zweckungebundenen Grundmitteln. Und sie muss schließlich die Verantwortung des Bundes berücksichtigen, da nur Bund und Länder gemeinsam in der Lage sein werden, eine tragfähige, nachhaltige und an den Bedarfen ausgerichtete Hochschulfinanzierung speziell auch für die Fachhochschulen zu erreichen. Hieraus resultieren folgende Einzelforderungen:

- Die Hochschulen, speziell die Fachhochschulen als deren proportional größere Nutznießer, brauchen schnelle Klarheit über die Perspektiven nach dem Auslaufen des Hochschulpakts 2020. Der neu gefasste Art. 91b GG kann und sollte für eine zumindest teilweise Verstetigung des Hochschulpakts genutzt werden.

- Die Bundesländer sollten überprüfen, welche Mittel sie weiterhin wettbewerblich, programm- oder parameterorientiert und welche als stetige Grundfinanzierung vergeben werden können.

- Die Fachhochschulen benötigen zusätzliche Grundmittel, damit sie ihrer gesetzlich zugewiesenen Aufgabe in der angewandten Forschung in hinreichendem Maße nachkommen können. Das bedingt insbesondere die Etablierung einer Personalinfrastruktur, die die Forschung deutlich erleichtert.

- Die öffentliche Drittmittelfinanzierung muss auskömmlich ausgestaltet werden.

Literatur

Bekanntmachung des Abkommens zwischen den Ländern der Bundesrepublik zur Vereinheitlichung auf dem Gebiet des Fachhochschulwesens vom 17. Januar 1969: https://recht.nrw.de/lmi/owa/br_bes_text?anw_nr=1&gld_nr=2&ugl_nr=2230&bes_id=2477&val=2477&ver=7&sg=0&aufgehoben=J&menu=1 (04.01.2017).

BMBF: http://www.bmbf.de/de/deutsche-forschungsgemeinschaft-e-v-dfg-570.html (06.01.2017).

Hochschulfinanzierungsvertrag Baden-Württemberg 2015–2020 „Perspektive 2020": https://mwk.baden-wuerttemberg.de/de/service/presse/pressemitteilung/pid/hochschulfinanzierungsvertrag-perspektive-2020-unterzeichnet/(06.01.2017).

Hochschulgesetz (HG) NRW von 2014: https://recht.nrw.de/lmi/owa/br_text_anzeigen?v_id=10000000000000000654 (18.02.2017).

Hochschulrahmengesetz (HRG) 1976: https://www.gesetze-im-internet.de/bundesrecht/hrg/gesamt.pdf (18.02.2017).

Hochschulvereinbarung NRW 2021 zwischen der Landesregierung und den Hochschulen des Landes: http://www.wissenschaft.nrw.de/hochschule/finanzierung/grundfinanzierung/(06.01.2017).

Niedersächsisches Ministerium für Wissenschaft und Kultur: http://www.mwk.niedersachsen.de/aktuelles/presseinformationen/wissenschaftsministerin-heinen-kljaji-startet-fachhochschulentwicklungsprogramm--126787.html (06.01.2017).

Prognos AG/KPMG AG/Joanneum Research 2014: Wissenschaftliche Untersuchung und Analyse der Auswirkungen der Einführung von Projektpauschalen in die BMBF-Forschungsförderung auf die Hochschulen in Deutschland, https://www.bmbf.de/files/BMBF-Projektpauschale_Abschlussbericht.pdf (18.02.2017).

Statistisches Bundesamt 2015a: Fachserie 11, Bildung und Kultur, Reihe 4.1, Studierende an Hochschulen, WS 2014/2015, Wiesbaden.
Statistisches Bundesamt 2016a: Fachserie 11, Bildung und Kultur, Reihe 4.1, Studierende an Hochschulen, WS 2015/2016, Vorbericht, Wiesbaden.
Statistisches Bundesamt 2015b: Fachserie 11, Bildung und Kultur, Reihe 4.4, Personal an Hochschulen, 2014, Wiesbaden.
Statistisches Bundesamt 2016b: Fachserie 11, Bildung und Kultur, Reihe 4.4, Personal an Hochschulen, 2015, Wiesbaden.
Statistisches Bundesamt 2016c: Hochschulen auf einen Blick, https://www.destatis.de/DE/Publikationen/Thematisch/BildungForschungKultur/Hochschulen/BroschuereHochschulenBlick0110010167004.html (09.01.2017).
Statistisches Bundesamt 2016d: Hochschulfinanzstatistik, Auswertung für die Fachhochschule Südwestfalen, Wiesbaden (20.09.2016).
Wissenschaftsrat 2010: Empfehlungen zur Rolle der Fachhochschulen im Hochschulsystem, Köln.

B Freud und Leid der Drittmittelfinanzierung und ihre Folgen

B Personalplanung und Beschäftigung bei befristeten Mitteln – Steuermechanismen am KIT

Wolfgang Eppler

Einleitung

Folgende Fragen bieten sich an, das Thema „Personalplanung und Beschäftigung bei befristeten Mitteln" zu gliedern:

- Inwieweit lässt sich die zunehmende Drittmittelabhängigkeit von Hochschulen und Forschungseinrichtungen überhaupt mit stabilen Beschäftigungsbedingungen verbinden oder erscheint das ausgeschlossen (oder ungewünscht)?
- Welche Möglichkeiten haben die Hochschulen und Forschungseinrichtungen, auch aus Projektmitteln stabile Beschäftigung zu schaffen? Nutzen sie diese Spielräume oder welche Erfahrungen haben wir hier bisher gemacht? Welche Rahmenbedingungen müssten sich gegebenenfalls ändern, damit sie dies besser tun können?

Die Wechselbeziehung zwischen Finanzierung und Beschäftigung

Wird jemand über Drittmittel finanziert, assoziiert man beinahe automatisch, dass die betreffende Person einen befristeten Arbeitsvertrag hat. So, wie man bei einer grundfinanzierten Stelle oder einer Tätigkeit, die dauerhaft benötigt wird, automatisch von einer Dauerstelle ausgeht – was leider oft falsch ist. Es stellt sich die Frage nach dem Zusammenhang zwischen *Finanzierung und Beschäftigungsverhältnis*, aber auch, wie wir später sehen werden, nach dem Verhältnis zwischen *Finanzierung und zugewiesener Aufgabe*.

Beschäftigte mit fester Finanzierung (grundfinanziert, Stelle aus Stellenplan) haben nicht unbedingt eine Dauerstelle. Sie können sachgrundlos legal befristet beschäftigt werden, wenn bestimmte Voraussetzungen vorliegen – bei Beschäftigten in Verwaltung und Technik meist nach § 14 Abs. 2 Teilzeit- und Befristungsgesetz (TzBfG), bei Wissenschaftlerinnen und Wissenschaftlern meist nach § 2 Abs. 1 Wissenschaftszeitvertragsgesetz (WissZeitVG). Im Karlsruher Institut für Technologie (KIT) gibt es die informelle Regel, nach der im Universitätsbereich mindestens 50% des Stellenplanpersonals befristet beschäftigt sein sollen um den flexiblen Austausch des Personals zu gewährleisten (Stichwort „Durchlauferhitzer", nach dem möglichst viele Nachwuchswissenschaftler und -wissenschaftlerinnen ein paar Jahre im System herangebildet und dann bestens ausgebildet auf den Markt geworfen werden). Im Großforschungsbereich des KIT beträgt diese informelle Befristungsquote 20% des durch die programmorientierte Förderung der Helmholtz-Gemeinschaft grundfinanzierten Personals. Die im Großforschungsbereich gegenüber dem Universitätsbereich verminderte Quote ist der Durchführung von Großprojekten geschuldet, die ihr Know-how für längere Zeit sichern müssen. Diese von den Leitungen für nötig befundene Flexibilität bei grundfinanziertem Personal ist ein Relikt aus vergangenen Zeiten. Die Helmholtz-Gemeinschaft hat dies bereits vor Jahren eingesehen und ihre bis dahin den einzelnen Einrichtungen vorgeschriebene Personalausgabenquote (Anteil des unbefristeten Personals an den Gesamtausgaben) abgeschafft. Inzwischen macht die Drittmittelquote oft die Hälfte des Gesamtbudgets einer Wissenschaftseinrichtung aus. Dieser Anteil ist bei Weitem ausreichend für genügend Flexibilität. Ausnahmen müssen lediglich für kleine Institute oder Institute mit wenig Drittmitteln geschaffen werden.

So ist leider derzeit der Stand, dass *aus einer gesicherten Finanzierung kein sicherer Arbeitsplatz erfolgen muss*. Die Zahlen im KIT sind eindeutig. Im Jahr 2015 übersteigt die Anzahl der befristet beschäftigten Personen die Anzahl der mit Drittmitteln finanzierten Personen um mehr als die Hälfte.[10]

Weiter ist nun die Frage interessant, ob einer ungesicherten Finanzierung unbedingt ein unsicheres, also befristetes Arbeitsverhältnis folgen muss. Für die Leitung einer Wissenschaftseinrichtung ist die Beantwortung der Frage im Allgemeinen ein klares Ja, da wegen des Auslaufens der befristeten Finanzierung das Risiko einer Finanzierungslücke einer auf Dauer zu finanzierenden unbefristeten Stelle zu groß ist. In der Industrie wird diese Frage nicht gestellt, und beim Arbeitsgericht wird sie differenzierter behandelt. Hierbei spielt auch das von der/dem Beschäftigten zu übernehmende Risiko einer befristeten Beschäftigung eine Rolle. Klar ist, dass eine unsichere Zukunft bei der Finanzierung allein keine Befristung rechtfertigt. Sonst gäbe es in der Wirtschaft nur befristete Verträge. Die Zukunft ist immer ungewiss. Deshalb müssen die Sachgründe von Befristungen nach § 14 Abs. 1 Nr. 1

---

10 KIT Jahresbericht 2015, Seite 108: 3.111 Drittmittelbeschäftigte, 4.835 Beschäftigte mit Zeitverträgen (Wissenschaftlerinnen und Wissenschaftler sowie Nichtwissenschaftlerinnen und Nichtwissenschaftler). Die Differenz von 1.724 Beschäftigten ist mehr als die Hälfte der Drittmittelbeschäftigten.

TzBfG bestimmten Anforderungen genügen. Nicht wenige Institutsleiter und -leiterinnen sind überrascht, wenn sich eine/einer ihrer seit Langem befristet Beschäftigten mal wieder eingeklagt hat.

Die Frage, ob befristete Finanzierung zu befristetem Vertrag führt, ist nur dann mit Ja zu beantworten, wenn der Bedarf an Personal nur vorübergehend ist. Das koppelt die Befristungsfrage an die Art der Aufgabe. *Zur befristeten Finanzierung gehört also eine befristete Aufgabe*, um eine befristete Beschäftigung zu legalisieren.

Führen dann Daueraufgaben zu Dauerverträgen? – Längst nicht immer. Bei *vorübergehendem Mehrbedarf* an Arbeitsleistung darf auch für eine Daueraufgabe eine Person befristet beschäftigt werden. Die Realität zeigt jedoch, dass ständig wiederkehrende Projekte für Wissenschaftler und Wissenschaftlerinnen mit einschlägigem Know-how mit jeweils mehr oder weniger stark abgewandelten Projektnamen weitergeführt und von befristet Beschäftigten geleistet werden. Weitere Daueraufgaben an Hochschulen, die mit befristeten Forschungsprojekten nicht das Geringste zu tun haben, sind Lehrverpflichtungen, die Unterstützung der Lehre und der Administration eines Instituts oder der Fakultät, aber auch Dienstleistungen wie die Instandhaltung von Gebäuden sowie die Unterstützung von Technologietransfer, Innovation und Forschungsförderung. Hier drücken die dafür zuständigen Ministerien und Zuwendungsgeber, die über die Zustände bestens informiert sind und über die Zweckentfremdung der Drittmittel Bescheid wissen, beide Augen zu und tolerieren die Diskrepanz zwischen zu leistenden Aufgaben einer Hochschule und den inadäquaten Beschäftigungsverhältnissen der mit den Aufgaben Betrauten. Im KIT ist die Hälfte der in einer größeren Dienstleistungseinheit zur Einwerbung von Forschungsmitteln und Koordinierung von Forschungsprojekten arbeitenden Beschäftigten befristet. Gründe für die Befristungen werden intern geschaffen, indem zeitlich befristete Entwicklungsprojekte beschlossen werden. Personal, mit dem man zufrieden ist, wird im nächsten zeitlich befristeten internen Projekt weiterbeschäftigt.

Es ist unbestritten, dass Wissenschaftseinrichtungen hier ein strukturelles Problem haben: Die Grundfinanzierung ist gedeckelt und reicht nicht für alle erforderlichen dauerhaften Dienstleistungsaufgaben. Nach außen können sie nur mit einer schlanken zentralen Dienstleistung punkten, die allerdings nicht ausreicht. Also wird ad hoc an allen Ecken und Enden das Notwendigste befristet erledigt, solange das Geld reicht. Reicht es nicht, gibt es eine Krise, wird geklagt, wird vereinzelt das System kritisiert oder auch mal der Leitung bei einer Wiederwahl die Gefolgschaft verweigert.

Ein gutes Beispiel für die Kompatibilität von befristeter Finanzierung und Dauerarbeitsvertrag ist die Projektförderung des Bundes mit seinen Projektträgern an außeruniversitären Forschungseinrichtungen[11]. Die dafür nötigen Dienstleistungen haben keinen Projektcharakter. Das Personal ist daher unbefristet zu beschäftigen. Zu den dauerhaften Aufgaben gehört die Beratung, Administration und fachliche Betreuung befristeter Forschungsprojekte. Diese Dienstleistung zur Unterstützung von Projektförderung ist selbst wieder befristet und wird alle paar Jahre vom Bund ausgeschrieben. Trotz befristeter Dauer der Finanzierung handelt es sich aber um Dauerarbeitsplätze. Die über zweitausend in außeruniversitären Forschungseinrichtungen bei solchen Projektträgern Beschäftigten arbeiten bis auf Ausnahmen mit Dauerarbeitsverhältnissen.

Dauerarbeitsverhältnisse bei befristeter Finanzierung kennen außeruniversitäre Einrichtungen eher als die Hochschulen. Bei ersteren war es früher, wenigstens bei der Vorgängereinrichtung des KIT, üblich, bis zu 20 % der Drittmitteleinnahmen für unbefristetes Personal auszugeben. Im heutigen KIT gibt es diese Praxis nicht mehr flächendeckend. Grundsätzlich ist es aber möglich, bei konstantem Drittmittelaufkommen eines Instituts einen Teil davon für unbefristetes Personal zu verwenden.

Erstes Fazit

Die einleitende Frage lässt sich insofern beantworten, dass die *Kopplung zwischen Finanzierung und Beschäftigung nicht besonders stark* ist. Die herrschende Praxis bevorzugt die Verbindung von befristeter Finanzierung mit befristeter Beschäftigung und vernachlässigt die Verbindung von Grundfinanzierung und dauerhafter Beschäftigung. Aber für eine dauerhafte Beschäftigung mit befristeter Finanzierung gibt es sinnvolle Beispiele.

Geteilte Verantwortung für faire Beschäftigungsverhältnisse

Die Evaluierung der Befristungspraxis des WissZeitVG 2011 zeigte starken Verbesserungsbedarf auf, insbesondere bei den durchschnittlich viel zu kurzen Vertragsdauern – oft unter einem Jahr –, aber auch in Bezug auf die so gut wie unmögliche Lebensplanung von Wissenschaftlerinnen und Wissenschaftlern. Appelle, auf freiwilliger Basis die schlimmsten Aus-

---

11 Außer dem KIT noch das Forschungszentrum Jülich (FZJ), das Deutsche Zentrum für Luft- und Raumfahrt (DLR) und das Deutsche Elektronen-Synchrotron (DESY).

wüchse einzudämmen, halfen nicht. So wurde das Spezialgesetz für die Wissenschaft 2016 novelliert – für Wissenschaftler und Wissenschaftlerinnen weiterhin mit gesicherter Unsicherheit in die Zukunft: Die Gesetzeslage ist enttäuschend, gerade auch nach der Novellierung des WissZeitVG.

Der Aufruf zur Mäßigung bei Befristungen und die Hoffnung auf verantwortliche Selbstregulierung in den Wissenschaftseinrichtungen trug nicht zur Verbesserung bei. Seit jedoch Landesregierungen dazu übergehen, Hochschulen verstärkt zu Regelungen und Selbstverpflichtungen (teilweise unter dem Titel „Gute Arbeit") zu nötigen, nährt das die Hoffnung, tatsächlich eine Reduzierung befristeter Verträge herbeizuführen.

Der Hochschulfinanzierungsvertrag des Landes Baden-Württemberg vom Januar 2015 gewährt einerseits für die Hochschulen Planungssicherheit bis 2020 sowie eine jährliche Erhöhung der Grundfinanzierung um 3 % und verlangt andererseits eine Selbstverpflichtung der Hochschulen zu guter Arbeit durch verantwortlicheren Umgang mit befristeten Arbeitsverträgen. Vielleicht motiviert diese Verknüpfung zwischen finanziellem Aufwuchs und Befristungspraxis die Hochschulen stärker als alles andere, sich in Befristungsangelegenheiten zu mäßigen.

Das KIT verhandelte mit dem Personalrat eine solche Selbstverpflichtung „Gute Arbeit" (abgeschlossen im September 2015), die zunächst nur ein Anfang ist. Die Selbstverpflichtung wurde vom Land eingefordert, sonst wäre sie nie zustande gekommen. Ein Ziel der Verpflichtung war es, insbesondere für Nichtwissenschaftlerinnen und Nichtwissenschaftler die Anzahl der Befristungen zu reduzieren. Stellen mit Daueraufgaben werden in der Regel unbefristet besetzt. Techniker und Technikerinnen sowie Verwaltungsangestellte arbeiten im KIT wie in jedem anderen Betrieb auch und dürfen durch ein Wissenschaftsspezialgesetz nicht schlechtere Bedingungen vorfinden als in anderen Betrieben. Ein weiteres Ziel der Selbstverpflichtung war es, die Planungssicherheit für die Lebensgestaltung befristet Beschäftigter zu erhöhen. Dies gelingt mit einer Personalplanung.

Befristete Verträge wird es immer geben. Besonders in der Qualifizierungsphase von Promotion oder Habilitation ist eine befristete Beschäftigung unbestritten. Mit den übrigen Befristungen ist verantwortungsvoll umzugehen. Eine in dieser Hinsicht angemessene Maßnahme ist die Personalplanung, gerade auch angesichts der vielen befristeten Drittmittel, welche die Planung zwar erschweren, aber nicht unmöglich machen, wie viele Praxisbeispiele an Instituten zeigen.

Das KIT versteht unter Personalplanung, eine Liste aller Beschäftigten einer Organisationseinheit bereitzuhalten, mit jeweiligem Alter, Eintritt in die Einrichtung, vertraglichem Ende der Beschäftigung, einer Bemerkung, wie die weitere Karriere am KIT aussehen soll, und der Angabe, ob ein Mitarbeitendengespräch mit Information des/der Betroffenen über die weitere Vertragsgestaltung stattgefunden hat. Eine Personalplanung muss bei Wissenschaftlerinnen und Wissenschaftlern spätestens 3 Jahre nach der Promotion, bei Nichtwissenschaftlern und Nichtwissenschaftlerinnen spätestens 4 Jahre nach deren Einstellung (Ausbildungszeiten werden nicht mitgerechnet) vorliegen. Die Postdoktorandenphase soll nicht länger als 3 Jahre dauern. Danach muss geklärt sein, ob eine Karriere im KIT aussichtsreich ist oder nicht.

Zentral ist eine Definition von sogenannten Langzeitbefristungen, die es in Zukunft nicht mehr geben soll. Das sind befristet beschäftigte Wissenschaftlerinnen und Wissenschaftler, die mehr als 10 Jahre, solche ohne Promotion, die mehr als 6 Jahre, und Nichtwissenschaftlerinnen und Nichtwissenschaftler, die mehr als 6 Jahre beschäftigt sind. In einer Übergangsphase bemühen sich die Institutsleitungen, die Bereichs- bzw. Fakultätsleitungen und das Präsidium gemeinsam darum, angemessene Lösungen zu finden. Im Falle einer beabsichtigten Entfristung wird ein Entfristungsverfahren eingeleitet, bei dem außer wissenschaftlichen Kriterien auch das soziale Kriterium einer langzeitigen Befristung berücksichtigt wird. So weit die Theorie. In der Praxis führt diese Prozedur dazu, dass von oben immer mehr Druck auf die Institutsleitungen ausgeübt wird, das Problem alleine zu lösen. Ist es mangels dauerhafter Finanzierungsquelle für ein Institut nur schwer möglich, das Risiko für einen Finanzierungsausfall zu übernehmen, neigen die höheren Ebenen nur selten zur Hilfsbereitschaft. Es wird auch nicht davor zurückgeschreckt, einen über 60-jährigen Wissenschaftler nach 18 Jahren Beschäftigung auf die Straße zu setzen (so geschehen am KIT im August 2016).

Die Regelungen über die Selbstverpflichtung „Gute Arbeit" verhindern also leider nicht, dass viele Langzeitbefristete gezwungen sind, vor Gericht ihr Dauerarbeitsverhältnis einzuklagen. Die Anzahl derer, die sich getrauen zu klagen, wächst angesichts der zunehmenden Unsicherheit. Die meisten von denen, die den Personalrat über ihr Klageverfahren informieren und ihn mit einbeziehen, sind erfolgreich.

Bloße Unsicherheit der künftigen Finanzierung ist allein kein gültiger Sachgrund für eine Befristung. Die Prognose über den Wegfall der Finanzierung am Vertragsende, die vom Arbeitgeber zu Beginn des Befristungsverhältnisses anzustellen ist, muss zwar nur die bei Vertragsabschluss bekannten Fakten einbeziehen. Teilweise geben diese aber nicht die Wirklichkeit wieder – sei es, dass der Anteil der nebenbei zu erledigenden Daueraufgaben zu gering angegeben ist; sei es, dass das x-te Projekt zum selben Thema abgeschlossen wird. Der Personalrat kann mit den Informationen der Prognose, der Projektbezeichnung und der Tätigkeitsdarstellung ganz gut arbeiten und die Betroffenen effektiv beraten. Die betroffenen Beschäftigten müssen zwar oft „zum Klagen getragen werden". In der Regel lohnt es sich aber für die Betroffenen.

Außer einem individualrechtlichen Verfahren kommt in einzelnen Fällen auch ein kollektivrechtliches Vorgehen infrage. Der Personalrat kann im Gegensatz zum Betriebsrat auf eine befristete Einstellung mit einer Zustimmungsverweigerung reagieren, wenn er die Befristungsgründe nicht akzeptiert. Es kommt bei weiterer Nichteinigung zwischen Arbeitgeber und Personalrat zu einem Stufenverfahren beim Ministerium oder Aufsichtsrat, im KIT zu einer vorgelagerten Schlichtung.

Schließlich kann durch eine Selbstverpflichtung „Gute Arbeit" auch die sachgrundlose Befristung auf ein sinnvolles Maß eingeschränkt werden. Der KIT-Personalrat hat in der Vergangenheit in solchen Fällen grundsätzlich angenommen, dass es sich um rechtswidrige Probezeitverlängerungen handelt, und verweigerte diesen seine Zustimmung. Das KIT hat daraufhin Kriterien für sachgrundlose Befristungen definiert, wie Vertretungen, Strukturveränderungen oder absehbare Wechsel der Institutsleitung. Damit erhält der Personalrat nun bei sachgrundlosen Befristungen von der Personalabteilung Erläuterungen und kann einschätzen, ob die Befristung den Kriterien genügt. Eine Schlichtungsstelle bestätigte dieses Vorgehen, sodass im KIT nur noch in bestimmten Fällen sachgrundlos befristet wird.

Zweites Fazit

Damit ist auch die zweite Frage der Einleitung beantwortet. *Bessere Rahmenbedingungen sind am besten über bessere Gesetze herzustellen.* Wenn auch der letzte Versuch zur Novellierung des WissZeitVG keine große Änderung brachte, darf die Forderung nach gesetzlichen Besserungen nicht nachlassen.

Mit der derzeitigen gesetzlichen Situation sind längst nicht alle Spielräume ausgenutzt. Befristungsklagen vor Gericht sind oft erfolgreich. Bund und Länder sollten zudem Selbstverpflichtungen der Wissenschaftseinrichtungen einfordern, die Befristungen begrenzen und eine Personalplanung verbindlich einführen.

B Drittmittelfinanzierung – nur mit Zeitverträgen?!

Peter Greisler

Gute Nachrichten für Wissenschaft und Forschung: Der Bundestag hat im November 2016 den Haushalt für das Jahr 2017 beschlossen. In Bildung und Forschung finanziert der Bund auch künftig Milliardenbeträge. Zugleich wird jedoch immer wieder der Vorwurf laut, dass Drittmittel Zeitverträge fördern. Unbefristete Beschäftigungsverhältnisse würden durch die Förderpolitik zum Ausnahmefall. Ein Blick auf die Statistik zeigt, dass ein nennenswerter Teil der Beschäftigten an Hochschulen von Drittmitteln abhängig sind. Im wissenschaftlichen und künstlerischen Bereich waren im Jahr 2014 an deutschen Hochschulen rund 381.000 Personen beschäftigt. Das entspricht 220.700 Vollzeitäquivalenten. Von diesen wurden 57.700 Personen durch Drittmittel finanziert. Das entspricht einem Anteil von 26% (Statistisches Bundesamt 2016: 26 ff.).

Den Eindruck, dass Drittmittelprojekte ausschließlich mit befristet angestelltem Personal durchgeführt werden können, soll der folgende Beitrag widerlegen. Er soll Verantwortungsbereiche abgrenzen, vor allem aber soll er Möglichkeiten aufzeigen. Ich weiß aus vielen Gesprächen mit Vertreterinnen und Vertretern der Hochschulen und der Länder, dass es von allen Seiten den ernsthaften Willen zu solchen guten Lösungsmöglichkeiten gibt.

Zuständigkeit der Länder für die Hochschulen

Ausgangspunkt ist stets die Zuständigkeit der Länder für die Hochschulen. Das bedeutet nicht, dass der Bund Verantwortung abschieben will. Die im Grundgesetz verankerte Kompetenzverteilung zwischen Bund und Ländern darf aber nicht zur Nebensächlichkeit herabgesetzt werden. Daher: Die Länder sind in der Pflicht, Mittel für die Personalhaushalte der Hochschulen zur Verfügung zu stellen. Für die Erfüllung der Grundaufgaben der Einrichtungen muss ausreichend Stammpersonal zur Verfügung stehen. Die Finanzierung von Stammpersonal ist nicht Aufgabe des Bundes. Die Aufgaben des Bundes müssen entsprechend seinen grundgesetzlichen Kompetenzen aus einer übergeordneten, strategischen Perspektive betrachtet werden. In diesem Rahmen bringt sich der Bund auf vielfältige Weise ein. Das strategische Gesamtkonzept des BMBF beinhaltet die Förderung von universitärer Spitzenforschung, von verlässlichen Karriereperspektiven für den wissenschaftlichen Nachwuchs und von forschungsbasierten Ideen-, Wissens- und Technologietransfers in Wirtschaft und Gesellschaft. Dadurch werden die Bemühungen der Länder ergänzt, nicht aber ersetzt. Deshalb müssen die Länder ihren Teil dazu beitragen, die Leistungsfähigkeit der Hochschulen sicherzustellen. Dazu gehört auch die ausreichende Bereitstellung von Grundmitteln aus den Landeshaushalten.

Förderbedingungen des BMBF verhindern keine unbefristeten Beschäftigungsverhältnisse

Das bereits erwähnte strategische Gesamtkonzept des BMBF wird über Förderlinien und Projekte umgesetzt. Tatsache ist, dass auch in den vom BMBF geförderten Projekten wissenschaftliches und nichtwissenschaftliches Personal benötigt wird. Die Förderbedingungen des BMBF zielen aber nicht speziell darauf ab, befristete Beschäftigungsverhältnisse zu fördern. Die Drittmittelförderung soll Projekte ermöglichen, die die Hochschulen und Forschungseinrichtungen aus eigener finanzieller Kraft nicht stemmen könnten, an deren Inhalten der Bund aber im Zuge seiner strategischen Ausrichtung ein besonderes Interesse hat.

Ein Missverständnis liegt vor, wenn davon ausgegangen wird, dass generell in den vom BMBF geförderten Projekten kein unbefristetes Personal der Hochschulen eingesetzt werden darf. Die Förderbedingungen des BMBF stehen dem nicht entgegen. Auch Personal, das in einem unbefristeten Beschäftigungsverhältnis zur Hochschule steht, kann unter bestimmten Voraussetzungen über Projekte des BMBF abgerechnet werden. Dabei muss zwischen zwei Konstellationen unterschieden werden.

Zum einen kann vorhandenes Stammpersonal in einem über Drittmittel geförderten Projekt tätig werden. Über das Projekt können dann die Kosten abgerechnet werden, die für die Ersatzkraft anfallen, die in der Zwischenzeit die bisherigen (grundfinanzierten) Aufgaben wahrnimmt. Soweit die Tätigkeit im Projekt im Vergleich zur ursprünglichen Tätigkeit einer höheren Vergütungsgruppe zuzuordnen ist, kann im Rahmen des Projekts auch eine tarifliche Zulage abgerechnet werden. Im Ergebnis werden der Hochschule damit nur diejenigen Mehrkosten ersetzt, die durch das Projekt tatsächlich verursacht werden. Eine Finanzierung von Grundaufgaben findet nicht statt.

Zum anderen kann eine Hochschule sich entscheiden, außerhalb ihres etatisierten Personals unbefristete Arbeitsverträge oder Arbeitsverträge über eine längere Zeitspanne mit Personen abzuschließen, die in wechselnden Drittmittelprojekten beschäftigt werden. Auch dieses Personal, das nicht über eine haushaltsrechtliche Planstelle, aber über einen arbeitsrechtlichen Dauervertrag verfügt, kann in BMBF-Projekten abgerechnet werden. Die Beschäftigung einer Ersatzkraft ist hier im Unterschied zur ersten Variante gerade nicht erforderlich, da das Personal in diesen Fällen eben genau zum Zweck der Projektmitarbeit angestellt und nicht auf einer Planstelle geführt wird. Diese Variante setzt voraus, dass neben den förderrechtlichen Voraussetzungen auch die haushaltsrechtlichen Rahmenbedingungen des jeweiligen Landes gegeben sind.

Für die Abrechnung müssen seitens des BMBF zwei Voraussetzungen gegeben sein. Erstens muss die Person tatsächlich für das Projekt tätig werden. Grundaufgaben dürfen von ihr im Rahmen der Tätigkeit für das Projekt nicht erledigt werden. Zweitens darf die Person nicht gleichzeitig über eine grundfinanzierte Stelle verfügen (dann greift Variante 1, s. o.). Soweit hierüber ein geeigneter Nachweis erbracht wird, steht einer Abrechnung über das Projekt nichts entgegen.

Dies lässt sich anhand eines einfachen Beispiels aus dem Alltag eines Werkstattbetriebs veranschaulichen: Jede Werkstatt beschäftigt Mitarbeiterinnen und Mitarbeiter zur Ausführung der anfallenden Arbeiten. Diese erhalten Arbeitsverträge, die auf der Annahme beruhen, dass ein bestimmtes Auftragsvolumen regelmäßig erreicht wird. In Spitzenzeiten werden eventuell zeitweise zusätzliche Arbeitskräfte hinzugenommen. Ein Grundbestand an festen Mitarbeiterinnen und Mitarbeitern sichert jedoch das Wissen über die Arbeitsabläufe.

Auch in der drittmittelgeförderten Forschung sollte es möglich sein, Personal unbefristet zu beschäftigen, das regelmäßig in über Drittmittel finanzierten Projekten tätig ist. Für (Übergangs-)Phasen, in denen keine Drittmittel vorhanden sind, muss die Hochschule jedoch entsprechende Vorsorge treffen, um ihrer Verantwortung als Arbeitgeber gerecht werden zu können. Derartige Modelle sind bei vielen Forschungseinrichtungen bereits etablierte Praxis. Sachgründe für eine unterschiedliche Handhabung des Personals in drittmittelfinanzierten Forschungsprojekten an Forschungseinrichtungen und Hochschulen ergeben sich aus förderrechtlicher Sicht nicht.

So weit die förderrechtliche Seite des Problems. Im Rahmen der Gesamtschau muss darüber hinaus die haushaltsrechtliche Dimension beachtet werden. Jedes Land trifft über seinen Haushalt und die zugehörigen Ausführungsvorschriften Vorgaben für die Verwendung der (Haushalts-)Mittel an den Hochschulen. Auch hier ist ein Umdenken notwendig. Die strenge Bindung an Stellenpläne, wie es sie zum Teil noch gibt, verhindert den Aufbau von Personalpools für Drittmittelprojekte und zwingt die Hochschulverwaltungen dann, auf Befristungen zurückzugreifen.

Das BMBF leistet seinen Beitrag, indem es den flexiblen Einsatz von Personal in Drittmittelprojekten ermöglicht. Daneben sind die Länder gegebenenfalls gefragt, ihre haushaltsrechtlichen Bestimmungen zu modifizieren. Nur über das Zusammenspiel von Förderbestimmungen und Haushaltsrecht können die Beschäftigungsbedingungen in der universitären Forschung an die Förderwirklichkeit angepasst werden. Hier gibt es also eine geteilte Verantwortung.

BMBF unterstützt die strategische Personalplanung

Ein weiterer wichtiger Aspekt ist die Personalplanung und Personalentwicklung an den Hochschulen. Für die frühzeitige Karriereplanung des wissenschaftlichen Nachwuchses bedarf es einer strukturierten Beratung durch die Personalverwaltungen. Nur so kann die Planbarkeit wissenschaftlicher Karrieren nachhaltig verbessert werden.

Hier setzt zum Beispiel das neue Bund-Länder-Programm zur Förderung des wissenschaftlichen Nachwuchses an. Es geht darum, die Tenure-Track-Professur strukturell in Deutschland zu etablieren. Die Entscheidung über den Verbleib in der Wissenschaft soll dadurch künftig deutlich früher fallen als heute, und es sollen mehr dauerhafte Professorinnen- und Professorenstellen entstehen. So werden die Karrierewege des wissenschaftlichen Nachwuchses planbarer und transparenter. Darüber hinaus fördert das Programm die strategische Personalplanung der Universitäten. Denn die Universitäten, die sich an dem Programm beteiligen wollen, müssen sich in ihren Anträgen intensiv mit ihrer eigenen Personalstrukturplanung auseinandersetzen. Die konzeptionellen Überlegungen sind einer der entscheidenden Aspekte, die in dem wettbewerbsgeleiteten Auswahlverfahren bewertet werden.

Fazit

Im Ergebnis lässt sich festhalten, dass ein strategisches Zusammenwirken aller Akteure unabdingbar ist, um die hohe Attraktivität der universitären Spitzenforschung zu erhalten und weiter auszubauen. Dafür bedarf es der nachhaltigen Personalplanung und -entwicklung ebenso wie an die Förderwirklichkeit angepasste Rahmenbedingungen. Qualitativ hochwertige Wissenschaft braucht hoch qualifiziertes und motiviertes Personal. Zur Gewinnung dieses Spitzenpersonals sind attraktive Beschäftigungsbedingungen unerlässlich. Sicherheit und Planbarkeit spielen dabei eine herausgehobene Rolle. Das BMBF ist bestrebt, seinen Teil hierzu beizutragen.

Literatur

Statistisches Bundesamt 2016: Hochschulen auf einen Blick, Wiesbaden.

B   Europäische Forschungsförderung unter der Lupe

Ein Zwischenstand zur ersten Halbzeit von Horizon 2020

Geny Piotti

Forschungsförderorganisationen unterstützen nicht nur Wissenschaftlerinnen und Wissenschaftler bei ihrer Arbeit, sie machen dabei auch Politik, indem sie beispielsweise Themenbereiche oder Erkenntnisziele vorgeben. Die Europäische Kommission bildet hier keine Ausnahme. Im Gegenteil, sie verkörpert diese Haltung par excellence. Indem die Kommission das weltweit finanziell am besten ausgestattete Forschungsförderprogramm[12] spätestens seit dem Lissabon-Vertrag dezidiert politisch ausgerichtet hat, gleicht sie einem Europäischen Ministerium für Wissenschaft (Stamm 2014).

Die europäische Forschungsförderung unter die Lupe zu nehmen impliziert als ersten Schritt, *Klarheit über die Ziele und Perspektiven ihrer Förderorganisation* zu schaffen. Dies ermöglicht nicht nur Wissenschaftlerinnen und Wissenschaftlern, ihre Anträge erfolgversprechender zu stellen, sondern auch den Organisationen, die sich verwaltungstechnisch oder politisch mit der Einstellung von Geförderten beschäftigen (z. B. Verwaltung von Forschungsorganisationen, Gewerkschaften), die innere Logik der EU-Förderung besser zu verstehen. Die Klarheit über Ziele und Perspektiven der Europäischen Kommission im derzeitigen Forschungsrahmenprogramm Horizon 2020 ermöglicht auch, manche *Konsequenzen der EU-Forschungsförderung für die Wissenschaft zu beleuchten*. Implementierung der Zielsetzung und Konsequenzen für die Wissenschaft werden in diesem Beitrag anhand von Beispielen einiger Programmlinien und auf Basis der aktuellen Debatten und Positionspapiere über Vergangenheit, Gegenwart und Zukunft des Forschungsrahmenprogramms illustriert.

Forschungspolitische Ziele und Prinzipien der EU

Die forschungspolitischen Ziele des aktuellen Forschungsrahmenprogramms wurden schon im Vertrag von Lissabon, der seit 2009 gilt, formuliert. Arti-

---

[12]   50 Mrd. Euro wurden von der EU für das 7. Forschungsrahmenprogramm (2007–2013) bereitgestellt. Horizon 2020 (2014–2020) verfügt inflationsbereinigt über ein Budget von rund 78 Mrd. Euro.

kel 179 Abs. 1 des Vertrags über die Arbeitsweise der Europäischen Union (AEUV), der auf dem Vertrag von Lissabon beruht, lautet wie folgt:

> „Die Union hat zum Ziel, ihre wissenschaftlichen und technologischen Grundlagen dadurch zu stärken, dass ein europäischer Raum der Forschung geschaffen wird, in dem Freizügigkeit für Forscher herrscht und wissenschaftliche Erkenntnisse und Technologien frei ausgetauscht werden, die Entwicklung ihrer Wettbewerbsfähigkeit einschließlich der ihrer Industrie zu fördern sowie alle Forschungsmaßnahmen zu unterstützen, die aufgrund anderer Kapitel der Verträge für erforderlich gehalten werden."

In diesem Artikel findet die Idee eines *Europäischen Forschungsraums*, die bereits in den 1970er-Jahren diskutiert wurde, sowie die Idee, dass das Forschungsrahmenprogramm zur *Stärkung der Wettbewerbsfähigkeit Europas* beitragen sollte, erstmalig Eingang in juristisch bindende Dokumente.

Der Europäische Forschungsraum

Eines der wichtigsten forschungspolitischen Ziele der Europäischen Kommission ist die *Schaffung eines Europäischen Forschungsraums (EFR)*. Die aktuellen *Herausforderungen* (im Bereich der technischen Innovationen, des Umweltschutzes bis hin zur Bekämpfung von Ebola oder der Lösung der Migrationsproblematik) lassen sich immer schwerer auf der Ebene der einzelnen Nationalstaaten lösen und *erfordern starke Synergien zwischen Mitgliedstaaten, auch in der Forschung*. Die Forschung in internationalen, thematisch gebundenen Verbundprojekten ist seit dem 6. Rahmenprogramm eine der wichtigsten Säulen der Europäischen Forschungsförderung. Durch die erhöhte Kommunikation zwischen den nationalen Wissenschaftsgemeinschaften trägt die Realisierung gemeinsamer Forschungsstrategien zur vergleichsweise geringen Fragmentierung des Wissens auf europäischer Ebene bei.

Die Schaffung des EFR soll auch durch die *Entwicklung eines EU-Marktes für Wissenschaftlerinnen und Wissenschaftler* vorangetrieben werden, u. a. durch die Verbesserung der Voraussetzungen für die Mobilität der Forschenden nach Europa und innerhalb Europas. Das Marie-Skłodowska-Curie-Programm fördert beispielsweise die Mobilität der Forschenden durch internationale Doktorandennetzwerke (European Joint

Doctorates) und durch individuelle Forschungsgrants für Wissenschaftlerinnen und Wissenschaftler in der Postdoc-Phase.

Der Europäische Forschungsraum ist umso nachhaltiger, je weniger Ungleichheiten zwischen den Wissenschaftssystemen der einzelnen Mitgliedstaaten bezüglich der Qualität der Forschung und der Arbeitsbedingungen existieren. Während die Mobilität von Forschenden einen gewissen Grad an Konvergenz in den Qualitätsstandards produzieren kann, versucht die Kommission, auch an anderen Schrauben zu drehen. Durch die Erstellung einer Europäischen Charta für Forscher und eines Verhaltenskodex für die Einstellung von Forschern (Europäische Kommission 2005) möchte die EU-Kommission, *Standards im Bereich Einstellungsverfahren, Arbeitsbedingungen, Sozialversicherung und Karriereentwicklung* der Forschenden in Europa setzen. Hochschulen oder Forschungseinrichtungen können eine sogenannte Human Research Strategy und somit einen Aktionsplan entwickeln, um ihre Institution im Sinne der Charta und des Verhaltenskodex zu positionieren. Sie können sich ferner akkreditieren lassen und das Logo „HR Excellence in Research" erhalten. Obwohl das Logo bisher keine Voraussetzung für die Antragsfähigkeit für EU-Forschungsgelder ist, wurde dies als Möglichkeit für die Zukunft schon debattiert. Als Zeichen der Exzellenz der antragstellenden Institution kann das Logo auch schon jetzt einen Einfluss auf den Erfolg in Programmen wie Marie Skłodowska Curie haben, welche die Karriereentwicklung von Wissenschaftlerinnen und Wissenschaftlern fördern.

Die Forschung soll im EFR nicht nur *inhaltlich exzellent* sein. Sie muss zugleich *ethisch verantwortungsvoll, gendersensitiv* und *offen für alle* (Stichwort „Open Access") werden (Responsible Research and Innovation – RRI). Im ethischen Bereich fordert die Europäische Kommission z. B. institutionelle Kontrollmechanismen für Projekte durch Ethik-Kommissionen, sowohl auf EU-Ebene als auch auf Ebene der antragstellenden Organisationen. Damit sich die Forschenden über die ethischen Implikationen ihrer Arbeit bewusster werden, müssen sie darüber hinaus in ihren Anträgen mögliche ethische Dilemmata identifizieren und beschreiben, wie sie operativ damit umgehen möchten (Europäische Kommission 2015a).

Im Bereich Gender wird stärker darauf geachtet, dass die Governance von Verbundprojekten das Prinzip der „Gender Balance" aufnimmt und dass Strategien zur Erhöhung der Gender Balance in Projekten verdeutlicht werden. Darüber hinaus ist es zunehmend notwendig, dass die Genderdimension in den Projektinhalten systematisch berücksichtigt wird. So sollen z. B. „Genderbias" in der Definition der Forschungsfrage oder

der Auswahl der Arbeitshypothesen identifiziert und relevante genderspezifische Projektimplikationen beachtet werden (Europäische Kommission 2013).

Stärkung der Wettbewerbsfähigkeit Europas

Ein zweites Ziel, das die Europäische Kommission nicht zuletzt durch das Forschungsrahmenprogramm verfolgt, ist die *Stärkung der Wettbewerbsfähigkeit Europas*. Forschung und Innovation[13] werden hierfür eine wichtige Rolle zugeschrieben. Innovation wird umso wahrscheinlicher, je stärker intensive, automatische *Austauschprozesse zwischen Wissenschaft und Wirtschaft bzw. Gesellschaft* sind. War das Forschungsrahmenprogramm ganz ursprünglich ein Förderinstrument für Unternehmen, das sich im Laufe der Rahmenprogramme zunehmend „akademisiert" hat (vgl. Stamm 2014), hat die Europäische Kommission versucht, mit Horizon 2020 die Förderung der Industrie wieder zu stärken. So werden insbesondere in der Verbundforschung nicht nur Kooperationen zwischen wissenschaftlichen Akteuren, sondern auch zwischen Forschenden und Unternehmen oder anderen sozial relevanten, nicht akademischen Institutionen (z. B. Museen, NGOs) stärker gefördert. Generell sollen in Horizon 2020 20 % des Budgets über Verbundprojekte und spezifische Programme an KMU gehen.

Die Europäische Kommission fördert die Kooperation zwischen Wissenschaft und Wirtschaft des Weiteren durch die Vorgabe eines sogenannten Technology Readiness Levels (TLR) in den jeweiligen Ausschreibungen. Die Technology-Readiness-Level-Skala ist ein Instrument, das ursprünglich von der NASA für die Bewertung von Raumtechnologien entwickelt wurde und aus neun unterschiedlichen Stufen (Technology Readiness Levels) besteht, die Standardetappen eines Projekts von der Grundlagenforschung bis zur Markteinführung eines Produkts beschreiben.

Im Laufe von Horizon 2020 wurden sogar klassische Programme der Grundlagenforschung – wie etwa die Marie Skłodowska Curie Individual Fellowships für Postdocs –, die hauptsächlich die geografische Mobilität von Wissenschaftlerinnen und Wissenschaftlern fördern, konsequenter in Richtung intersektorale Mobilität und Kooperation von Wirtschaft und Wissenschaft geleitet. Intersektorale Mobilität bezeichnet dabei die Mobi-

---

13 Innovation kann als Realisierung neuer Produkte, neuer/besserer Methoden, die Kreation neuer Märkte oder neuer Organisationsarten verstanden werden. Innovation ist prinzipiell technisch, kann aber auch sozial sein. Für eine ausführliche Behandlung der Beziehung zwischen Innovation und Europäischer Politiken siehe Granieri/Renda 2012.

lität zwischen akademischer und nicht akademischer Arbeitswelt. Mit dem Call von 2016 wurde beispielsweise ein zusätzliches Unterprogramm geschaffen, das die Mobilität von Wissenschaftlerinnen und Wissenschaftlern in die Industrie bzw. in andere gesellschaftliche Institutionen in Europa unterstützt und welches aus dem normalen Budget der Individual Fellowships finanziert wird.

Die Konsequenzen der EU-Forschungsförderung für die Wissenschaft

Stärkeres Bewusstsein für Gender, Ethik und Karriereförderung

Mit dem Fokus auf die sogenannte verantwortungsvolle Forschung (Responsible Research and Innovation), die sich in der Struktur und den Inhalten der Anträge widerspiegeln soll, setzt die Europäische Kommission Maßstäbe in wichtigen Bereichen wie Gender Balance und Ethik. Der wachsende Wettbewerb in Horizon 2020 führt auch dazu, dass z. B. alibihafte Aussagen zu Genderaspekten in Forschungsanträgen in der Regel nicht mehr ausreichen, um den Anforderungen der Kommission und der Gutachterinnen und Gutachter zu entsprechen[14], und dass Wissenschaftlerinnen und Wissenschaftler verstärkt Genderstrategien für ihre Forschungsvorhaben entwickeln müssen (GENDERNET 2017).

Institutionelle Maßnahmen wie die Human Research Strategy haben zur Konvergenz bei den Rahmenbedingungen für Forschung in Europa beigetragen. Es handelt es sich dabei allerdings um einen langsamen institutionellen Prozess, dem schnelle Entscheidungen von jungen Forschenden bezüglich ihrer Karriere gegenüberstehen. Das Interesse an dem Logo HR Excellence in Research wächst jedoch, und immer mehr Institutionen in Ländern mit schwächeren Forschungsinfrastrukturen haben sich engagiert, um ein höheres Niveau der Karriereförderung für ihre Mitarbeiterinnen und Mitarbeiter zu erreichen. Der starke Wettbewerb bei EU-Anträgen führt aber dazu, dass forschungsstarke Länder, die normalerweise bereits über zahlreiche Maßnahmen zur Karriereentwicklung verfügen, von den Programmen in höherem Maß profitieren.[15]

---

14   Während ethische Aspekte nur nach Projektbewilligung evaluiert und dann eventuell nachgebessert werden, spielen Genderaspekte bei der Evaluation der Projekte eine wichtige Rolle und können bei starker Konkurrenz den Unterschied für die Bewilligung ausmachen.

15   In Deutschland hat nur ein sehr kleiner Anteil der Forschungseinrichtungen das Logo HR Excellence in Research. Im März 2017 waren es neun Organisationen.

Starke Überzeichnung, mehr Anwendungsorientierung, Neudefinition von Exzellenz

Die Zwischenevaluation des Forschungsrahmenprogramms ist zum Zeitpunkt der Erstellung dieses Beitrags noch nicht abgeschlossen. Nichtsdestotrotz lassen sich einige Konsequenzen der stärkeren Förderung der Wirtschaft und der Kooperation zwischen Wissenschaft und nicht akademischen Institutionen skizzieren.

Zunächst hat sich der Anteil des Budgets für die Wissenschaft in Horizon 2020 im Vergleich zum 7. Forschungsrahmenprogramm faktisch verringert, was zu einer starken *Überzeichnung der Ausschreibungen und extrem niedrigen Erfolgsquoten*, insbesondere bei den Programmlinien, in denen die Grundlageforschung im Fokus ist, geführt hat (LERU 2016). Eine zweite Konsequenz ist die *stärkere Bedeutung der angewandten Forschung gegenüber der Grundlagenforschung*, weil die Ausschreibungen öfter die Einführung neuer Produkte erwarten (vgl. Leibniz-Gemeinschaft 2016). Eine dritte Konsequenz der Anreize zur Öffnung der Wissenschaft für Industrie und Gesellschaft findet sich in der Neudefinition von *wissenschaftlicher Exzellenz*. Für EU-Projekte wird diese nicht nur durch die klassischen Indikatoren wie z. B. Veröffentlichungen in referierten Zeitschriften, sondern zunehmend auch durch nachgewiesene *Kontakte zu* den sogenannten *Stakeholdern oder Endnutzerorganisationen* in der Wirtschaft oder Gesellschaft, durch *Publikationen für die breite Öffentlichkeit* oder *Einfluss auf politische Entscheidungen*[16] definiert.

Untergeordnete Rolle der Geistes- und Sozialwissenschaften

Obwohl der Begriff Innovation in Horizon 2020 auch soziale Innovation umfasst, hat der Fokus des Programms auf das Wachstum und die Schaffung neuer Arbeitsplätze in Europa dazu geführt, dass den *Geistes- und Sozialwissenschaften eine untergeordnete Rolle zugerechnet* wurde. Erst nach heftigem Protest der europäischen Wissenschaftscommunity wurde die Verbundforschung zu sozial- und geisteswissenschaftlichen Themen überhaupt gefördert, wenn auch mit einem deutlich niedrigeren Budget im Vergleich zu den anderen Bereichen und im Vergleich zum vorherigen Forschungsrahmenprogramm. Aus diesem Budget werden zudem eine Reihe

---

16 In manchen europäischen Ländern wie Großbritannien erfolgt seit Kurzem die Evaluation von Universitäten und daraus folgend Entscheidungen über die Ressourcenverteilung nicht mehr nur auf der Basis der klassischen wissenschaftlichen Ergebnisse, sondern auch des konkreten Einflusses bzw. „Impacts", den öffentlich finanzierte Projekte generiert haben.

von Programmen und Projekten finanziert, die mit der sozial- und geisteswissenschaftlichen Forschung nur entfernt zu tun haben (EASS 2016). Die Europäische Kommission argumentiert, dass den Geistes-, Wirtschafts- und Sozialwissenschaften eine wichtige Rolle zugeschrieben würde, indem das Forschungsrahmenprogramm deren „Integration" in Projekte, die primär in anderen Disziplinen verortet sind, stärkt.[17] Auch wenn es grundsätzlich sinnvoll ist, dass Innovation nicht abgekoppelt von dem juristischen, politischen und gesellschaftlichen Rahmen gedacht wird, stößt dieser Ansatz, wie zwei Monitoring-Reporte der Europäischen Kommission zeigen, auf einige Probleme. Zum einen scheint die Integration der Geistes- und Sozialwissenschaften in den veröffentlichten Ausschreibungen nicht akkurat genug definiert worden zu sein (Europäische Kommission 2015b). Zum anderen scheitert die Integration teilweise an fehlender transdisziplinärer Kooperationspraxis (Europäische Kommission 2017) und an dem mangelndem Interesse vieler Forschenden aus den Geistes-, Wirtschafts- und Sozialwissenschaften an den Projekten, weil sie dabei höchstens eine begleitende, dienstleistungserbringende Rolle ausfüllen würden.

Ausblick

Horizon 2020 befindet sich gerade in der sogenannten Zwischenevaluation, die wiederum auch die Basis für die Konzeption des in Vorbereitung befindlichen neuen Forschungsrahmenprogramms ab 2021 ist. Einige der (kritischen) Aspekte der EU-Förderung in Horizon 2020, die in diesem Artikel unter die Lupe genommen wurden, sind derzeit in der Diskussion. So werden Themen wie die starke Überzeichnung der Calls (LERU 2016), die allzu lineare Konzeption von Innovationsprozessen (HRK 2016; Science Europe 2016), die untergeordnete Rolle der Geistes- und Sozialwissenschaften (NET4Society 2016), sowie die Finanzierung von KMU, die eigentlich Aufgabe der einzelnen Mitgliedstaaten sein sollte (Bundesregierung 2017), in Stellungnahmen von Organisationen europaweit an die EU-Kommission herangetragen.[18] Es wird Aufgabe der Europäischen Kommission in den nächsten zwei Jahren sein, die unterschiedlichen Positionen zu analysie-

---

17 So ist es erwünscht, dass Politikwissenschaftlerinnen und Politikwissenschaftler dazu beitragen, passende umweltpolitische Maßnahmen zu konzipieren, Betriebswirtinnen und Betriebswirte passende Business Models entwickeln oder dass Experten in der quantitativen Sozialforschung oder im Marketing Untersuchungen betreiben, um die Bedürfnisse der Endnutzer bzw. deren Bereitschaft, bestimmte politische Maßnahmen zu akzeptieren, zu erfassen.

18 Für die aktuell an die EU-Kommission gerichteten Positionspapiere siehe https://ec.europa.eu/research/evaluations/index_en.cfm?pg=h2020interim_stakeholder (16.03.2017).

ren, mit ihren eigentlichen Zielen und ihrer Programmatik zu vergleichen und damit die Basis für das neunte Forschungsrahmenprogramm ab 2021 zu legen.

Literatur

Bundesregierung 2017: Horizon 2020 Interim Evaluation. Position Paper of the Federal Government, Berlin.
EASS 2016: European Alliance for Social Sciences and Humanities. An Interim Evaluation of Horizon 2020, Brüssel.
Europäische Kommission 2005: Europäische Charta für Forscher. Verhaltenskodex für die Einstellung für Forschern, Brüssel.
Europäische Kommission 2013: Gender Innovations. How Gender Analysis contributes to Research, Brüssel.
Europäische Kommission 2015a: Guidance. How to complete your ethics self-assessment, Brüssel
Europäische Kommission 2015b: Integration of Social Sciences and Humanities in Horizon 2020. Participants, Budget and Disciplines, Brüssel.
Europäische Kommission 2017: Integration of Social Sciences and Humanities in Horizon 2020. Participants, Budget and Disciplines, Brüssel.
GENDERNET 2017: IGAR Tool. Recommendations for Integrating Gender Analysis into Research, http://igar-tool.gender-net.eu/en.
Granieri, Massimiliano/Renda Andrea 2012: Innovation Law and Policy in the European Union: Towards Horizon 2020, Mailand.
Hochschulrektorenkonferenz (HRK) 2016: Creating a European Education, Research and Innovation Union, Mainz.
Leibniz-Gemeinschaft 2016: Contribution of the Leibniz Association to the public stakeholder consultation interim Evaluation of Horizon 2020, Brüssel.
LERU 2016: LERU's Interim Evaluation of Horizon 2020, Brüssel.
NET4Society 2016: Position paper for the Interim Evaluation of Horizon 2020, Brüssel.
Science Europe 2016: The Framework Programme that Europe needs, Brüssel.
Stamm, Julia 2014: Europas Forschungsförderung und Forschungspolitik auf dem Weg zu neuen Horizonten?, in: BBAW Wissenschaftspolitik im Dialog (9/14).

B Wer zahlt, schafft an? Folgen der zunehmenden Drittmittelfinanzierung

Christian Kreiß

Was ist eigentlich schlecht an industriegesponserter Forschung?

Als Jugendlicher habe ich mich sehr über den Witz von Otto Waalkes amüsiert: „Die Wissenschaft hat festgestellt, dass Rauchen doch nicht schädlich ist. – Gezeichnet Dr. Marlboro." Das Problem für die Industrie bei solchen offen von Konzernen erstellten Studien ist die Glaubwürdigkeit. Kaum jemand glaubt mehr offen industriefinanzierten Auftragsstudien, die die gewünschten umsatz- und gewinnsteigernden Ergebnisse liefern. Viel besser wäre es für einen Tabakmulti, wenn statt „Dr. Marlboro" unter der Studie beispielsweise stehen würde „Prof. Dr. Rylander", unabhängiger Wissenschaftler an der Universität Genf (Malka/Gregori 2008); wenn man den Wissenschaftler verdeckt finanziert, sodass niemand merkt, dass es einseitige oder gefälschte Studienergebnisse sind. Darauf hören Politiker und öffentliche Meinung ungleich mehr als auf ein Gutachten von Dr. Marlboro.

Und deshalb hat „Marlboro" bzw. Philip Morris dies auch jahrzehntelang getan: Über Dreiecksgeschäfte wurden verdeckt Wissenschaftler und Wissenschaftlerinnen an renommierten Universitäten finanziert, die die gewünschten umsatzerhöhenden, irreführenden Ergebnisse unter dem Deckmantel unabhängiger Wissenschaft lieferten. Scheinbar unabhängige Hochschulforscher und -forscherinnen kamen in ihren manipulierten wissenschaftlichen Studien zu dem Ergebnis, dass Rauchen oder Passivrauchen nicht oder kaum gesundheitsschädigend sei. Solche manipulierten Studien verhinderten beinahe ein halbes Jahrhundert lang Gesetze zum Schutz von Nichtrauchern – zugunsten der Unternehmensgewinne und zulasten der Gesundheit von Hunderten Millionen von Menschen (Kreiß 2015: 22 ff.). Diese Vorgehensweise brachte der Tabakindustrie laut Angaben des US-Justizministeriums von 1954 bis 2004, inklusive Zins und Zinseszins, etwa 742 Mrd. Dollar Zusatzgewinne ein (Adams 2007: 17). Strafzahlungen wurden gegenüber den Zigarettenherstellern im Rahmen eines der größten US-Prozesse nicht verhängt, die Strategie war also aus Konzernsicht im Nachhinein betrachtet sehr lukrativ. Kurz: lügen lohnt(e).

Ähnliche Fälle wurden auch in anderen Branchen bekannt: Durch die Chemieindustrie finanzierte wissenschaftliche Studien, die die Schädlichkeit von Dioxin und anderen Schadstoffen bestritten, von der Gentechnikindustrie finanzierte Studien, die die Bedenkenlosigkeit von genveränderten Lebensmitteln aufzeigten usw. (Kreiß 2015). Scheinbar unabhängige Forschung wurde und wird häufig zu Marketingzwecken missbraucht. Wissenschaftliche Verantwortung wurde und wird immer wieder Gewinnzwecken geopfert.

Lehren aus der VW-Affäre

Die VW-Affäre zur Manipulation wissenschaftlicher Daten zeigt, was geschehen kann, wenn in den Forschungs- und Entwicklungsabteilungen von Großunternehmen bei den wissenschaftlichen Ergebnissen Interessenkonflikte zwischen Wahrheit und Gewinn auftreten. Dann weicht häufig die Wahrheit bzw. die wissenschaftliche Verantwortung dem Gewinnziel. Das überrascht insofern wenig, als Industrieforschung letzten Endes den Zweck hat, die Unternehmensgewinne zu sichern oder zu erhöhen.

Das gilt grundsätzlich auch, wenn Unternehmen Geldzuwendungen an Hochschulen in Form von Drittmitteln geben. Wenn daher Industriegelder an Hochschulen fließen, kann man davon ausgehen, dass damit im Normalfall, ähnlich wie bei VW, ein Zweck verfolgt wird: das Gewinnziel. Aus meiner Zeit als Investmentbanker kann ich berichten, dass es drei Ziele gab, wenn wir ein Unternehmen in den Händen gehabt hatten: Profit, Profit und Profit. Es war ganz undenkbar, Geld einfach so wegzuschenken.

Anschwellende Drittmittel aus der Industrie

Der Strom an Industriegeldern, der in deutsche Hochschulen fließt, nimmt seit Jahren zu. Man sollte sich darüber im Klaren sein, dass Unternehmen Geld – auch solches an Hochschulen – im Normalfall nur ausgeben, wenn es sich lohnt. Auf der anderen Seite sind Hochschulen und einzelne Forscherinnen und Forscher immer stärker auf Industriemittel angewiesen. Beinahe 50 % der gesamten deutschen Hochschulforschung (Statistisches Bundesamt 2015: 69) und etwa 40 % aller wissenschaftlichen Hochschulmitarbeiter und -mitarbeiterinnen sind derzeit über Drittmittel finanziert. Dabei stammt der größte Teil dieser Gelder, über 70 %, von der öffentlichen Hand (Kreiß 2015).

Zum einen stieg die staatliche Grundfinanzierung der Hochschulen in den letzten Jahrzehnten, gemessen an den erwarteten Forschungsleistungen, in den Augen vieler Hochschulrektoren und -rektorinnen zu schwach an, sodass Drittmittel, auch solche aus der Industrie, häufig willkommen sind. Für einzelne Forscher und Forscherinnen ist zum anderen die Annahme von Industriemitteln häufig attraktiv, weil sie die eigenen Forschungsspielräume erweitern oder Karrierechancen eröffnen.

Um einseitiger Einflussnahme von Industrieseite vorzubeugen, gibt es seit August 2011 Empfehlungen für die Einrichtung von Stiftungsprofessuren durch private Förderer vom industrienahen Stifterverband für die Deutsche Wissenschaft.[19] Diese sehen vor, dass Unabhängigkeit, Freiheit von Forschung und Lehre, Transparenz, Schriftform und Verzicht auf Beeinflussung gewährleistet sein sollen. An die Empfehlungen des Verbandes sind allerdings weder die empfangenden Hochschulen noch die Geldgeber gebunden. In vielen Fällen wurden und werden sie nicht eingehalten. Zwei prominente Beispiele dafür sind die beiden Großkooperationen der Bayer Healthcare mit der Universität Köln und der Boehringer Ingelheim Stiftung mit der Universität Mainz. Beide Kooperationsverträge wurden lange Zeit nicht veröffentlicht. Gegen beide Verträge wurden Klagen auf Veröffentlichung eingereicht. Der Bayer-Vertrag mit der Uni Köln wurde trotz Klage nie offengelegt, sondern blieb geheim. In die Verträge zwischen der Boehringer Ingelheim Stiftung und der Uni Mainz aus 2009 und Folgejahren wurde ausgewählten Journalisten Einblick gewährt. Dabei stellte sich heraus, dass die Verträge gravierende juristische Mängel hinsichtlich der Beeinflussbarkeit seitens Boehringer Ingelheim Stiftung beinhalten (Füller 2016a).

Interessant im Zusammenhang mit den Kooperationsverträgen zwischen der Universität Mainz und der Boehringer Ingelheim Stiftung ist die Rolle von Dr. Andreas Barner, der bis Mitte 2016 Unternehmensleiter des Pharmaunternehmens Boehringer Ingelheim war, derzeit Vorstand und Vorsitzender des Wissenschaftlichen Beirates der Boehringer Ingelheim Stiftung, seit Dezember 2012 Vorsitzender des zehnköpfigen Hochschulrates der Universität Mainz und seit 2013 Präsident des Stifterverbandes für die Deutsche Wissenschaft ist. Der Umgang mit den Kooperationsverträgen seitens der Universität Mainz und der Boehringer Ingelheim Stiftung war alles andere als transparent. Auch die Einhaltung der Punkte Unabhängigkeit, Freiheit von Forschung und Lehre sowie Verzicht auf Beeinflussung wird von Experten stark bezweifelt. So stellt sich die Frage, ob Dr. Barner

---

19 Siehe: https://www.stifterverband.org/stiftungsprofessuren

in seiner Funktion als Präsident des Stifterverbandes seine eigenen Regeln nicht einhielt bzw. einhält und ob die hier in seiner Person vorliegenden Interessenkonflikte vertretbar sind (Füller 2016b: 57).

Im April 2016 gab der Stifterverband unter Leitung von Dr. Barner Transparenz-Empfehlungen für die Kooperationen von Hochschulen mit privaten Drittmittelgebern heraus. Wenn diese Empfehlungen umgesetzt werden, wovon auszugehen ist, verunmöglichen sie de facto jeglichen ernsthaften Einblick in Kooperationsverträge und damit jegliche Möglichkeit der Vertragsüberprüfung durch unabhängige Dritte (Stifterverband 2017). Dadurch werden die Interessen der Geldgeber so stark wie möglich geschützt, das heißt, die Möglichkeit der Einflussnahme durch die Geldgeber wird maximiert. Das ist auch ganz im Sinne des industrienahen Stifterverbandes.

Aktuelle Beispiele für Einflussnahmen durch industrielle Geldgeber

Wie sich die seit einer Generation stark anschwellenden Drittmittel konkret auf die Ausrichtung der Forschung auswirken können, soll nun anhand von drei aktuellen Beispielen gezeigt werden (Kreiß 2015).

Zentrum für Arbeitsbeziehungen und Arbeitsrecht, LMU München

Das Zentrum für Arbeitsbeziehungen und Arbeitsrecht (ZAAR) an der Ludwig-Maximilians-Universität München nahm 2004 seine Arbeit auf. Finanziert wird es durch 55 Mio. Euro, die drei Arbeitgeberverbände zur Verfügung stellten. Obwohl bei der Gründung des Instituts, das heute knapp 50 Personen beschäftigt, die Richtlinien des Stifterverbandes eingehalten wurden und obwohl das ZAAR offiziell individuelle, organisatorische und finanzielle Unabhängigkeit beschwört (ZAAR 2017), zeichnet sich das ZAAR durch arbeitgebernahe Forschungsergebnisse aus. Die IG Metall (2017) schreibt zu einem der drei leitenden Direktoren des ZAAR: „Rieble zählt zum Kreis der Hochschullehrer, die scheinbar unabhängig und im Dienst von Forschung und Lehre auftreten, sich aber tatsächlich von Arbeitgebern finanzieren lassen. Mit ZAAR steht den Unternehmen ein Arbeitsrechtsprofessor einer renommierten Hochschule zur Seite, der sie in Sachen Lohndumping schult und zum Streikbrechereinsatz durch Leiharbeiter ermuntert."

Die taz sieht den Grund für diese einseitige industrienahe und arbeitgebernahe Argumentation in der Finanzierung durch die Arbeitgeberverbände und bezeichnet das ZAAR „als eine Art verlängerte Rechtsabteilung der Arbeitgeber mit dem Siegel einer staatlichen Universität" (Kramer 2011: 30). Das dürfte, wenn auch etwas pointiert, so doch den Nagel auf den Kopf treffen. Zur Untermauerung dieser Ansicht zitiert die taz den emeritierten Konstanzer Arbeitsrechtsprofessor Bernd Rüthers: „Die Arbeitgeber werden nicht einfach 55 Millionen Euro zu karitativen Zwecken geben. [...] Ich kann nicht verstehen, wie eine renommierte Universität es hinnehmen kann, dass sich Interessenverbände Einfluss auf die universitäre Forschung verschaffen" (Kramer 2011: 30). Ein bekannter Professor für öffentliches Recht sagte mir kürzlich in einem Gespräch: „Das ZAAR? Ein reines Arbeitgeber-Lobbyinstitut, das weiß doch jeder."

Die häufig kritisierte Einseitigkeit des ZAAR überrascht nicht. Wer bewirbt sich auf solche Stiftungsprofessuren? Arbeitgebernahe Juristen und Juristinnen oder solche mit Gewerkschaftspositionen? Solche Stiftungsprofessuren sind m. E. ein Irrweg, sie verzerren die Meinungsbildung bei den Studierenden und in der Öffentlichkeit. Sie missbrauchen den Ruf unabhängiger staatlicher Universitäten. Man könnte überlegen, das ZAAR wegen Befangenheit zu schließen. Oder man müsste drei arbeitnehmernahe Professoren bzw. Professorinnen den drei amtierenden arbeitgebernahen Professoren gegenüberstellen, um eine Balance herzustellen.

Energiewirtschaftliches Institut, Universität zu Köln

Ein zweites Beispiel ist das Energiewirtschaftliche Institut (EWI) an der Universität zu Köln, das u. a. stark durch EON und RWE finanziert wird. Dessen wissenschaftliche Gutachten kommen häufig zu Ergebnissen, die vorteilhaft für diese beiden Geldgeber sind (Kohlenberg/Musharbash 2013). Insbesondere ein politisch besonders brisantes Gutachten zur Verlängerung der Laufzeiten von Atomkraftwerken in Deutschland von 2010 löste eine Welle der Empörung über die Einseitigkeit des EWI aus. Die Zeit warf dem EWI seinerzeit „quasiwissenschaftliche Schönrechnerei" vor (Brost 2010), Umweltminister Norbert Röttgen (CDU) sprach von „haarsträubenden Fehlern" und „Manipulation" durch das EWI im Dienste der geldgebenden Atomstromkonzerne (Gathmann 2010).

In den neuen Transparenz-Empfehlungen des Industrieinteressen vertretenden Stifterverbandes der Deutschen Wissenschaft für Kooperationen zwischen Hochschulen und privaten Geldgebern unter Präsident Dr. Andreas Barner wird der Kooperationsvertrag von der Universität Köln mit dem EWI als Musterbeispiel angepriesen (Stifterverband 2017: 6). Das spricht Bände. Ausgerechnet ein Institut, das von Die Zeit und anderen für seine quasiwissenschaftliche Schönrechnerei im Dienste der Geldgeber angeklagt wurde, wird vom Stifterverband zum Vorbild erklärt. Quo vadis, Deutschland? Solche von Industrieseite finanzierten Institute verzerren m. E. die Wissenschaftsfreiheit an Hochschulen zugunsten kapitalkräftiger Geldgeber, die damit ihre Interessen durchsetzen und Einfluss auf Forschungsschwerpunkte und -inhalte nehmen. Wenn diese seit etwa einer Generation bestehende Entwicklung noch ein oder zwei Generationen lang so weitergeht, werden die Forschungsinhalte unserer Hochschulen zuletzt durch die Größe privater Kapitalkraft gesteuert, nicht durch einen freien wissenschaftlichen Diskurs, freie wissenschaftliche Forscher und Forscherinnen oder durch die Bedürfnisse der Bürgerinnen und Bürger.

Pharmaindustrie: durch Gewinninteressen beeinflusste Gesundheitsstudien

Derzeit werden 90% aller veröffentlichten klinischen Arzneimittelstudien durch die Pharmaindustrie finanziert (Goldacre 2013: 203). Etwa 50% aller Studienergebnisse werden nicht veröffentlicht. Dabei handelt es sich meist um für die Geldgeber ungünstige Ergebnisse, die man nicht veröffentlichen will. Bei etwa 11% aller aktuell veröffentlichten wissenschaftlichen Pharmastudien liegt Ghostwriting vor, das heißt Studien, die durch Mitarbeiter und Mitarbeiterinnen von Pharmaherstellern erstellt und zur Unterschrift „unabhängigen" Wissenschaftlern und Wissenschaftlerinnen vorgelegt werden, die formal als Autorinnen und Autoren auftreten, ohne es in Wirklichkeit zu sein. Zweck von Ghostwriting-Studien ist, die Glaubwürdigkeit der Ergebnisse zu erhöhen. Durch Geldinteressen beeinflusste Pharmastudien sind mithin die Regel, neutrale Studien die Ausnahme in der heutigen Arzneimittellandschaft (Kreiß 2015: 44 ff.).

Das hat unmittelbare Auswirkungen auf unsere Gesundheit. Aufgrund solcher geldgetriebener wissenschaftlicher Missstände wurden im Dezember 2014 in Deutschland durch das Bundesinstitut für Arzneimittel und Medizinprodukte (BfArM) 80 Medikamente vom Markt genommen, die zuvor jahrelang von Bürgerinnen und Bürgern eingenommen worden waren. Über 80% davon wurden im August 2015 dauerhaft verboten (BfArM 2015), mit anderen Worten: Es gab keinen evidenzbasierten wissenschaftlichen Nachweis für ihre Wirksamkeit. Renommierte unabhängige Fachleute umschreiben die heutige Forschungssituation im Gesundheitswesen wie folgt: „Das bedeutet, die Belege, auf denen unsere Entscheidungen in der Medizin basieren, werden systematisch verfälscht, um den Nutzen der verwendeten Medikamente aufzubauschen. [...] Das ist wissenschaftliches Fehlverhalten in großem Stil, auf internationaler Ebene" (Goldacre 2013: 110). Wissenschaftliche Verantwortung wird hier strukturell Gewinninteressen geopfert.

Industrieeinfluss auf Forschung mit Staatsgeldern

Die direkte Finanzierung durch Industrieunternehmen ist jedoch nur eine Möglichkeit, Einfluss auf die Forschung zu nehmen. Eine andere Form des Wissenschaftslobbyismus erweist sich als weitaus problematischer.

Die deutsche Bundesregierung stellte im Rahmen der Hightech-Strategie von 2009 bis 2013 insgesamt 23 Mrd. Euro Forschungsfördermittel zur Verfügung (Ober 2014: 51 f.). Das 8. Rahmenprogramm der EU von 2014 bis 2020, in dem die Schwerpunkte der geplanten Forschungsförderung festgelegt werden, verfügt über insgesamt etwa 80 Mrd. Euro Forschungsgelder. Die deutschen Forschungsmittel verteilt maßgeblich das Bundesministerium für Bildung und Forschung (Kreiß 2015: 143 ff.). Wer entscheidet darüber, in welche Forschungsprojekte diese Mittel gesteckt werden? Wer legt die Forschungsagenden fest und setzt damit die Rahmenbedingungen für die Forscherinnen und Forscher, die sich am Ende um diese Mittel im Rahmen von Drittmittelprojekten bewerben?

Die Hightech-Strategie der Bundesregierung: Ein Subventionsprogramm für die Industrie und ihre Eigentümer statt für die Bürgerinnen und Bürger

Über die im Rahmen der Hightech-Strategie vergebenen Steuermittel berieten bis vor Kurzem im Wesentlichen zwei Gremien, in denen Wirtschaftsvertreter die absolute Mehrheit hatten. Das führte dazu, dass bei den Forschungsagenden bevorzugt auf Produktinnovation und Technikentwicklung gesetzt wurde, die häufig direkt von der Industrie genutzt werden konnten, während etwa auf sozial-ökologische Forschungsprojekte in der Vergangenheit weniger als ein Prozent aller Forschungsmittel entfiel (Ober 2014: 52).

Im März 2015 wurde die Begleitung der Hightech-Strategie auf das Hightech-Forum übertragen, in dem sich auch Vertreter gesellschaftlicher Gruppierungen finden (Deutscher Bundestag 2015). Wenn man von den beiden Vorsitzenden und den drei Regierungsangehörigen absieht, stehen den sechs Vertreterinnen und Vertretern der Wirtschaft sechs Vertreterinnen und Vertreter gesellschaftlicher Gruppen gegenüber, dazu kommen sechs

Vertreterinnen und Vertreter der Wissenschaft. Richtet man den Blick auf das Kräfteverhältnis zwischen Mitgliedern aus Wirtschaft und gesellschaftlichen Gruppen, liegt formal Ausgeglichenheit vor.

Bei genauerer Betrachtung zeigt sich jedoch, dass auch in dem neu gebildeten Hightech-Forum die Vertreterinnen und Vertreter von Wirtschaftsinteressen gegenüber anderen Gruppen bevorzugt sind. Unter Letzteren befinden sich zwei Personen, die m. E. nicht den gesellschaftlichen Gruppen zugeordnet werden sollten: der Vorsitzende des Sachverständigenrates zur Begutachtung der gesamtwirtschaftlichen Entwicklung und der Generalsekretär einer großen Unternehmensstiftung. Außerdem findet sich unter den Vertretern und Vertreterinnen der Wissenschaft ein früherer Vorstand eines bekannten deutschen Großunternehmens, der m. E. den Wirtschaftsvertretern zugeordnet werden sollte. Im Ergebnis überwiegen Wirtschaftsvertreter gegenüber gesellschaftlichen Vertretern und Vertreterinnen deutlich. Daher ist meiner Einschätzung nach zu befürchten, dass sich an den in der Vergangenheit stark an Industrieinteressen ausgerichteten Forschungsprioritäten durch die Konstituierung des neuen Gremiums nicht viel ändern wird.

Diese Befürchtungen werden unter anderem durch die Forschungsagenden im Rahmen der BMBF-Förderinitiative „Kopernikus-Projekte für die Energiewende" vom 7. September 2015 bestätigt, die explizit als partizipativer Prozess aufgesetzt war. Im Ergebnis zeigen die aktuell verabschiedeten vier Kopernikus-Projekte, dass erneut eine starke Verengung der Forschungsfragestellungen auf Interessen der Industrie stattfand – im Wesentlichen die Sicherstellung der Strom- und Netzversorgung – unter Ausschluss breiter gesellschaftlicher Fragestellungen wie Energieeinsparung bei Mobilität und Gebäuden oder Erhöhung der Ressourceneffizienz (BMBF 2015).

Ähnlich verhält es sich auf europäischer Ebene. Dort dominiert die Interessenvertretung der Industrie in den relevanten Entscheidungsgremien. Nach Aussage des europäischen Verbraucherschutzverbandes BEUC werden die Kosten der Forschung dadurch sozialisiert, der Nutzen aber zugunsten der Industrie privatisiert (Meier/Bengoetxea/Trescher 2012: 71 f.). So findet auf höchster Ebene Industrielobbyismus in der Forschung statt, zugunsten der Unternehmensgewinne statt für die Bedürfnisse der Bürgerinnen und Bürger.

Fazit

Die Einflussnahme durch Industrievertreter auf Forschungsagenden an deutschen Hochschulen wurde in den letzten Jahrzehnten immer stärker, und es ist zu befürchten, dass dieser Einfluss auch in der Zukunft steigen wird, wenn nicht politische Gegenmaßnahmen ergriffen werden. Unternehmensvertreter sind primär den Gewinnen ihrer Anteilseigner verpflichtet, nicht dem Gemeinwohl. Vorstände und Geschäftsführer bzw. Geschäftsführerinnen werden von den Eigentümerinnen und Eigentümern bestellt und müssen vor ihnen Rechenschaft ablegen, nicht vor der Allgemeinheit. Dabei sollte man sich darüber im Klaren sein, dass die Konzentration bei Unternehmenseigentum sehr stark ist. So kontrollieren in Deutschland 7.700 bzw. 0,02 % aller deutschen Haushalte über die Hälfte des deutschen Betriebsvermögens (Wehler 2013: 74). Daher besteht die Gefahr, dass Partikularinteressen immer stärker Forschungsschwerpunkte an deutschen Hochschulen beeinflussen.

Im Ergebnis zeigt sich, dass über Industrieeinfluss von zwei Seiten her, durch direkte Zahlungen an Hochschulen und Hochschulforscher und -forscherinnen sowie durch Einflussnahme auf staatliche Forschungsförderung, die Forschungsschwerpunkte zunehmend von Geldinteressen beeinflusst werden. Auch ein Blick in die Hochschulräte zeigt eine starke Dominanz von Industrievertretern gegenüber anderen gesellschaftlichen Interessenvertretern (Schneidewind/Singer-Brodowski 2014: 336).

Abhilfen

An vorderster Stelle stellt sich die Frage nach unserem Leitbild: Wollen wir, dass unsere staatlichen Hochschulen strukturell unterfinanziert sind, sodass sie immer stärker um Drittmittel betteln gehen müssen? Wollen wir, dass unsere Hochschulforschung immer stärker direkt und indirekt von Industrieinteressen beeinflusst wird? Soll der Einfluss des Geldadels auf die öffentlich-rechtliche Hochschulforschung immer stärker werden? Ich halte das für falsch und glaube, unsere Forschungspolitik geht da einen Irrweg.

Konkret könnte man diesen unguten Entwicklungen Einhalt gebieten, indem man die Grundfinanzierung der Hochschulen verbessert. Die Bundesregierung könnte zum Beispiel knapp 2 Mrd. Euro – in etwa die Summe, die jährlich in Form von Stiftungsprofessuren und anderen Zuwendungen direkt von der Wirtschaft an die Hochschulen fließt – umwidmen und sie direkt an die Hochschulen überweisen statt indirekt über Drittmittelprojekte. Das ist nur ein kleiner Teil der jährlich für die Hightech-Strategie ausgegebenen Mittel. Dieser Betrag würde bereits ausreichen, um sämtliche direkten Geldzuflüsse aus der Industrie an Hochschulen und die damit verbundenen Einflussmöglichkeiten überflüssig zu machen. Geld ist da. Es wird nur falsch verwendet.

Außerdem sollte es Pharmaunternehmen nicht mehr gestattet sein, die klinische Prüfung ihrer eigenen Medikamente zu kontrollieren. Das ist ein absurdes Konzept: Diejenigen, die hochkomplexe, sehr gesundheitsrelevante Produkte herstellen und am maximalen Absatz größtes Eigeninteresse haben, geben sich de facto selbst den TÜV-Stempel der Wirksamkeit und Unbedenklichkeit. Stattdessen könnte man neutrale Institute gründen, die unter anderem aus einer Abgabe auf Werbeausgaben der Pharmaunternehmen finanziert werden könnte.

Ferner sollten in Gremien, die Regierungsstellen über Drittmittelprojekte beraten oder über öffentlich-rechtliche Belange entscheiden (beispielsweise Hochschulräte), die außerakademischen Vertreterinnen und Vertreter nicht ausschließlich oder mehrheitlich aus der Industrie kommen, sondern möglichst viele Interessen aus der Gesellschaft repräsentieren, sodass eine stärkere Balance der gesellschaftlichen Kräfte hergestellt wird. Dadurch könnte wissenschaftliche Verantwortung wieder dorthin zurückdelegiert werden, wohin sie eigentlich gehört: zu unabhängigen Wissenschaftlern und Wissenschaftlerinnen, die stärker dem Gemeinwohl verpflichtet sind, statt zu kapitalkräftigen Geldgebern, die häufig Partikularinteressen vertreten.

Literatur

Adams, Michael (Hg.) 2017: Das Geschäft mit dem Tod. Der größte Wirtschaftsprozess der USA und der Anfang vom Ende der Tabakindustrie, Zweitausendeins: Frankfurt am Main.
BfArM 2015: http://www.bfarm.de/SharedDocs/Pressemitteilungen/DE/mitteil2015/pm16-2015.html;jsessionid=6A6B130FBE0636407C2BDA348EFE184A.1_cid340 (2015).
BMBF 2015: Bekanntmachung vom 7.9.2015, https://www.bmbf.de/foerderungen/bekanntmachung.php?B=1084 (25.10.2015).
Brost, Marc 2010: Spiel gegen die Zeit – Mit einem neuen Gutachten lässt die Regierung längere Reaktorlaufzeiten schön rechnen, in: Die Zeit (19.08.2010).
Deutscher Bundestag 2015: Ausschussdrucksache 18(18)87, 16.03.2015.
Füller, Christian 2016a: Gestiftete Wissenschaft: Geforscht wie bestellt, in: Blätter für deutsche und internationale Politik (12/2016), 31–34.
Füller, Christian 2016b: Die fragwürdige Verbindung der Universität Mainz zu einem Pharmakonzern, in: Der Spiegel (45/2016), 57.
Gathmann, Florian: Atomstreit: Umweltministerium zweifelt Atomgutachten an, in: Der Spiegel (Onlineausgabe) (02.09.2010).
Goldacre, Ben 2013: Die Pharma-Lüge. Wie Arzneimittelkonzerne Ärzte irreführen und Patienten schädigen, Köln.
IG Metall 2017: www.igmetall.de/direktor-des-zentrums-fuer-arbeitsbeziehung-und-arbeitsrechtzaar-9775.htm (April 2017).
Kohlenberg, Kerstin/Musharbash, Yassin 2013: Die gekaufte Wissenschaft, in: Die Zeit (32).
Kramer, Bernd (2011): Abhängig beschäftigt, in: taz (02.07.2011).
Kreiß, Christian 2015: Gekaufte Forschung – Wissenschaft im Dienste der Industrie – Irrweg Drittmittelforschung, Berlin.

Malka, Sophie/Gregori, Marco 2008: Vernebelung. Wie die Tabakindustrie die Wissenschaft kauft, Zürich.
Meier, Christian/Bengoetxea, Aitziber Romero/Trescher, Dino 2012: Entwicklungshilfe für Konzerne, in: Technology Review (5), 70–72.
Ober, Stefanie 2014: Partizipation in der Wissenschaft. Zum Verhältnis von Forschungspolitik und Zivilgesellschaft am Beispiel der Hightech-Strategie, München.
Schneidewind, Uwe/Singer-Brodowski, Mandy 2014: Transformative Wissenschaft. Klimawandel im deutschen Wissenschafts- und Hochschulsystem, Marburg.
Statistisches Bundesamt 2015: Bildungsfinanzbericht 2015, Wiesbaden.
Stifterverband 2017: www.stifterverband.org/transparenz-empfehlungen (April 2017).
Wehler, Hans-Ulrich 2013: Die neue Umverteilung. Soziale Ungleichheit in Deutschland, München.
ZAAR 2017: www.zaar.uni-muenchen.de/zaar/index.html (April 2017).

C Finanzierungsbedarfe in Studium und Forschung

C Baustelle BAföG – Entwicklungen und Reformbedarf

Matthias Schröder

BAföG – ein besonderes sozialpolitisches Instrument

Auch 46 Jahre nach Inkrafttreten des BAföG hat sich das eigentliche Ziel des Gesetzes nicht geändert. Immer noch formuliert der erste Paragraf einen individuellen Rechtsanspruch auf Ausbildungsförderung, soweit die dafür erforderlichen Mittel nicht anderweitig zur Verfügung stehen. Damit formulierte ein Gesetz erstmalig einen „einklagbaren, gesetzlichen Rechtsanspruch auf Ausbildungsförderung" (Keller 2011: 4). Es löste damit unterschiedliche Länderregelungen ab, die bereits 1969 im Gesetz über Ausbildungsförderung (AföG) zusammengefasst wurden und sich auf den Besuch beruflicher und allgemeinbildender Schulen bezogen. Zudem löste es auch das Honnefer Modell der Studierendenförderung von 1957 bzw. – bezogen auf Ingenieur- und Fachschulen – das Rhöndorfer Modell, welche auf die Förderung begabter Studierender abstellten und mit keinerlei Rechtsanspruch einhergingen, ab (vgl. Anweiler 2006: 746). Das BAföG stellt in seiner Grundkonzeption damit ein zentrales (familien-)politisches Instrument dar, das unter mehreren Aspekten sozialpolitische Aufgaben vollbringt. Es verwirklicht materiell das Recht auf Bildung und damit einhergehend auf die freie Entfaltung der Persönlichkeit. Gleiches gilt für die freie Berufs- und Arbeitsplatzwahl (vgl. Althammer/Lampert 2004: 367). Ähnlich argumentierte auch die sozialliberale Bundesregierung, als sie den Gesetzentwurf unter anderem mit dem grundgesetzlichen Sozialstaatsgebot und der damit einhergehenden Verpflichtung, soziale Unterschiede mit einer differenzierten Sozialordnung auszugleichen, begründete. Neben dieser Einsicht in die verfassungsrechtliche Verpflichtung wurde auch auf die abzusehende wirtschaftliche Bedeutung gesetzt, die in der höheren Qualifizierung der Kinder aus Familien mit niedrigen und mittleren Einkommen gesehen wurde (vgl. Bundestag 1971: 19). Damit entspricht das BAföG einer Mischform aus Versorgungsprinzip (die Auszubildenden erbringen eine Leistung für die Gesellschaft bzw. verzichten zeitweise auf Einkommen) und Fürsorgeprinzip (es findet im Sinne einer differenzierten Sozialordnung eine Bedürftigkeitsprüfung statt) (vgl. Boeckh et al. 2017: 155).

Neben diesen historischen Durchbrüchen verschreibt sich das BAföG mit dem Halbsatz „wenn dem Auszubildenden die für seinen Lebensunterhalt und seine Ausbildung erforderlichen Mittel anderweitig nicht zur Verfügung stehen" (§ 1 BAföG) seit seinem Bestehen dem Subsidiaritätsprinzip (vgl. Anweiler 2006: 746), welches in der katholischen Soziallehre wurzelt (vgl. Schultheiss 2011: 35). Dieses Prinzip verlangt, dass die Einzelnen oder kleine Sozialgebilde die selbstständig zu bewältigenden Probleme lösen, während die größeren Sozialgebilde die notwendigen Mittel bereitzustellen haben (vgl. Althammer/Lampert 2004: 450). Es verpflichtet zwar zum einen die höhere Ebene zur Unterstützung der niedrigeren, zum anderen erlaubt es aber die Unterstützung gerade so lange zurückzuhalten, bis das – wie auch immer formulierte – Ziel nicht mehr eigenständig erreicht werden kann (vgl. Butterwegge 2014: 34). Zum BAföG zurückkommend geht damit erstens die individuelle Verantwortung der Auszubildenden einher, ihr eigenes Einkommen und Vermögen einzusetzen. Als nächstgrößeres Sozialgebilde sind Ehegattinnen oder Ehegatten beziehungsweise Lebenspartnerinnen oder Lebenspartner und sodann die Eltern mit ihrem Einkommen zur Verantwortung zu ziehen. Erst nach Ausschöpfung dieser sozialen Gebilde greifen die Mechanismen des Sozialstaats durch das BAföG ein.

Eine Geschichte voller Einschränkungen

Bei Einführung des BAföG wurden absolute Summen für die Bedarfssätze sowie Freibeträge vom Vermögen und Einkommen festgelegt. Diese „sind alle zwei Jahre zu überprüfen und durch Gesetz gegebenenfalls neu festzusetzen" (§ 35 BAföG). Dabei sind die Einkommensverhältnisse, Lebenshaltungskosten und finanzwirtschaftliche Entwicklung zu berücksichtigen. Damit ist das BAföG seit jeher auch Gegenstand parlamentarischer Debatten, Stellungnahmen und Novellierungen. „Schon in der Bundestagsdebatte über den ersten Bericht am 15. März 1974 wurden fast alle der auch in den folgenden Jahren strittigen Fragen angesprochen, so die Berechnungsgrundlagen der Bedarfssätze, die Höhe der Leistungsverbesserungen und die Rolle von Darlehen" (Anweiler 2006: 746). Dabei erreichte das BAföG in seiner ersten Fassung eine Gefördertenquote von beinahe 45 Prozent der Studierenden im Jahre 1972, und die Bedarfssätze entsprachen „ungefähr dem vom Deutschen Studentenwerk ermittelten realen Bedarf der Studierenden" (Kaphegyi 2016: 6). Zudem wurden zu Beginn über 500.000 Schülerinnen und Schüler gefördert.

Die Quote der geförderten Studierenden fiel innerhalb von zehn Jahren auf 30,3 Prozent im Jahre 1982, durchlief ein wiedervereinigungsbedingtes Zwischenhoch von 26,2 Prozent und erreichte 1998 die tiefste Gefördertenquote von 12,6 Prozent. Bis 2005 stieg sie wieder auf 17,9 Prozent (vgl. Keller 2011: 5), landete nach einem geringen Einbruch 2011 bei 19 Prozent und sank seitdem kontinuierlich bis auf 15,1 Prozent geförderte Studierende im Jahr 2015 (vgl. Iost 2016). Diese Zahlen stellen die Zahl der Geförderten in Bezug auf alle Studierenden dar, während die Bundesregierung seit 1994 nur noch Geförderte in Bezug auf die „förderungsfähige Ausbildung" ausweist. Damit fallen beispielsweise alle Studierenden außerhalb der Regelstudienzeit oder oberhalb der Altersgrenzen aus der Grundgesamtheit, was die Gefördertenquote um einiges besser aussehen lässt (vgl. Kaphegyi 2016: 8 f.). Dieser enorme Einbruch von 1972 bis heute ist Folge von mangelnden Anpassungen der Bedarfssätze und Freibeträge sowie Änderungen des Kreises der Förderberechtigten. So wurde beispielsweise bereits 1983 die Förderung von Schülerinnen und Schülern auf eine notwendige Unterbringung außerhalb des Elternhauses eingeschränkt, sodass die Zahl der Geförderten dieser Gruppe innerhalb von drei Jahren um 85 Prozent einbrach (vgl. Kaphegyi 2016: 6).

Mit Verweis auf diese Einschränkung sind neben den ökonomischen bereits die nicht ökonomischen Förderungsvoraussetzungen angesprochen, die den Bezug der Sozialleistung einschränken und ihren Anteil am starken Schrumpfen der Reichweite des BAföG haben. Unterstützung gibt es demnach nur für eine Erstausbildung, wobei allerdings z. B. bei Masterstudiengängen Ausnahmen möglich sind. Hierbei greifen jedoch – während allerorten vom lebenslangen Lernen geredet wird – die Altersgrenzen von 35 Jahren zum Beginn des Masterstudiums bzw. 30 Jahren zum Beginn des Bachelorstudiums. Weiterhin sind Fachrichtungswechsel nur bis zu bestimmten Zeitpunkten möglich, ohne den Förderungsanspruch zu verlieren. Allgemein werden nur Vollzeitstudiengänge gefördert (vgl. Kaphegyi 2016: 7 f.).

Neben diesen Einschränkungen des Kreises der Förderberechtigten fand noch eine weitere Entwicklung statt, die an der Zugehörigkeit des BAföG zu den Sozialleistungen zweifeln lässt: Die Einführung eines Darlehensanteils. Wurde die Förderung anfangs noch, wie es bei Sozialleistungen üblich ist, als rückzahlungsfreier Vollzuschuss gezahlt, wurde bereits 1974 ein monatlicher Darlehensanteil von 70 DM eingeführt, der schrittweise auf 150 DM angehoben wurde. 1982 erfolgte unter Helmut Kohl der „BAföG-Kahlschlag", der das BAföG unter anderem zu einem rückzahlungspflichtigen Volldarlehen umbaute. 1990 wurde unter dem damaligen Bildungsminister Jürgen Möllemann die bis heute geltende Aufteilung eingeführt. Seitdem wird die Hälfte der Förderung als Darlehen, die andere Hälfte als Zuschuss gezahlt. Im April 2001 wurde zusätzlich eine ebenfalls bis heute geltende Höchstgrenze des zurückzuzahlenden Darlehens in Höhe von 10.000 Euro eingeführt (vgl. Deutsches Studentenwerk). Dabei ist seit jeher „der finanzpolitische Effekt des Darlehens [...] eher vernachlässigbar. Seine Abschreckungswirkung kann hingegen kaum unterschätzt werden. Gerade bei den Zielgruppen, die das BAföG ansprechen will, sind Verschuldensängste besonders ausgeprägt. So geben fast die Hälfte aller Studierenden, die der entsprechenden Schicht zuzuordnen sind, als Grund dafür, dass sie keinen BAföG-Antrag gestellt haben, an, dass sie sich nicht verschulden wollen. Das belegt die 19. Sozialerhebung des Deutschen Studentenwerks" (Dahm 2011: 19).

Aktuelle Entwicklungen

Den letzten BAföG-Bericht hat die Bundesregierung im Jahr 2014 vorgelegt. Dem Turnus nach wäre der nächste Bericht 2016 fällig gewesen, jedoch hat die Bundesregierung mit dem 25. BAföG-Änderungsgesetz von 2014 den nächsten Bericht auf das Jahr 2017 verschoben. Der Bericht liegt bis dato nicht vor, sodass gerade in der Zeit vor der Bundestagswahl eine solide Grundlage für eine öffentliche Debatte über die Studienfinanzierung fehlt. DGB, DGB-Jugend, GEW, IG Metall und ver.di sind jedoch eingesprungen und haben gemeinsam einen Alternativen BAföG-Bericht[20] vorgelegt, der nicht nur die aktuellen Entwicklungen darlegt, sondern auch transparent mit den Berechnungsmethoden umgeht. Somit lassen sich die Auswirkungen der letzten Änderung vom Jahre 2014 abschätzen. Diese brachte eine pauschale Anhebung der Freibeträge und Bedarfssätze um 7 Prozent, sodass der Vermögensfreibetrag für die Auszubildenden nun bei 7.500 Euro liegt. Die monatliche Hinzuverdienstgrenze bei abhängigen Beschäftigungen wurde auf 450 Euro erhöht und der Wohngeldzuschlag überproportional auf 250 Euro. Zudem wurden die Kinderbetreuungszuschläge auf einheitlich 130 Euro pro Kind erhöht. Auch kommt das BAföG schrittweise der Realität der Bologna-Reform näher und hat die Förderlücke zwischen Bachelor- und Masterstudiengängen weitgehend geschlossen. Als wichtige Änderung ist noch die Verringerung der Wartezeit für bestimmte Gruppen von ausländischen Studierenden auf 15 Monate zu nennen, was vor allem

---

20 Der Alternative BAföG-Bericht findet sich im Internet unter http://jugend.dgb.de/-/aGi.

Geflüchtete betrifft (vgl. Deutsches Studentenwerk). Der Bedarfssatz für auswärts wohnende Studierende beträgt inklusive der Zuschläge zur Kranken- und Pflegeversicherung somit maximal 735 Euro. Das größte Manko der 2014 beschlossenen Änderung ist dabei der Zeitpunkt ihrer Wirksamkeit, denn erst zum Wintersemester 2016/17 traten die materiellen Änderungen in Kraft.

Der Alternative BAföG-Bericht legt dar, dass die auf den ersten Blick hohen Anpassungen nach einer langen Durststrecke seit 2010 dennoch nicht mit den gestiegenen Lebenshaltungskosten mithalten konnten. Wird der Preisindex zur Einführung des BAföG 1971 zugrunde gelegt, hinken die Bedarfssätze aktuell um 6,4 Prozent hinterher. Der Abstand wird sich bis zur nächsten BAföG-Reform, deren Zeitpunkt ungewiss ist, noch weiter vergrößern. Obwohl der Wohngeldzuschuss überproportional angehoben wurde, können Studierende nur rund 80 Prozent ihrer realen Mietkosten davon finanzieren. Die Entwicklung der Freibeträge ist seit 2013 wieder hinter die Bruttolohnentwicklung zurückgefallen. Durch die letzte Reform könnte das Niveau zum Wintersemester 2016/17 wieder eingeholt worden sein, was sich aber aufgrund fehlender Zahlen noch nicht sagen lässt. Sind die Gehälter und Bruttolöhne jedoch über 1,3 Prozent gestiegen, wovon auszugehen ist, dann hätte die Lohnentwicklung die Erhöhung der Freibeträge wieder überstiegen. Allgemein lässt sich zeigen: „Je stärker die Freibeträge über die Bruttolohnentwicklung hinaus ausgeweitet werden, desto mehr junge Menschen kommen in die Förderung. Wird das BAföG nicht regelmäßig reformiert und die Freibeträge nicht angehoben, fallen sie dagegen hinter die Bruttolohnentwicklung zurück, und viele Menschen fallen aus der Förderung heraus" (Kaphegyi 2016: 17). Für den aktuellen Zeitraum zeigt sich dieser Effekt bei der Betrachtung des durchschnittlichen Monatsbestandes, der die durchschnittlich geförderten Schülerinnen und Schüler sowie Studierenden angibt. In den Jahren 2014 und 2015 sind 57.450 Personen aus der Förderung gefallen. Ursächlich ist dafür das oben erwähnte Hinterherhinken der Freibeträge hinter der Bruttolohnentwicklung seit 2013. Bezogen auf alle immatrikulierten Studierenden lag die Gefördertenquote im Jahre 2015 nunmehr bei 15 Prozent. Wie stark der Anstieg der Gefördertenquote durch die letzte Änderung der Freibeträge sein wird, lässt sich aktuell nicht abschätzen. Der Rückgang wird gegebenenfalls zu stoppen sein, die von der Bundesregierung prognostizierten 110.000 Neugeförderten werden aber möglicherweise nicht erreicht (vgl. Kaphegyi 2016: 17 ff.).

Nach der Reform ist vor der Reform

Der Alternative BAföG-Bericht schließt an diese Beobachtungen Schlussfolgerungen für ein besseres BAföG an. Demnach bedürfen die Bedarfssätze einer sofortigen Erhöhung um mindestens 6,5 Prozent, um die Abkopplung von der Entwicklung der Lebenshaltungskosten zu stoppen. Die einzelnen Bestandteile der Förderung müssen den tatsächlichen Kosten entsprechen, was speziell auf den Wohngeldzuschuss zutrifft. Dieser sollte sich zumindest an den durchschnittlichen Mietkosten orientieren, die über die Sozialerhebungen des Deutschen Studentenwerks ermittelt werden. Auch die Freibeträge müssen kräftig erhöht werden, um die Talfahrt der Gefördertenquote zu beenden. Damit das BAföG künftig nicht immer den realen Kosten und Lohnentwicklungen hinterherhinkt, sollten Bedarfssätze, Freibeträge und Sozialpauschalen künftig mit jedem BAföG-Bericht der Bundesregierung automatisch angepasst werden.

Aber auch die nicht ökonomischen Förderungsvoraussetzung müssen angegangen werden. So sollte die Förderungshöchstdauer über die Regelstudienzeit hinausgehen und somit die Pflege naher Angehöriger und ehrenamtliches Engagement auch außerhalb von Hochschulgremien ermöglichen. Zudem muss sich das BAföG an die Lebensrealitäten lebenslangen Lernens anpassen und daher seine Altersgrenzen fallen lassen. Auch Teilzeitformen des Studiums oder der schulischen Ausbildung müssen förderbar werden. Die Förderung muss außerdem wieder in den allgemeinen Schulbereich hineinreichen und nicht nur zwingend auswärts wohnende Schülerinnen und Schüler fördern.

Den großen Sprung wagen

Das BAföG stellte zu seiner Einführung ein Novum in der Finanzierung von Schule und Studium dar. Erstmalig bestand ein einklagbarer Anspruch auf Ausbildungsförderung. Seitdem erfuhr das BAföG eine kontinuierliche Schrumpfkur. Die Gefördertenquoten sanken massiv, und die Bedarfssätze halten bis heute nicht mit den Lebenshaltungskosten Schritt. Dieses Problem kann angegangen werden, indem die Freibeträge und Bedarfssätze nach einer ausreichenden Erhöhung künftig automatisch angepasst werden. Die BAföG-Berichte der Bundesregierung bieten dazu regelmäßiges Datenmaterial. Durch einen Automatismus wäre sichergestellt, dass das BAföG nicht mehr Opfer von Sparmaßnahmen wird.

Mittel- und langfristig muss das BAföG aber aus den Zwängen seiner Konstruktionsfehler befreit werden. Das BAföG verstand sich zwar immer als eine Sozialleistung zum Ausgleich sozialer Unterschiede und damit als sozialstaatliche Verpflichtung, aber es folgt auch stets dem Subsidiaritäts- und Fürsorgeprinzip. Somit kommt das BAföG erst zum Zuge, wenn andere Finanzierungsquellen, speziell das Einkommen der Eltern, ausgeschöpft sind. Während sich der notwendige Bedarf der Geförderten noch mehr oder weniger angemessen erheben lässt, bleibt die Frage der Freibeträge immer eine politische Entscheidung. Wahrscheinlich wird sie immer zulasten der bildungswilligen jungen Menschen gehen.

Es standen immer wieder Modelle in der Diskussion, die mit diesem Problem brechen würden und die Auszubildenden nicht als Kinder ihrer Eltern, sondern als eigenständige Bürgerinnen und Bürger fördern sollten. Am weitesten geht dabei die Gewerkschaft Erziehung und Wissenschaft mit dem Studienhonorar, das elternunabhängig an die Studierenden ausgezahlt wird. Im Gegenzug sollen die Leistungen des Familienlastenausgleichs, die heute an die Eltern fließen, in die Studienfinanzierung eingehen und somit direkt den Studierenden zugutekommen (vgl. GEW 2009: 12). Damit würde sich das allgemeine Verständnis von Studium und Bildung radikal ändern. Studierende wären nicht mehr Bittstellende, die ihre individuelle Bedürftigkeit nachweisen müssen und hinterher einen Darlehensanteil zurückzahlen müssen, weil sie einen eigenen Vorteil erworben haben. Stattdessen würde die Gesellschaft für einen gewissen Zeitraum die Möglichkeit schaffen, abseits vom allseitigen Verwertungszwang gesellschaftlich oder individuell sinnvolle Bildung zu genießen. Sicherlich ist das Studienhonorar nicht von heute auf morgen durchsetzbar, zumal die bisherigen Ankündigungen der Parteien für den Bundestagswahlkampf 2017 hinsichtlich der Studienfinanzierung kaum große Würfe versprechen. Aber auch kleinere Schritte, wie der Rückbau des Darlehensanteils oder Wege zu Mischsystemen, sind sinnvoll, um zu einem fortschrittlicheren Modell zu gelangen.

Literatur

Althammer, Jörg/Lampert, Heinz 2004: Lehrbuch der Sozialpolitik, Heidelberg.
Anweiler, Oskar 2006: Bildungspolitik, in: Bundesministerium für Arbeit und Soziales und Bundesarchiv (Hg.): Geschichte der Sozialpolitik in Deutschland seit 1945, Band 5: Bundesrepublik Deutschland 1966–1974, Baden-Baden, 709–754.
Boeckh, Jürgen et al. 2017: Sozialpolitik in Deutschland, Wiesbaden.
Bundestag 1971: Entwurf eines Bundesgesetzes über individuelle Förderung der Ausbildung (Ausbildungsförderungsgesetz) – BAföG, Bundestagsdrucksache 6/1975.
Butterwegge, Christoph 2014: Krise und Zukunft des Sozialstaates, Wiesbaden.

Dahm, Jochen 2011: Bürger, Auszubildende, Kinder oder Investoren?, in: DSW Journal (02/2011), 16–19.
Deutsches Studentenwerk: Geschichte und Statistik zum BAföG, https://www.studentenwerke.de/de/node/1631 (15.03.2017).
Gewerkschaft Erziehung und Wissenschaft (GEW) 2009: Wir können auch anders! Das wissenschaftspolitische Programm der GEW, Frankfurt am Main.
Iost, Oliver 2016: Hintergrund. Die Geschichte des BAföG von 1972 bis heute, https://www.bafoeg-rechner.de/Hintergrund/geschichte.php (15.03.2017).
Kaphegyi, Tobias 2016: Alternativer BAföG-Bericht. Daten und Fakten für eine bessere Ausbildungsförderung, Berlin.
Keller, Andreas 2011: Stiller Ausverkauf. Zur wechselhaften Geschichte des BAföG, in: Forum Wissenschaft (3/11), 4–8.
Schultheiss, Jana 2011: Das Familienbild des BAföG, in: Forum Wissenschaft (3/11), 35–37.

C Promotionsfinanzierung: Eine vollumfänglich finanzierte Promotion als Utopie?

Ingrid Keller-Russell und Torsten Steidten

Eine zentrale Frage vor Aufnahme der Promotion richtet sich auf die finanziellen Ressourcen zur Ermöglichung eines akademischen Arbeitsumfeldes, das die individuelle wissenschaftliche Qualifizierung und Karriereentwicklung unterstützt. Zu bedenken ist, dass die zu finanzierende Zeitspanne die von den Hochschulen meist zugrunde gelegte Regeldauer der Promotion von drei Jahren übersteigen kann. Erfahrungswerte zeigen, dass der mehrjährige Promotionsprozess in der Praxis durchschnittlich bis zu zwei Jahre zusätzlich beanspruchen kann. Welche Wege stehen Promotionsinteressierten und Promovierenden offen, unter den strukturellen Bedingungen des Hochschulsystems ein individuelles Finanzierungskonzept zu organisieren, um das erwünschte Ziel von „Wissenschaft als Beruf" – sei es innerhalb oder außerhalb des Wissenschaftsbetriebs – zu erreichen?

Die im ersten Abschnitt dieses Beitrags vorgestellten Beschäftigungsprofile im Bereich von Hochschule und außeruniversitärer Forschungseinrichtung beziehen sich auf ausgewählte Tätigkeitsfelder, die den wissenschaftlichen Kontext für ein Promotionsvorhaben weitgehend abbilden können. Die Darstellung orientiert sich an aktuellen Stellenausschreibungen, wie sie in Anzeigen und institutionellen Veröffentlichungen publiziert werden.

Im zweiten Abschnitt wird die Perspektive auf die Promotionsstipendien bundesweiter Förderwerke und anderer Einrichtungen gelenkt. Zusätzlich sei hier bereits vermerkt, dass es weitere sehr prekäre Finanzierungsformen (z. B. Hilfskrafttätigkeiten oder Arbeitslosengeld) gibt.

Im dritten Abschnitt werden die beiden häufigsten Wege zur Promotionsfinanzierung, Stellen und Stipendien, mit Ergebnissen der Studie des Bundesberichts Wissenschaftlicher Nachwuchs (BuWiN 2017) und Erfahrungswerten von Promovierenden kontrastiert. Zum Abschluss werden ein Fazit und ein Ausblick auf mögliche Veränderungspotenziale zur Promotionsfinanzierung formuliert.

Wissenschaftliche Qualifizierungsstellen in Forschung und Lehre

Stellenformate mit Sozialversicherungspflicht

- *Wissenschaftliche Mitarbeiterinnen und Mitarbeiter*

Explizit als solche ausgeschriebene Promotionsstellen an Hochschulen und außeruniversitären Forschungseinrichtungen können bei der Professur eines Fachbereichs sowie direkt in einem Forschungsprojekt angesiedelt sein. Voraussetzung sind in der Regel die Aufnahme eines Promotionsprozesses und die Bereitschaft zur Teilnahme an Qualifizierungsangeboten. Typische Qualifikationsanforderungen im Stellenprofil sind ein wissenschaftliches Hochschulstudium, Kenntnisse über und Erfahrungen mit Forschungsansätzen der jeweiligen Fachdisziplin und weitere einschlägige Kompetenzen. Im Aufgabenbereich liegen zudem in der Regel zwei bis vier Semesterwochenstunden Lehre. Stellenangebote werden öffentlich auf der Homepage der Einrichtung und auf den diversen Internet-Karriereportalen für Forschung und Wissenschaft angezeigt.

Die Entgeltvergütung bezieht sich in der Regel auf die Tarifverträge TV-L (Bundesländer außer Hessen) und TV-H (Hessen) oder TV-ÖD (Bund). Dagegen besteht für diverse Forschungseinrichtungen keine Tarifbindung. Arbeitsverträge für wissenschaftliche Mitarbeiterinnen und Mitarbeiter zur Promotion werden meistens nach dem Tarif E 13 TV-L oder EG 13 TV-ÖD zu 50 %, das heißt mit 20 Wochenstunden für eine halbe Stelle, bis zu 65 % mit 25,35 Wochenstunden oder mit einem höheren Anteil von bis zu 30 Stunden als Dreiviertelstelle sowie mit einer befristeten Laufzeit abgeschlossen.

Zu diesem Stellentypus ist anzumerken, dass das durch Tarifverträge abgesicherte Entgelt als marktgerecht gilt und dass tariffreie Verträge zu untergeregelten Arbeitsplatzbeziehungen führen können. Das von vielen Institutionen praktizierte Verfahren von Befristungen kürzester Laufzeit stellt eine Belastung für die Finanzierungssicherheit Promovierender dar.

- *Lehrkraft für besondere Aufgaben und als wissenschaftliche Mitarbeiterin und Mitarbeiter*

In diesem Stellenprofil wird eigentlich zumeist eine Promotion vorausgesetzt. Dennoch besteht in vielen Fällen zugleich die Option zur Aufnahme einer Promotion. Die Bereitschaft zur Weiterqualifizierung wird für beide Qualifizierungstypen vorausgesetzt. Insofern sprechen Stellenangebote dieser Art einen akademisch qualifizierten Adressatenkreis an, der sowohl Postdoktorandinnen und Postdoktoranden als auch Promotionsinteressierte umfasst. Als Anforderungen werden berufliche Erfahrungen in der Lehre und fundierte Kenntnisse in der entsprechenden Fachwissenschaft vorausgesetzt. Dieser Stellenrahmen beinhaltet kein explizites Qualifizierungskonzept zur Promotion. Entsprechende Aufgabenbeschreibungen fokussieren die beiden funktionalen Komponenten der Beschäftigung, zum einen als Hochschullehrkraft, zum anderen als wissenschaftliche Mitarbeiterin bzw. wissenschaftlicher Mitarbeiter. Die Stellenbezeichnungen unterscheiden sich nach ihrer institutionellen Finanzierungsart, sei es als Planstelle im Haushalt der Hochschule oder als Drittmittelstelle bzw. Projektstelle.

Die Entgeltvereinbarung basiert in der Regel auf tariflichen Bedingungen. Stellenangebote dieser Art werden sowohl als Vollzeit- als auch als Teilzeitstelle und mit befristeter Laufzeit ausgeschrieben.

Anzumerken ist zu diesem Typus, dass das Aufgabenformat das individuelle Zeitbudget für das eigene Promotionsvorhaben intensiv beansprucht. Es gilt ferner, dass kurze Befristungszeiträume die Stabilität der individuellen Finanzierung belasten.

■ *Lektorin und Lektor*

Im Stellenprofil für Lektorinnen und Lektoren, das an deutschen Hochschulen meist muttersprachliche Dozentinnen und Dozenten für eine Fremdsprache bezeichnet, wird ein wissenschaftlich qualifizierter Adressatenkreis angesprochen, der in der Regel einen akademischen Karriereweg durch die Tätigkeit als Lehrende oder Lehrender beschreiten will. In Stellenangeboten wird meist das Kriterium der Weiterqualifizierung benannt, das sich sowohl auf Postdoktorandinnen und Postdoktoranden als auch auf Promotionsinteressierte beziehen kann. Der Aufgabenkatalog umfasst einerseits die selbstständige Durchführung von wissenschaftsbasierten Lehrveranstaltungen und andererseits die Mitarbeit in Forschungsprojekten.

Stellen dieser Art werden in der Regel als Teilzeitstelle nach den tariflichen Entgeltgruppen eingruppiert, honoriert und befristet. Die kritische Anmerkung zu diesem Profil bezieht sich auf das intensiv beanspruchte individuelle Zeitbudget und die durch die kurzen Laufzeiten der Befristungen bewirkten Unsicherheitsfaktoren in der Finanzierung des Promotionsvorhabens.

Beschäftigungsformat ohne Sozialversicherungspflicht

- *Lehrbeauftragte an Hochschulen*
Lehrbeauftragte sind selbstständige und freie Mitarbeitende in der Lehre an einer Hochschule, die auf Unterrichtsstundenbasis tätig sind. Im Unterschied zum Vertrag für wissenschaftliches Personal begründet der entsprechende Lehrauftrag an einer Hochschule kein öffentlich-rechtliches Angestelltenverhältnis. Im Anforderungsprofil bildet das abgeschlossene Hochschulstudium ein relevantes Kriterium für die Beauftragung. Zentrale Aufgaben sind die Vorbereitung und Durchführung von Lehrveranstaltungen.

Das Stundenentgelt für Lehraufträge ist nach Verordnungen der Bundesländer oder auf Hochschulebene geregelt. Die Verträge sind in der Regel befristet und jederzeit kündbar. Bei diesem Beschäftigungsformat fehlt die Struktur zur wissenschaftlichen Qualifizierung, die nicht Gegenstand des Tätigkeitsbereichs ist. Andererseits sind Lehrveranstaltungen in einer Fachdisziplin angesiedelt, deren wissenschaftsbasierte Aufgaben in der Lehre begleitet und mitgestaltet werden können.

Aufgrund der niedrigen Stundensätze der Entgeltverordnungen, zumal für Personen ohne Promotionsabschluss, können mit Einzelverträgen nur kleinere finanzielle Beträge erwirtschaftet werden. Die kurzfristigen Laufzeiten der Verträge bei ständiger Kündbarkeit wirken sich belastend auf die durchgängige Finanzierung einer Promotion aus.

Stipendien

Neben einer sozialversicherungspflichtigen Stelle ist ein Stipendium die zweite verbreitete Variante der Promotionsfinanzierung in der Bundesrepublik. Dabei gibt es sehr unterschiedliche Stipendiengeber, und auch die Stipendienhöhe differiert stark. Uneinheitlich ist auch die Förderdauer. Empfängerinnen und Empfänger von Stipendien sehen es oft als Vorteil an, dass sie weniger Aufgaben neben der Promotion – etwa in der Lehre oder im Management – an der Einrichtung erfüllen müssen. Dies kann jedoch auch zum Nachteil werden, wenn man zum Beispiel nach erfolgreicher Promotion an der Hochschule verbleiben möchte und dafür Erfahrungen in der Lehre benötigt.

Je nach Landeshochschulgesetz und Einrichtung sind die Mitbestimmungsmöglichkeiten unterschiedlich. Personalräte und Betriebsräte sind für Stipendiatinnen und Stipendiaten nicht zuständig. In der Hochschulselbstverwaltung gehören sie, wenn eingeschrieben, zum Teil zur

Gruppe der Studierenden, zum Teil zu wissenschaftlichen Mitarbeiterinnen und Mitarbeitern, oder sie besitzen gar keinen Mitgliederstatus. Ein Teil gehört zumindest zu den Angehörigen der Einrichtung, ein anderer Teil aber nicht einmal das. Dies kann Probleme bei der Nutzung der Infrastruktur der Einrichtungen mit sich bringen.

Ein gravierendes Problem bei den Stipendien stellt die Problematik der Sozialversicherung dar. Für alle Stipendien gilt, dass die Promovierenden sich selbst um die Sozialversicherung kümmern müssen. Schwierigkeiten bereitet oft die Finanzierung der Übergangsphasen vor Erhalt des Stipendiums, zum Beispiel in der Phase der Exposé-Erstellung, und nach dem Stipendium. Hierfür gibt es vereinzelt gesonderte Stipendienangebote.

- *Begabtenförderungswerke*

Mittlerweile bieten 13 Begabtenförderungswerke aus dem Haushalt des Bundesministeriums für Bildung und Forschung (BMBF) finanzierte Stipendien an. Die Förderwerke werden an den Hochschulen durch Vertrauensdozentinnen und Vertrauensdozenten vertreten. Neben fachlichen und persönlichen Aspekten wird in der Regel Engagement der Bewerbenden im staatlichen, gesellschaftlichen oder sozialen Bereich erwartet (vgl. plus stipendium). Die Förderdauer beträgt zunächst zwei Jahre, sie kann aber um bis zu ein Jahr verlängert werden und bei Beeinträchtigungen oder aus familiären Gründen um maximal ein weiteres Jahr (BMBF 2016).

- *Landesgraduiertenstipendien*

Die meisten Bundesländer vergeben im Rahmen ihrer Graduiertenförderung ebenfalls Promotionsstipendien. Ähnlich wie bei den Stipendien der Begabtenförderungswerke werden sehr gute Studienleistungen und eine wissenschaftliche Relevanz des Dissertationsthemas vorausgesetzt. In der Regel wird an den Hochschulen, die über ein bestimmtes Kontingent an Stipendien verfügen, über deren Vergabe entschieden. Die Stipendienhöhe variiert zwischen den Bundesländern.

- *Stipendien von Hochschulen*

Von einzelnen Hochschulen werden ebenfalls eigene Stipendien vergeben, zum Teil über extra dafür gegründete Stiftungen.

- *Private Stiftungen*

Auch eine Vielzahl privater Stiftungen vergibt Stipendien. Je nach Schwerpunkt der Stiftungen sind die Bedingungen sehr unterschiedlich. So gibt es zum Beispiel die Vergabe von Stipendien für bestimmte Fachrichtungen oder für bestimmte Standorte (siehe Stipendienlotse). Neben der Vergabe von Stipendien gewähren einige Stiftungen auch Zuschüsse für die Druckkosten der Dissertation.

Gegenwärtige Finanzierungskontexte

Wie spiegeln sich die Finanzierungsbedingungen und das akademische Tätigkeitsfeld für Promovierende in statistischen Daten und Forschungsbefunden zu Promovierenden in Deutschland? Wie bewerten Promovierende im aktiven Promotionsprozess die Wege und die damit verbundenen Finanzierungsoptionen zur wissenschaftlichen Qualifizierung im Hochschulsystem?

BuWiN 2017 – Datenlage und Studienergebnisse

Der BuWiN 2017 weist aus, dass der größte Anteil der erwerbstätigen Promovierenden an Hochschulen und außeruniversitären Forschungseinrichtungen tätig ist. Ein Anteil von über 90 % der wissenschaftlichen Mitarbeitenden an Hochschulen und über 80 % an außeruniversitären Forschungseinrichtungen ist befristet angestellt. Die befristete Tätigkeit stellt somit den Regelfall für Promovierende dar. Mit Bezug auf die WinBus-Studie von 2011, so der BuWiN, kann resümiert werden, dass 53 % aller Arbeitsverträge an Hochschulen und 50 % an außeruniversitären Forschungseinrichtungen eine Laufzeit von unter einem Jahr haben. Länger als eine Zweijahreslaufzeit haben lediglich die Verträge von 11 % an Hochschulen und 18 % an außeruniversitären Forschungseinrichtungen angestellten wissenschaftlichen Mitarbeiterinnen und Mitarbeitern. Die durchschnittliche Promotionsdauer beziffert der Bundesbericht im Kontrast dazu auf 3,5 bis 4,5 Jahre.

Ein Blick auf die Einkommenssituation im Rahmen des Beschäftigungsumfangs erweist, dass eine tendenziell negative Relation zwischen Promovierenden und nicht promovierend Tätigen mit abgeschlossenem Hochschulstudium auf dem Arbeitsmarkt besteht (Begleitstudie B1, siehe BuWiN 2017: 35–43). In der Zusammenschau besagen die Ergebnisse bezogen auf Promovierende erstens, dass öffentlich-rechtliche Beschäftigungsverhältnisse an Hochschulen und außeruniversitären Forschungseinrichtungen den wichtigsten Platz innehaben; zweitens, dass befristete Beschäftigungsverhältnisse den Regelfall für Promovierende darstellen; drittens, dass die Mehrzahl der befristeten Arbeitsverträge bei Laufzeiten von unter zwei Jahren liegt; viertens, dass die Qualifizierungsphase im Durchschnitt mindestens ein halbes Jahr länger als die zugrunde gelegte Regeldauer andauert; und fünftens, dass die Einkommenssituation für Promovierende gegenüber Gleichqualifizierten in der Wirtschaft nachteilig ausfällt.

Erfahrungsberichte von Promovierenden und Promovierten

Die auf der GEW-Wissenschaftskonferenz 2016 im Rahmen des Workshops zur Promotionsfinanzierung geführte Diskussion ergab, dass ein individuelles Promotionsvorhaben hohe finanzielle Risiken in mehrfacher Hinsicht mit sich bringt. Als Problembereiche werden diverse Aspekte benannt, die den Promotionsprozess verlängern, aber keinen nachhaltigen wissenschaftlichen Kompetenzgewinn erbringen: die nicht ausreichende Anzahl von angebotenen Qualifizierungsstellen, die Kurzzeit-Befristungspraxis bei Arbeitsverträgen und die Einbeziehung von dissertationsfernen Tätigkeiten in die Aufgabenbeschreibung, verbunden mit einer unzureichenden Einbindung in den Forschungskontext. Zudem wurde die Umsetzung von Sozialversicherungsregelungen bei Stipendien kritisiert, da diese von Versicherungsgebern und regional unterschiedlich ausgelegt werden.

Ausblick und Konsequenzen

Dieser Beitrag betrachtet die Situation von Promovierenden, die vor der Aufgabe stehen, ihr Promotionsvorhaben finanziell abzusichern. Die von Hochschulen und außeruniversitären Forschungseinrichtungen angebotenen Stellen zur Unterstützung von Kompetenzgewinn durch „wissenschaftliche Praxis und selbstständige Forschungstätigkeit" (Wissenschaftsrat 2011: 10) und die Finanzierung durch Stipendien wurden untersucht. Ziel war es, auf der Grundlage verschiedener Datenquellen und von Ergebnissen eines Workshops zur Promotionsfinanzierung eine aktualisierte Darstellung von Rahmenbedingungen der Finanzierung von Promotionsvorhaben zu erlangen und abschließend die Leitfrage nach den Möglichkeiten einer vollumfänglichen Promotionsfinanzierung zu beantworten.

Mit Blick auf diverse Studien aus dem Zeitraum 2010–2017 sowie unter Einbezug erfahrungsbezogener Daten bleibt festzustellen, dass der Promotionsprozess aufgrund fehlender nachhaltiger Rahmenbedingungen nicht hinreichend abgesichert werden kann. Es fehlen Strukturen, die eine nachhaltige Gestaltung von Finanzierung und Qualifizierung über einen mehrjährigen Zeitraum bis zum Abschluss einer Dissertation unterstützen. Folgende strukturelle Knackpunkte, die prekäre Nahtstellen in Promotionsprozessen bezeichnen, können identifiziert werden: wissenschaftliche Stellenformate, befristete Arbeitsverhältnisse, Stipendien und Sozialversicherung, qualitative Gestaltung von Beschäftigungsverhältnissen sowie Durchgängigkeit von Finanzierungsoptionen. Promotionsinteressierte und Promovierende sehen sich heute, wie diese Auflistung von gegenwärtig kritischen Punkten und Hürden im Promotionsprozess verdeutlicht, mit Herausforderungen konfrontiert, die große Unsicherheiten in sich bergen und deren Bewältigung nicht nur individuell erbracht werden kann. Wenn – wie im BuWiN hervorgehoben wird – „Nachwuchswissenschaftlerinnen und -wissenschaftler […] auf entscheidende Weise zu wissenschaftlichem und gesellschaftlichem Erkenntnisgewinn und Innovation" beitragen (BuWiN 2017: 20), dann kann die heutzutage vorhandene Unterstützung zur Realisierung einer Promotion bei durchgängiger Finanzierung nur als unzureichend bewertet werden. Die Forderung einer vollumfänglich finanzierten Promotion stellt unter Betrachtung der vorliegenden Analyse kein utopisches Desiderat dar, sondern sie ist vielmehr – mit dem BuWiN 2017 gesprochen – eine dringende gesellschaftliche Aufgabe der Weiterentwicklung von realistischen Qualifizierungs- und Beschäftigungsverhältnissen für Promotionsinteressierte und Promovierende. Die GEW ruft bereits seit 2010 mit dem Templiner Manifest „zu einer Reform von Personalstruktur und Berufswegen in Hochschule und Forschung auf" und formuliert den ersten Eckpunkt wie folgt: „Für Doktorandinnen und Doktoranden fordern wir […] ausreichend tarifvertraglich geregelte Beschäftigungsverhältnisse zur Qualifikation mit Sozialversicherungsschutz, die mindestens drei Viertel der Arbeitszeit für die eigenständige Qualifikation vorsehen."

Literatur

BMBF 2016: Einführung in die „Zusätzlichen Nebenbestimmungen zur Förderung begabter Studierender sowie begabter Nachwuchswissenschaftlerinnen und -wissenschaftler" (Richtlinien), https://www.bmbf.de/files/erlaeuterung_richtlinie_begabtenfoerderung.pdf (05.03.2017).
GEW 2010: Templiner Manifest. Traumjob Wissenschaft. Für eine Reform von Personalstruktur und Berufswegen in Hochschule und Forschung, Frankfurt, https://www.gew.de/wissenschaft/templiner-manifest/templiner-manifest-text/(05.03.2017).
Konsortium Bundesbericht Wissenschaftlicher Nachwuchs (BuWiN) 2017: Bundesbericht Wissenschaftlicher Nachwuchs 2017. Statistische Daten und Forschungsbefunde zu Promovierenden und Promovierten in Deutschland, Bielefeld, http://www.buwin.de/dateien/buwin-2017.pdf (14.04.2017).
plus stipendium: http://www.stipendiumplus.de/startseite.html (05.03.2017).
Stipendienlotse: https://www.stipendienlotse.de/(05.03.2017).
Wissenschaftsrat 2011: Anforderungen an die Qualitätssicherung der Promotion. Positionspapier, Köln, http://www.wissenschaftsrat.de/download/archiv/1704-11.pdf (05.03.2017).

Family Budgeting – wirksames Instrument zur Gleichstellung?

Karin Höhne

Familienorientierung ist in den letzten 10–15 Jahren vermehrt zum Thema an Hochschulen geworden. Zahlreiche Hochschulen haben sich auf den Weg gemacht, um die Vereinbarkeit von Studium, Wissenschaft und Beruf mit dem Familienleben[21] zu verbessern und gezielt zu unterstützen. Ging es zunächst vorrangig um die Vereinbarkeit von Studium und Familie und die Schaffung familiengerechter Infrastrukturen in Form von Eltern-Kind-Räumen und Kinderbetreuungsplätzen, sind im Zuge der Diskussion um gute Arbeit in der Wissenschaft auch der sogenannte wissenschaftliche Nachwuchs und seine spezifischen Vereinbarkeitsprobleme in den Fokus gerückt. Aktuell hat der Bundesbericht Wissenschaftlicher Nachwuchs (BuWiN; Konsortium Bundesbericht Wissenschaftlicher Nachwuchs 2017), der in seinem diesjährigen Schwerpunktkapitel das Thema Vereinbarkeit von Familie und akademischer Karriere analysiert, gezeigt, dass wissenschaftliche Mitarbeitende häufig ihren vorhandenen Kinderwunsch aufgrund prekärer Arbeits- und Vertragsbedingungen im Wissenschaftssystem nicht realisieren und besonders Frauen Nachteile aufgrund von Mutterschaft erleben. Die Hochschulen und Forschungseinrichtungen sind also gefragt, Rahmenbedingungen zu schaffen, unter denen Promovierende, Postdocs und Juniorprofessorinnen und -professoren sowie Nachwuchsgruppenleiterinnen und -gruppenleiter ihre wissenschaftlichen Ambitionen mit ihrem Familienleben vereinbaren können. Die Ergebnisse des BuWiN und weiterer Studien belegen, dass es dabei ganz besonders um verlässliche und abgesicherte Vertragsbedingungen geht, die bisher für den wissenschaftlichen Nachwuchs keine Selbstverständlichkeit sind.

Der folgende Beitrag stellt Überlegungen zu einem Family Budgeting vor und zeigt beispielhaft konkrete Lösungsansätze auf, die an der Europa-Universität Viadrina in Frankfurt (Oder) angewandt werden. In einem ersten Absatz wird die Idee des Family Budgeting erläutert. Danach werden ausgewählte Befunde zum Themenbereich Wissenschaft und Familie vorgestellt, gefolgt von einer Darstellung des Ansatzes der Europa-Universität Viadrina und einem abschließenden Fazit.

---

21   Familie wird in diesem Artikel als weiter Begriff verstanden im Sinne einer langfristigen sozialen Verantwortung füreinander.

Was ist Family Budgeting?

Family Budgeting soll in diesem Artikel als Begriff verwendet werden, um deutlich zu machen, wie Hochschulen und Forschungseinrichtungen die Bedarfe von Menschen mit Familie bei der Verteilung von Ressourcen in den Blick nehmen können, um Vereinbarkeit zu unterstützen. Dabei knüpft die Formulierung an die etablierten Begriffe des Gender Mainstreaming bzw. Gender Budgeting an.

Gender Mainstreaming als Strategie der EU zur Verwirklichung von Chancengleichheit für Männer und Frauen bedeutet „die (Re-)Organisation, Verbesserung, Entwicklung und Evaluierung der Entscheidungsprozesse mit dem Ziel, dass die an der politischen Gestaltung beteiligten Akteurinnen und Akteure den Blickwinkel der Gleichstellung zwischen Frauen und Männern in allen Bereichen und auf allen Ebenen einnehmen" (Europäische Kommission 2017). Übertragen auf die spezielle Situation der Fürsorgearbeit könnte ein *Family Mainstreaming* dann bedeuten, Familienorientierung stärker in Prozesse zu integrieren und die Auswirkung von Programmen, Gesetzen und anderen Maßnahmen auf Familien mitzudenken, wobei immer auch die Vielfalt von Familien berücksichtig werden muss.

Gender Budgeting zielt auf die Gleichstellung von Männern und Frauen bei der Ressourcenverteilung ab. Es geht darum, bei der Verteilung von Ressourcen und der Analyse und Aufstellung von Haushaltsplänen (einer Gemeinde, Behörde o. Ä.) Gleichstellungsziele in den Blick zu nehmen und Ausgaben so zu planen, dass die Gleichstellungsziele erreicht werden.

In Anlehnung an die genannten Begriffe und Strategien könnte also *Family Budgeting* im Kontext von Hochschulen und Forschungseinrichtungen bedeuten, bei geplanten Ausgaben im Wissenschaftsbereich Familienorientierung in den Blick zu nehmen und zu berücksichtigen, welche Auswirkungen geplante Ausgaben auf Familien haben, sowie Mittel gezielt einzusetzen, um Familien zu unterstützen. Im Sinne einer umfassenden Gender-Mainstreaming-Strategie und eines Gender-Budgeting-Prozesses sollten selbstverständlich Fürsorgeaufgaben mitbedacht werden. Der Family-Budgeting-Begriff wird hier verwendet, um gezielt darauf hinzuweisen, wie Wissenschaftseinrichtungen bei der Verteilung von (finanziellen) Ressourcen die Vereinbarkeit von Wissenschaftlerinnen und Wissenschaftlern mit Familienaufgaben oder Kinderwunsch unterstützen können.

Ausgewählte Befunde zum Thema Wissenschaft und Familie

Der aktuelle BuWiN mit dem Schwerpunkt Vereinbarkeit von Familie und akademischer Karriere macht deutlich, dass die Arbeitsbedingungen in der Wissenschaft in ursächlichem Zusammenhang mit der Kinderlosigkeit bei den wissenschaftlichen Beschäftigten stehen. Nach einer Studie aus dem Jahr 2010 (BMBF 2010) haben 74% der Frauen und 71% der Männer im akademischen Mittelbau keine Kinder (bei den Professorinnen sind 62% kinderlos, bei den Professoren nur noch 34%). Fast ebenso viele, nämlich 75% der wissenschaftlichen Mitarbeiterinnen und 71 % der wissenschaftlichen Mitarbeiter, wünschen sich Kinder, realisieren diesen Kinderwunsch aber nicht. Hohe Verfügbarkeitserwartungen, geringe berufliche Planungssicherheit und unzureichende finanzielle Sicherheit, aber auch das Zusammentreffen langer Qualifizierungszeiten mit der möglichen Elternschaft, der Mangel an Kinderbetreuungsmöglichkeiten und die häufige Befristung ohne Aussicht auf Entfristung sind dabei die Hauptgründe, die die Realisierung des Kinderwunsches erschweren (Lind/Samjeske 2009). Im Vergleich zu altersgleichen Hochschulabsolventinnen und -absolventen haben diejenigen, die an Hochschulen und Forschungseinrichtungen beschäftigt sind, deutlich seltener Kinder und bleiben auch häufiger dauerhaft kinderlos (vgl. BuWiN 2017). Hinzu kommt ein Geschlechtereffekt. Mütter nehmen doppelt so häufig wie Väter negative berufliche Konsequenzen von Elternschaft wahr, erleben, dass ihre wissenschaftlichen Leistungen weniger geschätzt werden und es negative Reaktionen der Vorgesetzten auf die Elternschaft gibt. Auch die beruflichen Mobilitätsanforderungen in der Wissenschaft und restriktive Altersgrenzen erschweren die Vereinbarkeit besonders für Frauen, die als Konsequenz dann aus dem Wissenschaftssystem aussteigen, um ihren Kinderwunsch zu realisieren, oder kinderlos bleiben, während Elternschaft bei Vätern kaum zu Einbußen bei der wissenschaftlichen Leistungsfähigkeit und Karriereentwicklung führt (vgl. BuWiN 2017).

Ansätze eines Family Budgeting an der Europa-Universität Viadrina Frankfurt (Oder)

Die Befunde dieser Studien zum unerfüllten Kinderwunsch und den schwierigen Bedingungen für die Vereinbarkeit von Wissenschaft und Familie konnten im Rahmen einer Umfrage des wissenschaftlichen Personalrats und aus Erkenntnissen der Beratungsarbeit des Familienbüros auch an der Europa-Universität bestätigt werden. Im Rahmen der familienorientierten Gestaltung der Studien- und Arbeitsbedingungen an der Hochschule haben sich die beteiligten Akteurinnen und Akteure die Frage gestellt, wie die Hochschule die internen Bedingungen für den wissenschaftlichen Nachwuchs im Rahmen ihrer Möglichkeiten verändern kann, damit Wissenschaftlerinnen und Wissenschaftler Arbeitsbedingungen vorfinden, die ihnen Elternschaft ermöglichen und Menschen mit Familienaufgaben nicht benachteiligen. Wichtige Ansatzpunkte waren dabei vor allem verlässliche Vertragsperspektiven und ein Ausgleich von familiären Auszeiten auch bei Drittmittelstellen.

An dieser Stelle möchte ich drei Instrumente der Europa-Universität vorstellen, die die Vereinbarkeit von wissenschaftlicher Qualifizierung und Familienaufgaben unterstützen:

- Dienstvereinbarung zur Gestaltung von Arbeitsverträgen akademischer Mitarbeiterinnen und Mitarbeiter der Stiftung EUV (Europa-Universität Viadrina 2014)
- Brückenstipendien für Promovierende und Postdocs mit Familienaufgaben
- Fonds zur Verlängerung drittmittelfinanzierter akademischer Mitarbeitender aufgrund von Familienaufgaben

Dienstvereinbarung zur Gestaltung von Arbeitsverträgen akademischer Mitarbeiterinnen und Mitarbeiter der Stiftung EUV

Ziel der Dienstvereinbarung, die der wissenschaftliche Personalrat im Jahr 2014 mit der Hochschulleitung abgeschlossen hat, war es, die Planbarkeit für wissenschaftliche Beschäftigte im Rahmen der gesetzlichen Möglichkeiten zu erhöhen und Arbeitsbedingungen zu schaffen, die geschlechter- und familiengerecht sind. Zu den Eckpunkten der Dienstvereinbarung gehört die verbindliche Gewährung der familienpolitischen Komponente des Wissenschaftszeitvertragsgesetzes[22] (WissZeitVG) für zwei Jahre pro Kind. Außerdem wurden Mindestvertragslaufzeiten für Erstverträge festgelegt, die für die Phase der Promotion drei Jahre (mit der Option auf eine Verlängerung um ein Jahr) und für die Postdoc-Phase vier Jahre (mit der Option auf Verlängerung um ein weiteres Jahr) betragen. Damit die Qualifizierung auch im Rahmen der Vertragslaufzeiten abgeschlossen werden kann, wurden darüber hinaus Qualifikationszeiten für akademische Verträge festgelegt,

---

[22] Gesetz über befristete Arbeitsverträge in der Wissenschaft vom 12. April 2007 (BGBl. I S. 506), geändert durch Artikel 1 des Gesetzes vom 11. März 2016 (BGBl. I S. 442).

nach denen 40% der Stelle der eigenen Qualifizierung vorbehalten sind. Diese Regelungen sind, das belegen alle Studien zu diesem Thema, für akademische Mitarbeitende mit Familie eine wichtige Grundlage, um Wissenschaft mit Familienaufgaben vereinbaren zu können, und können dazu beitragen, dass sich Nachwuchswissenschaftlerinnen und -wissenschaftler ihren Kinderwunsch erfüllen. Erste Erfahrungen aus der Beratungsarbeit des Familienbüros zeigen, dass das Wissen um Verlängerungsmöglichkeiten besonders für Eltern die Qualifizierungsphase entspannt und dazu beiträgt, dass Nachwuchswissenschaftlerinnen und -wissenschaftler ihre Qualifizierung während der (verlängerten) Vertragslaufzeit abschließen können.

Brückenstipendien für Promovierende und Postdocs mit Familienaufgaben

Die Brückenstipenden für Promovierende und Postdocs mit Familienaufgaben, die erstmalig 2012 an der Viadrina vergeben wurden, dienen der Überbrückung von Situationen, in denen der Wiedereinstieg, die Fortführung oder der Abschluss eines Qualifizierungsvorhabens nach einer familienbedingten Auszeit oder aufgrund der Wahrnehmung von Familienaufgaben erschwert oder gefährdet sind. Familiäre Auszeiten beziehen sich in diesem Fall sowohl auf die Betreuung von Kindern wie auch auf die Pflege von Angehörigen. Das Stipendium wird als Überbrückung für bis zu sechs Monate gezahlt. Wissenschaftlerinnen und Wissenschaftler mit Kindern erhalten zusätzlich zum monatlichen Grundbetrag einen Kinderzuschlag. Das Stipendium, das ein bis zwei Mal jährlich ausgeschrieben wird und aus Haushaltsmitteln der Hochschule sowie aus Zielvereinbarungsmitteln der Universität mit dem Land Brandenburg finanziert ist, wird vor allem für den Wiedereinstieg nach einer familiären Unterbrechung (meistens Mutterschutz und Elternzeit) und für den Abschluss eines Qualifizierungsvorhabens beantragt.

Fonds zur Verlängerung drittmittelfinanzierter akademischer Mitarbeitender aufgrund von Familienaufgaben

Der Fonds wurde ins Leben gerufen, um eine Lücke zu schließen, in der Beschäftigte auf Drittmittelstellen mit Familienaufgaben gegenüber Beschäftigten auf Haushaltsstellen benachteiligt waren. Verträge von Beschäftigten auf haushaltsfinanzierten Qualifikationsstellen, die nach § 2 Abs. 1 WissZeitVG befristet sind – d.h. über die Begründung der wissenschaftlichen Qualifizierung –, erhalten, sofern sie Mutterschutz und Elternzeiten während der Vertragslaufzeit vorweisen können, eine Verlängerung um diese Zeiten und können zusätzlich ihre nach WissZeitVG festgelegte Qualifizierungszeit durch die familienpolitische Komponente verlängern. Beschäftigte in Drittmittelprojekten, die nach § 2 Abs. 2 WissZeitVG befristet sind – d. h. mit der Begründung der Beschäftigung überwiegend aus Mitteln Dritter –, haben hingegen keinen Anspruch auf Verlängerung um Mutterschutz und Elternzeiten, die während der Vertragslaufzeiten anfallen.[23] Das bedeutet, dass sie geringere Ausgleichsmöglichkeiten für familienbedingte Verzögerungen oder Mehrfachbelastungen haben und diese Stellen mit einer geringeren Planbarkeit sowie finanziellen Risiken einhergehen, wenn familiäre Auszeiten in die Vertragslaufzeit fallen. Dies stellt vor allem für Frauen einen Nachteil dar, da diese mindestens für den Mutterschutz pausieren müssen und häufiger auch längere Elternzeiten nehmen. Die Situation betrifft aber natürlich auch Väter, die Elternzeit während eines Drittmittelprojekts nehmen wollen und den Vertrag dann nicht um die genommene Auszeit verlängern können. Einige Drittmittelgeber (wie z. B. die DFG) sind sich dieser Problematik bewusst und bieten bereits kostenneutrale Verlängerungen bei familienbedingten Auszeiten und sogar die zusätzliche Finanzierung von Vertretungsstellen an. Ein Großteil der Drittmittelgeber sieht jedoch bisher keinen Ausgleich für diese Zeiten vor.

Um diese Finanzierungslücke zu schließen und eine vergleichbare Planbarkeit für Drittmittelbeschäftigte mit Familienauszeiten zu schaffen, hat die Hochschulleitung der Europa-Universität Viadrina einen Fonds ins Leben gerufen, der es Beschäftigten, die nach § 2 Abs. 2 WissZeitVG befristet sind, ermöglicht, familiäre Auszeiten während der Vertragslaufzeit an diese anzuhängen. Voraussetzung für die Verlängerung sind eine Beschäftigung aus Drittmitteln, familienbedingte Auszeiten (Mutterschutz und/oder Elternzeit) während der Vertragslaufzeit sowie die Bestätigung, dass keine Vertragsverlängerung aus den jeweiligen Drittmitteln erfolgen kann. Zur Finanzierung dieser Verlängerungsoption waren zusätzliche Mittel notwendig, da eine Finanzierung aus Haushaltsmitteln nicht möglich war. Derzeit (2014–2018) wird der Fonds aus Zielvereinbarungsmitteln der Hochschule mit dem Land Brandenburg finanziert. Jährlich stehen 110.000 Euro zur Verfügung. Eine Antragstellung ist immer im laufenden Kalenderjahr mög-

---

23 Eine Befristung von akademischen Mitarbeitenden, die aus Drittmitteln finanziert sind, nach § 2 Abs. 1 WissZeitVG – was bei Vorliegen eines Qualifizierungsvorhabens rechtlich möglich wäre und wie es an anderen Universitäten praktiziert wird –, erfolgt derzeit an der Viadrina nicht, sodass die genannten Nachteile nach § 2 Abs. 2 WissZeitVG für all diese Beschäftigten entstehen.

lich für Verträge, die im kommenden Kalenderjahr auslaufen. Die Zusage erfolgt in der Reihenfolge des Eingangs. Die Entscheidung wird von der/dem zuständigen Vizepräsidentin/-präsidenten getroffen.

Die Verlängerung erfolgt in Form eines Anschlussvertrags für die Dauer der familienbedingten Auszeit, max. jedoch für zwei Jahre. Der Anschlussvertrag wird als wissenschaftliche Qualifizierungsstelle nach § 2 Abs. 1 WissZeitVG am jeweiligen Lehrstuhl vergeben und beinhaltet Zeit für die eigene Qualifizierung sowie die sonst auch übliche Lehrverpflichtung.

Ein neues Instrument der Unterstützung für wissenschaftliche Mitarbeitende bringt naturgemäß auch neue Problemstellungen mit sich, die auch zu einer Weiterentwicklung des Fonds geführt haben bzw. noch führen sollten: Zum einen ist die Finanzierung des Fonds nur für die Laufzeit der Zielvereinbarungsmittel abgesichert, eine Weiterführung nach 2018 ist ungewiss. Das Ziel einer langfristigen Planbarkeit für die Beschäftigten ist somit nicht gegeben. Da die Anschlussverträge nach § 2 Abs. 1 WissZeitVG geschlossen werden, besteht für die Mitarbeitenden zudem bei einer erneuten Schwangerschaft und Elternzeit Anspruch auf eine reguläre Vertragsverlängerung nach Gesetz, die zulasten der Haushaltsmittel der Hochschule gehen und ggf. weit über das Projektende 2018 hinausreichen. Bei einer Mischfinanzierung aus Haushaltsmitteln und Drittmitteln (z. B. ¼ Stelle Haushaltsmittel, ¼ Stelle Drittmittel) oder bei Erreichen der Höchstbefristungsgrenze können sich zudem Schwierigkeiten bei der Vertragsgestaltung ergeben. Und zu guter Letzt übernimmt die Hochschule mit diesem Angebot Aufgaben, die m. E. eigentlich aufseiten der Drittmittelgeber bzw. des Gesetzgebers gelöst werden müssten.

Auf der anderen Seite kann jedoch festgehalten werden, dass der Fonds von den Beschäftigten sehr gut angenommen wurde. Die Nachfrage ist groß, und die Praxis zeigt, dass es regelmäßig auch Anfragen von anderen wissenschaftlichen Mitarbeitenden gibt, die zwar nicht aus Drittmitteln finanziert werden, aber ähnlich prekäre Stellen haben und keine Vertragsverlängerungen für Familienzeiten bekommen können. Mithilfe des Fonds bekommen Eltern eine Kompensation für die Qualifikationszeiten, die aufgrund der Familienaufgaben nicht oder nicht in dem geplanten Umfang realisiert werden konnten. Sie können somit auch nach Auslaufen ihres Drittmittelprojekts offene Projektaufgaben, nicht fertiggestellte Publikationen und weiter gehende Forschung umsetzen und die eigene Qualifizierung, die ja häufig Teil des Drittmittelprojekts ist, voranbringen. Dies ist auch nach einem Projektende sinnvoll möglich, da die individuelle Qualifikation davon teilweise unabhängig ist.

Mit diesem Angebot gelingt es der Hochschule, eine derzeit vorhandene Lücke zu schließen und wissenschaftliche Beschäftigte mit Familienaufgaben besser abzusichern. Eine Option, allen akademischen Beschäftigten Vertragsverlängerungen für familiäre Auszeiten zu ermöglichen, wäre es, alle Verträge unabhängig von der Finanzierung nach § 2 Abs. 1 WissZeitVG zu befristen. Allerdings müsste dafür die Finanzierung in allen Fällen gesichert sein, durch Zusatzmittel der Drittmittelgeber, durch Ausgleichszahlungen des Landes oder zentrale Mittel der Hochschulen. Solange es diesbezüglich keine verbindliche Regelung gibt, stellt der Fonds ein Instrument dar, im Rahmen der vorhandenen Möglichkeiten besondere Härten bei der Vereinbarkeit von wissenschaftlicher Qualifizierung und Familie auszugleichen.

Fazit

Die vorgestellten Maßnahmen stellen noch kein umfassendes Family Budgeting dar, nehmen aber Familienverantwortung der Beschäftigten in den Blick und unterstützen gezielt wissenschaftliche Beschäftigte mit Familienaufgaben. In diesem Sinne leisten sie auch einen wichtigen Beitrag zur Gleichstellung, indem besonders Frauen, die nachweislich noch immer einen Großteil der familiären Sorgearbeit leisten, verlässlichere Bedingungen vorfinden, um sowohl wissenschaftliche Qualifizierung als auch Familienarbeit zu leben. Zugleich ermutigen die Maßnahmen auch Männer, aktiv Sorgearbeit zu übernehmen, da sie weniger Nachteile aufgrund von Auszeiten befürchten müssen, und leisten auf diesem Wege ebenfalls einen Beitrag zur Gleichstellung.

Die dargestellten Maßnahmen wirken dabei nicht nur auf der individuellen, sondern vielmehr auf der strukturellen Ebene, um Benachteiligungen für Menschen mit Familienverantwortung in der Wissenschaft zu minimieren. Sorgearbeit und Familienverantwortung werden somit ein Stück weit normaler Bestandteil einer wissenschaftlichen Karriere und führen nicht per se zu Ausschlüssen und Benachteiligung. Außerdem wird die Planbarkeit einer wissenschaftlichen Karriere erhöht (inkl. finanzieller Sicherheit für eine bestimmte Zeit), sodass die wissenschaftlichen Beschäftigten ihren vorhandenen Kinderwunsch realisieren können und diesen nicht aufgrund fehlender Planungssicherheit aufschieben.

Literatur

BMBF 2010: Kinder – Wunsch und Wirklichkeit in der Wissenschaft. Forschungsergebnisse und Konsequenzen, Bonn.
Europäische Kommission 2017: http://ec.europa.eu/justice/gender-equality/index_de.htm (20.03.2017).
Europa-Universität Viadrina 2014: https://www.europa-uni.de/de/struktur/verwaltung/dezernat_2/amtliche_bekanntmachungen/Zentrale_Ordnungen/Dienstvereinbarung_akad_-Mit_.pdf (20.03.2017).
Konsortium Bundesbericht Wissenschaftlicher Nachwuchs (BuWiN) 2017: Bundesbericht Wissenschaftlicher Nachwuchs 2017. Statistische Daten und Forschungsbefunde zu Promovierenden und Promovierten in Deutschland, Bielefeld.
Lind, Inken/Samjeske, Kathrin 2009: Forschungsprojekt: Balancierung von Wissenschaft und Elternschaft (BAWIE), Bonn.

D Wissenschaftspakte und ihre Wirkung

D Das Matthäus-Prinzip dominiert – die Verstetigung der Exzellenzinitiative

Michael Hartmann

Die Exzellenzinitiative ist nach den letzten Beschlüssen der Gemeinsamen Wissenschaftskonferenz (GWK) von Bund und Ländern endgültig als dauerhafte Einrichtung etabliert. Umso wichtiger ist es, ihre bisherigen Auswirkungen nüchtern zu analysieren. Dabei kann man anders als früher sogar auf eine offizielle Bestandsaufnahme zurückgreifen, den Bericht der sogenannten Imboden-Kommission (IEKE 2016). Sie war 2015 von der Politik mit einer Bewertung der ersten drei Runden der Initiative beauftragt worden. Da ihre Mitglieder fast durchweg erklärte Anhänger der Exzellenzinitiative waren, wiegt es umso schwerer, wie kritisch der Bericht ausgefallen ist.

Der Imboden-Bericht über Lehre, wissenschaftlichen Nachwuchs und vertikale Differenzierung

In den drei zentralen Punkten, der Qualität der Lehre, den Bedingungen für den wissenschaftlichen Nachwuchs und den Konsequenzen für die Struktur des gesamten Hochschulsystems, kommt der Bericht zu recht eindeutigen Aussagen. Was die Lehre angeht, so gelangt der Bericht zu dem Schluss, es habe sich „kaum etwas verbessert" (IEKE 2016: 25). Als negativ sei ganz im Gegenteil sogar zu bewerten, dass durch die teilweise Freistellung der in den Exzellenzclustern tätigen Professoren und Professorinnen von der Lehre die Studierenden weniger Gelegenheit hätten, „von den neuesten wissenschaftlichen Erkenntnissen zu profitieren" (IEKE 2016: 24). Weil die Reduzierung des Lehrdeputats im Durchschnitt bei 50 Prozent liegt, ist dieser Effekt deutlich spürbar. Für die Arbeitsbedingungen des wissenschaftlichen Nachwuchses kommt die Kommission zu einer ähnlichen Einschätzung. Ihr Resümee lautet: Die Situation des Nachwuchses habe sich „insgesamt nicht nennenswert verbessert, sondern die endgültige Entscheidung über eine akademische Karriere eher zu höherem Alter verschoben" (IEKE 2016: 29). Die Situation sei insofern „nicht ganz frei von Zynismus, als die Universitäten immens davon profitieren, dass sich eine große Zahl junger Menschen darauf einlässt […], die produktivsten Jahre ihres Lebens auf schlecht bezahlten und befristeten Postdoc-Stellen zu verbringen" (IEKE

2016: 26). Diese Aussage zeigt das entscheidende Problem für den wissenschaftlichen Nachwuchs auf, die immer häufigeren und immer kürzeren Befristungen der Arbeitsverträge sowie die fehlenden Dauerperspektiven.

Zu einer positiveren Bewertung gelangt die Kommission nur in einem Punkt, der universitären Differenzierung. Entgegen den jahrlangen Beteuerungen der Exzellenz-Befürworter, es ginge nicht um eine vertikale, sondern um eine funktionale Differenzierung der Universitätslandschaft, stellt die Kommission zunächst unmissverständlich klar, dass die Initiative „in ihrem Kern auf vertikale Differenzierung zur Formierung besonders forschungsstarker Universitäten" (IEKE 2016: 18) ausgerichtet sei. Dieses Ziel sei insofern erreicht worden, als „zumindest die ‚Alle sind gleich'-Illusion begraben" (IEKE 2016: 19) worden sei. Ob damit allerdings auch eine Stärkung der Forschungsqualität insgesamt einhergehe, sei aber nicht sicher zu sagen. Zwar habe es eine Zunahme von hochzitierten Publikationen an den siegreichen Universitäten und vor allem in den Exzellenzclustern gegeben, das allein sei aber nur begrenzt aussagekräftig. Erstens sei dieser Trend im Falle der Universitäten nur marginal verstärkt worden. Zweitens sei im Falle der Cluster, wo es eine deutliche Verstärkung gegeben habe, nicht zu klären, ob es sich nicht nur um eine „Bündelung bereits vorhandener Forschungskapazitäten" (IEKE 2016: 19) handele. Alles in allem ist das eine eher ernüchternde Bestandsaufnahme.

Die vertikale Differenzierung des Universitätssystems

Schon die Imboden-Kommission spielt trotz ihrer unmissverständlichen Position zur vertikalen Differenzierung des Universitätssystems durch die Exzellenzinitiative deren Folgen herunter. Noch stärker macht das die Deutsche Forschungsgemeinschaft (DFG) in ihrem letzten Förderatlas (DFG 2015). Man will seitens der Verantwortlichen immer noch das Signal aussenden, dass prinzipiell jede Hochschule eine Chance habe, wenn sie sich nur genügend anstrenge. Zwar ist dieses Signal weniger wichtig als in früheren Jahren, als es um die politische Durchsetzung der gesamten Initiative ging. Vor der Entscheidung über das weitere Vorgehen schien es aber offensichtlich politisch noch einmal opportun zu sein, die durch die Initiative tatsächlich entstandenen Unterschiede zu leugnen. So betont die DFG in ihrer Stellungnahme, dass sich im Vergleich der Förderperioden 2003 bis 2005 und 2011 bis 2013 keine Konzentration der Mittel feststellen lasse, sondern sogar im Gegenteil eine breitere Verteilung (DFG 2015: 13, 61).

Um diese Behauptung statistisch untermauern zu können, greift sie allerdings zu einem Trick. Sie wählt den Bezugszeitraum so, dass das erste Jahr der Exzellenzinitiative einbezogen wird. In diesem Jahr aber war die Konzentration besonders groß, weil nur wenige Universitäten von der ersten Runde profitiert haben. So gab es nur drei Exzellenzuniversitäten und nicht elf wie jetzt. Vergleicht man, was korrekt wäre, den Zeitraum vor Beginn der Initiative mit den Jahren von 2011 bis 2013, ergibt sich ein ganz anderes Bild. Die ersten vier im DFG-Ranking, die RWTH Aachen, die Uni Heidelberg und die beiden Münchener Universitäten, haben ihren Anteil an den DFG-Fördermitteln in diesen knapp zehn Jahren um 12 Prozent steigern können. Die Top zehn kommen immerhin noch auf einen Zuwachs um 8 Prozent. Das ist eine eindeutige Konzentration der Mittel. Noch deutlicher wird der Effekt, wenn man sich nicht die Prozentwerte, sondern die absoluten Zahlen anschaut. Da die insgesamt vergebenen DFG-Mittel zwischen diesen beiden Zeiträumen von 3,256 auf 6,746 Mrd. Euro zugenommen haben, ist der Abstand zwischen den Universitäten enorm gewachsen. Selbst wenn man nicht Gewinner und Verlierer vergleicht, sondern zwei Gewinner der Initiative, wird das sehr deutlich. Bei den beiden Universitäten, die auf den Plätzen eins und zwanzig des DFG-Rankings liegen, hat sich die Differenz in diesen knapp zehn Jahren prozentual von 100 auf 116 Prozent erhöht. Das wirkt auf den ersten Blick noch eher moderat. Absolut sieht das schon ganz anders aus. 2002 bis 2004 trennten die beiden Universitäten 64 Mio. Euro. 2011 bis 2013 waren es dann 150 Mio. (DFG 2015: 62; Hartmann 2015: 212f.). Letztlich ist es so wie bei der Zunahme von privaten Vermögen. Selbst wenn die Steigerungsraten identisch sind, werden die absoluten Unterschiede und damit das Machtgefälle immer größer.

Die Auswirkungen auf die Verteilung der Landesmittel – Gewinner und Verlierer

Von den Verfechtern der Exzellenzinitiative wird Kritikern stets entgegengehalten, dass es ja keine Verlierer gebe. Schließlich würden die Mittel zusätzlich zu den normalen Landesmitteln gewährt. Das ist leider nur die halbe Wahrheit. Drei Tatsachen werden dabei unterschlagen. Erstens haben die Drittmittel durch die Reduzierungen der staatlichen Grundmittel immens an Bedeutung gewonnen, will man Forschung betreiben. Ihr Anteil an den Einnahmen der Hochschulen ist zwischen 1995 und 2012 von 13,6 auf mehr als 29,2 Prozent gestiegen. Berücksichtigt man nur die Forschungsausgaben, hat sich das Verhältnis zwischen Grund- und Drittmitteln sogar umgekehrt. Drittmittel, zu denen auch die Gelder der Exzellenzinitiative zählen, machen inzwischen über zwei Drittel der Forschungsetats an den Hochschulen aus. Sie stellen damit mehr und mehr die Grundvoraussetzung für Forschung überhaupt dar. Zweitens müssen die Bundesländer ein Viertel der gezahlten Exzellenzmittel übernehmen. Ob sie diese Gelder dann über die Jahre auf Umwegen dem normalen Hochschuletat entziehen, kann niemand wirklich überprüfen. Frühere Erfahrungen legen es jedoch nahe.

Am wichtigsten aber ist ein dritter Effekt, der bei genauerem Hinsehen auch oberflächlich wahrnehmbar ist. Die Verteilung der Landesmittel auf die einzelnen Hochschulen erfolgt in fast allen Bundesländern mittlerweile zu einem mehr oder minder großen Teil anhand sogenannter Leistungsindikatoren. Der neben der Studierendenzahl bedeutsamste Indikator ist dabei der Umfang der eingeworbenen Drittmittel. Die Mittel aus der Exzellenzinitiative zählen ebenfalls zu diesen Drittmitteln. Eine Universität, die in der Initiative besonders erfolgreich war, bekommt dementsprechend einen größeren Batzen aus dem Landesetat. Umgekehrt wird mit dem Abzug von Landesmitteln bestraft, wer keinen Erfolg hatte. In Nordrhein-Westfalen ist dieser Abzug auf 1,5 Prozent pro Jahr beschränkt. Gäbe es diese Klausel nicht, wären frühere Gesamthochschulen wie Wuppertal inzwischen in ihrer Existenz bedroht. So müssen sie nur deutliche Kürzungen hinnehmen. Gewinner sind dagegen die Universitäten, die wie die RWTH Aachen zu Elite- oder Exzellenzuniversitäten gekürt worden sind. Sie gewinnen doppelt, in der Exzellenzinitiative und bei der Verteilung der Landesmittel.

Verstärkt wird dieser Prozess in einer Reihe von Bundesländern dann noch durch eigene Landesinitiativen zur Förderung besonders forschungsstarker Hochschulen. So hat Hessen 2008 das Programm LOEWE (Landes-Offensive zur Entwicklung Wissenschaftlich-ökonomischer Exzellenz) aufgelegt. Bis 2015 wurden in seinem Rahmen über 600 Mio. Euro vergeben. 2016 sind es weitere 64 Mio. Von den drei Förderlinien des LOEWE-Programms sind die LOEWE-Zentren am renommiertesten und mit bis zu 6 Mio. Euro auch finanziell am weitaus besten ausgestattet. Aktuell entfallen von elf LOEWE-Zentren allein acht auf Frankfurt und Darmstadt, die beiden Standorte, die auch in der Exzellenzinitiative am erfolgreichsten waren. Die anderen Standorte wie Marburg, Gießen oder Kassel liegen weit dahinter. Das berühmte Matthäus-Prinzip „Wer hat, dem wird gegeben" wirkt eben auf allen Ebenen.

Die Spaltung auf der symbolischen Ebene

Zu den materiellen Folgen der Exzellenzinitiative kommen dann noch die symbolischen. Dass die Exzellenzinitiative nicht nur, wie immer wieder betont, die schon lange bestehenden Unterschiede zwischen den deutschen Universitäten endlich sichtbar macht, sondern sie entscheidend verschärft, ja (zumindest teilweise) überhaupt erst produziert, zeigt sich auf der symbolischen Ebene besonders deutlich. Hier gibt es jetzt eine im deutschen Hochschulsystem zuvor unbekannte Differenz zwischen Elite und Masse. Was in der allgemeinen wie auch der wissenschaftlichen Öffentlichkeit auf jeden Fall von der Initiative hängen geblieben ist, das ist der inoffizielle Titel einer „Eliteuniversität". So wurden die für ihre Zukunftskonzepte in den ersten drei Runden ausgezeichneten Hochschulen in den Medien und auch im allgemeinen Sprachgebrauch sofort bezeichnet. Wer sich mit diesem Titel schmücken kann, der profitiert davon auf den verschiedensten Ebenen, von der Rekrutierung der Studierenden bis hin zum Zugang zu öffentlichen Mitteln. Auch Erfolge bei den beiden anderen Linien der Exzellenzinitiative, den Exzellenzclustern und Graduiertenschulen, wurden zumindest in der regionalen Öffentlichkeit, im Falle der prestigereicheren Exzellenzcluster in der Regel aber auch bundesweit deutlich hervorgehoben. Wer nichts zu feiern hat, ist allein dadurch schon in eine schwierige Lage geraten. Ihm haftet (mehr oder weniger stark) das Image des Verlierers an. Wissenschafts- und hochschulintern hat sich eine neue Reputationshierarchie herausgebildet.

Wie schnell sich die neue symbolische Hierarchie etabliert hat, zeigen erste Daten über die Hochschulwahl unter Studierenden. Bei denjenigen, die einen Abiturdurchschnitt von 1,2 und besser aufweisen, hat sich binnen nur drei Jahren eine gravierende Veränderung ergeben. Innerhalb dieser besonders leistungsstarken Gruppe haben die, die aus akademischen Elternhäusern kommen, bereits 2006 zu 42 Prozent an einer der neun damaligen Eliteuniversitäten studiert. Bis 2009 ist der Anteil auf 50 Prozent gestiegen. Gleichzeitig ist er bei denjenigen, die nicht aus Akademikerfamilien stammen, von 33 auf 30 Prozent zurückgegangen. Die soziale Differenz innerhalb dieser kleinen Gruppe besonders „guter" Abiturientinnen und Abiturienten hat sich mehr als verdoppelt (Stiftung Neue Verantwortung 2011). Das zeigt, welche Konsequenzen bei der sozialen Rekrutierung der Studierenden zu erwarten sind. Über die nächsten Jahre und Jahrzehnte wird sich das aus anderen Ländern mit Eliteuniversitäten bekannte Muster sozialer Exklusivität zumindest in Teilen durchsetzen, auch wenn die Größe der deutschen Eliteuniversitäten und das vorläufige

Ende der Studiengebühren der sozialen Selektion hierzulande einen gewissen Riegel vorschieben.

Großbritannien als Menetekel für die Zukunft

Wohin die Reise gehen könnte, sollte es nicht zu spürbaren Korrekturen dieser Entwicklung kommen, lässt sich in England beobachten. Dort existiert ein landesweiter Wettbewerb um die öffentlichen Forschungsmittel bereits seit 1985. Damals wurde ein neues Finanzierungsmodell für die Hochschulen eingeführt. Es sah vor, dass alle öffentlichen Forschungsmittel entsprechend dem Abschneiden bei der in regelmäßigen Abständen durchgeführten „Research Assessment Exercise" (RAE) verteilt werden, einer Bewertung der Forschungsleistungen jedes Hochschuldepartments und jeder einzelnen Forschungseinheit anhand einer fünfstufigen Skala von „weltweit führend" bis „unter dem nationalen Standard". Das Ergebnis war eine enorme Konzentration der Forschungsmittel. Über ein Viertel ging 2001 allein an Oxford, Cambridge und die zwei renommierten Londoner Universitäten Imperial College und University College. Daran hat auch das (nach heftigen Protesten vieler Hochschulen) 2009 modifizierte Verfahren und das seit 2014 gültige neue Verfahren REF (Research Excellence Framework) nichts geändert. Ganz im Gegenteil. Cambridge, Oxford, Imperial und University College vereinigten 2009 schon 27 Prozent und 2015 sogar über 31 Prozent der gesamten öffentlichen Forschungsmittel von gut 1,6 Mrd. Pfund Sterling auf sich (Hartmann 2015: 224; Times Higher Education 2016).

Die Folgen sind klar. Die Hochschulen, die in der Forschung nicht deutlich über dem nationalen Durchschnitt liegen, müssen ihr Geld in erster Linie durch eine entsprechend hohe Studierendenzahl und deren Studiengebühren von ca. 9.000 Pfund Sterling pro Person und Jahr hereinholen. Die Studiengebühren machen mittlerweile 44 Prozent der Hochschuletats der englischen Universitäten aus. Die von der öffentlichen Hand für die Lehre zur Verfügung gestellten Gelder haben nach den umfangreichen Kürzungen der letzten konservativen Regierungen dagegen nur noch einen Anteil von 10 Prozent am Gesamtetat, deutlich weniger als die öffentlichen Forschungsmittel, die es immerhin noch auf 16 Prozent bringen. Diese Regelungen führen auf Dauer zu einem Teufelskreis. Wer beim REF schlecht abschneidet, erhält wenig Forschungsgelder, muss dementsprechend mehr Studierende ausbilden, kann aufgrund der daraus resultierenden Lehrverpflichtungen die Forschung nicht stärken, sondern wird eher weiter an Boden verlieren etc. pp.

Was kann man politisch noch tun?

Zunächst muss man nüchtern feststellen, dass die Exzellenzinitiative durch die jüngsten Beschlüsse der GWK auf absehbare Zeit unumkehrbar geworden ist und durch den direkten Einstieg des Bundes in die Finanzierung der Siegeruniversitäten sogar an Gewicht und Stetigkeit gewonnen hat. Es spricht einiges dafür, dass am Ende sogar drei oder vier Bundesuniversitäten nach dem Muster der ETH Zürich stehen könnten. Die Vorstellung der Imboden-Kommission und auch der ursprüngliche Plan der GWK wiesen deutlich in diese Richtung. Zwar hat Hamburg dem durch seinen Widerstand gegen die vorgesehene Begünstigung schon existierender Exzellenzuniversitäten – sie sollten ohne Wettbewerb automatisch weiter gefördert werden, wenn sie ihre zwei Exzellenzcluster behaupten können – einen zumindest zeitweiligen Riegel vorgeschoben. Es ist aber unklar, wie lange der dann auch halten wird.

Was mir derzeit am aussichtsreichsten erscheint, ist eine politische Auseinandersetzung über die Leistungsbudgets bei den Landesmitteln. Zwar trifft diese Frage nicht alle Universitäten, da es im Osten auch Bundesländer gibt, deren Universitäten in der Exzellenzinitiative überhaupt nichts gewonnen haben, das sind aber Ausnahmen. In den meisten Ländern spielt die Initiative für die Budgets eine große Rolle. Auf Landesebene kann man politisch leichter den erforderlichen Druck aufbauen. Man kann die bisher gültigen Kriterien für Leistung infrage stellen und andere Kriterien stärker gewichten. Einen ersten Schritt in diese Richtung hat man in Nordrhein-Westfalen gemacht, dem früheren Vorreiter bei der leistungsorientierten Mittelvergabe. Seit 2015 werden die unterschiedlichen Ausgangsbedingungen der Hochschulen berücksichtigt. Das bedeutet, dass die viel schlechtere Grundausstattung vor allem der früheren Gesamthochschulen wie Wuppertal, Paderborn oder Siegen verglichen mit den klassischen Universitäten in Aachen, Köln oder Münster in die Berechnungen zumindest zum Teil einbezogen wird. Das hat schon zu deutlichen Verschiebungen in der Mittelvergabe zugunsten der bisherigen Verlierer geführt. Würde man anderen Kriterien wie die Aufnahme von Studierenden aus Familien ohne Erfahrungen mit höherer Bildung oder die Bedeutung für die jeweilige Region gegenüber der reinen Forschungsleistung stärker gewichten, hätte das noch stärkere Effekte.

Mit einer Debatte über die Leistungskriterien könnte man zudem eine weitere Diskussion anstoßen: die über die Maßstäbe für Forschungsqualität. Derzeit spielt der Umfang der eingeworbenen Drittmittel hier die eindeutig dominierende Rolle, wenn er nicht sogar das einzige Kriterium darstellt. Die Erfolgsaussichten für Drittmittel sind aber stets am größten, wenn man sich mit seinen Anträgen im breiten Mainstream der Forschung bewegt. Wirklich innovativ kann Forschung jedoch nur sein, wenn sie diesen Mainstream verlässt. Die Empfehlung des aktuellen Nobelpreisträgers für Medizin, des Japaners Yoshinori Ohsumi, für Nachwuchswissenschaftlerinnen und Nachwuchswissenschaftler, die von diesem Preis träumen, fällt dementsprechend aus. Sie sollten etwas machen, was kein anderer macht. Anhand von Drittmitteln lässt sich solche Forschung aber kaum oder überhaupt nicht bewerten.

Literatur

Deutsche Forschungsgemeinschaft (DFG) 2015: Förderatlas 2015, Bonn.
Hartmann, Michael 2015: Die Exzellenzinitiative und die Hierarchisierung des deutschen Hochschulsystems, in: Müller, Hans-Peter/Reitz, Tilman (Hg.): Bildung und Klassenbildung. Weinheim, 208–230.
Internationale Expertenkommission zur Evaluation der Exzellenzinitiative (IEKE) 2016: Endbericht, Berlin.
Stiftung Neue Verantwortung 2011: Wege aus der Exzellenzfalle, in: Policy Brief (4/2011).
Times Higher Education 2016: https://www.timeshighereducation.co.uk/sites/default/files/Attachments/2015/03/25/j/x/v/total-funding-for-english-higher-education-institutions-2015–2016.pdf (22.12.2016).

D Immer mehr Studierende?

Erfahrungen und Perspektiven des Hochschulpakts

Mareike Strauß

„Akademisierungwahn", „Studentenflut", „Akademikerschwemme" – die Debatte der letzten Jahre hatte viele dämonisierende Worte für die steigende Zahl an Studierenden in Deutschland. Bekanntester Akteur in dieser Debatte ist wohl der Münchner Philosophie-Professor Julian Nida-Rümelin. Dem gegenüber steht der Ruf nach mehr Akademikerinnen und Akademikern, denn die Zukunft brauche gut ausgebildete und hoch spezialisierte Fachleute. Fakt ist: Die Zahl der Studienberechtigten und auch der Studienanfängerinnen und -anfänger steigt stetig, immer mehr junge Menschen haben die Möglichkeit auf ein Studium.

Die Organisation für wirtschaftliche Zusammenarbeit und Entwicklung (OECD) veröffentlicht alle zwei Jahre ihre Studie „Bildung auf einen Blick" und wird nicht müde zu bemängeln, dass die Quote der Akademikerinnen und Akademiker in Deutschland verglichen mit anderen OECD-Staaten zu gering sei. Die Darstellung der OECD wird regelmäßig und von unterschiedlichen politischen und gesellschaftlichen Akteurinnen und Akteuren kritisiert, unter anderem, weil sie die duale Ausbildung als Besonderheit des deutschen Ausbildungssystems nicht angemessen berücksichtige.

Das sagt auch Prof. Julian Nida-Rümelin, der nach einem aufsehenerregenden FAZ-Interview 2013 ein Buch geschrieben hat, in dem er vor einer „Bildungskatastrophe" warnt (Nida-Rümelin/Zierer 2015). Denn er fürchte einen Qualitätsverlust an den Hochschulen, der nicht nur entstehe, wenn die Hochschule für alle offenstehe, auch wenn ihre Fähigkeiten dafür nicht ausreichten. Sondern er entstehe auch dadurch, dass als Reaktion darauf verschulte, verkürzte Studiengänge entstanden sind und weiter entstehen würden, die dem Anspruch an akademische Bildung nicht mehr gerecht würden. Großes Problem von Ländern mit hoher Quote an Akademikerinnen und Akademikern wie Großbritannien und Finnland sei darüber hinaus eine hohe Jugendarbeitslosigkeit, so schreibt er weiter. Es sei eine Errungenschaft des deutschen dualen Systems, Fachleute unterhalb des Hochschulstudiums auszubilden und auch sie für einen Arbeitsmarkt der Zukunft vorzubereiten

– denn gebraucht würden nicht nur Akademikerinnen und Akademiker, sondern vor allem auch Facharbeiterinnen und Facharbeiter.

Fest steht jedoch: Trotz stetig steigender Studierendenzahlen ist das deutsche Bildungssystem noch immer sozial selektiv. Laut 20. Sozialerhebung des Deutschen Studentenwerks aus dem Jahr 2013 hängen Bildungschancen stark vom Bildungsabschluss der Eltern ab. Von 100 Kindern von Arbeiterinnen und Arbeitern studieren nur 23, von 100 Kindern von Eltern mit Hochschulabschluss fast 77 (Middendorff et al. 2013). Daraus zementiert sich soziale Ungleichheit in einer Gesellschaft, denn wir wissen auch: Akademikerinnen und Akademiker sind seltener arbeitslos und haben mehr Chancen auf ein höheres Einkommen als Menschen, die eine duale Ausbildung absolviert haben. Statistisch gesehen verdient eine Akademikerin bzw. ein Akademiker in ihrem/seinem Erwerbsleben rund doppelt so viel wie eine Person mit einem nicht akademischen Berufsabschluss. Es ist daher nachvollziehbar, dass das Studium noch immer als höchstes Bildungsziel angestrebt wird, denn es verspricht individuell die besten Chancen. Und nicht nur der individuelle Nutzen, auch der gesamtgesellschaftliche und der volkswirtschaftliche Nutzen ist bekannt und nachweisbar.

Im Wintersemester 2015/2016 studieren so viele wie noch nie zuvor

Die Nachfrage nach einem Studium ist in den letzten Jahren kontinuierlich angestiegen. Im Jahr 2003 überstieg die Zahl der Studierenden in Deutschland erstmals die Zwei-Millionen-Marke, im Wintersemester 2015/2016 meldete das Statistische Bundesamt 2,76 Mio. eingeschriebene Studierende (Statistisches Bundesamt 2016).

Es war das Jahr 2005, als eine Prognose der Kultusministerkonferenz (KMK) über einen nahenden starken Anstieg der Studienanfängerinnen und -anfänger in den kommenden Jahren der hochschulpolitischen Landschaft Sorgenfalten auf die Stirn trieb. Geburtenstarke Jahrgänge, „doppelte Abiturjahrgänge" und eine zunehmende Studierneigung sollten die Zahl der Studierenden bis zum Jahr 2012 auf bis zu 2,75 Mio. Studierende[24] ansteigen lassen, bevor ab 2015 die Studierendenzahlen erstmals

---

24   Bei angenommener Übergangsquote von 85 % der Studienberechtigten an eine Hochschule. Bei einer angenommenen Übergangsquote von 75 % waren für 2012 2,43 Mio. Studierende prognostiziert.

wieder sinken sollten (KMK 2005). Insbesondere die überraschend hohe Zahl der Studienanfängerinnen und Studienanfänger bis 2012 war dabei ausschlaggebend, denn sie würde dafür sorgen, dass die Zahl der Studierenden insgesamt auch Jahre danach (bis 2020) weiter auf hohem Niveau verbleiben würde.

Als Antwort von Bund und Ländern, die Hochschulen bei der Bewältigung des prognostizierten Anstiegs der Studierendenzahlen zu unterstützen und sicherzustellen, dass mehr Studienberechtigte auch die Chance auf einen Studienplatz bekämen, folgte 2007 die erste Phase des Hochschulpakts 2020.

Im Vereinbarungstext zur ersten Phase findet sich die Zielsetzung von Bund und Ländern bei der Einrichtung dieses Instruments: „Ziel des Hochschulpaktes 2020 ist es, die Chancen der jungen Generation zur Aufnahme eines Studiums zu wahren, den notwendigen wissenschaftlichen Nachwuchs zu sichern und die Innovationskraft in Deutschland zu erhöhen. Auf diese Weise wollen Bund und Länder dem wachsenden Fachkräftebedarf auf dem Arbeitsmarkt und der durch die demografische Entwicklung und durch doppelte Abiturjahrgänge steigenden Zahl von Studienberechtigten Rechnung tragen sowie die Forschung insbesondere an Hochschulen weiter stärken. Dazu soll in den Jahren 2007–2010 einer steigenden Zahl von Studienberechtigten ein qualitativ hochwertiges Hochschulstudium ermöglicht werden" (GWK 2007: 1).

Insgesamt 91.000 zusätzliche Studienanfängerinnen und -anfänger sollten gegenüber dem Referenzjahr 2005 bis 2010 ein Studium aufnehmen können. Dafür stellte der Bund 566 Mio. Euro zur Verfügung, die Länder sicherten die Gesamtfinanzierung durch eine Kofinanzierung in Höhe von 50 % zu. Pro zusätzliche Studienanfängerin bzw. zusätzlichen Studienanfänger wurden 5.500 Euro/Jahr veranschlagt, die zu 50 % vom Bund finanziert werden. Sonderregeln gab es für die ostdeutschen Flächenländer Brandenburg, Mecklenburg-Vorpommern, Sachsen, Sachsen-Anhalt und Thüringen sowie die Stadtstaaten Berlin, Bremen und Hamburg, die ihr Studienplatzangebot auf dem Niveau von 2005 halten sollten (GWK 2007).

Beachtenswert ist an dieser Stelle, dass diese Bund-Länder-Vereinbarung noch auf Grundlage des dann 2014 geänderten Art. 91b Grundgesetz geschlossen wurde, sodass grundsätzlich nur eine befristete Vereinbarung möglich war.

Vor einer „Untertunnelung des Studierendenbergs" wurde gewarnt

Jedoch gab es von Beginn an die Befürchtung, dass es Bund und Ländern an dieser Stelle nicht darum ging, langfristig die Studienkapazitäten zu erhöhen und die Qualität des Studiums zu verbessern oder mindestens zu erhalten, sondern darum, kurzzeitig das Phänomen der hohen Zahl an Studienanfängerinnen und Studienanfängern zu „überbrücken", bis sich die Studierendenzahlen auf einem niedrigeren Niveau einpendeln würden. Hoffnung war, dass sich ab 2020 die geringeren Geburtenraten der frühen 1990er bemerkbar machten.

Seit Bekanntwerden der Prognose war an die Hochschulpolitik der späten 1970er-Jahre erinnert worden, als für die 1980er-Jahre geburtenstarke Jahrgänge auf die Hochschulen zukamen und die Ministerpräsidentinnen und Ministerpräsidenten der Länder die Hochschulen zwar öffneten, aber keine zusätzlichen finanziellen Mittel zur Verfügung stellten. Man wollte keine zusätzlichen Kapazitäten schaffen, da bereits abzusehen war, dass die Zahl der Studienanfängerinnen und Studienanfänger in den 1990er-Jahren wieder sinken würde. Die Folgen waren Unterfinanzierung, Überlastung der Hochschulen, lange Studienzeiten und hohe Abbruchquoten. Die Qualität des Studiums litt deutlich unter den fehlenden Kapazitäten. Als „Untertunnelung eines Studierendenbergs" wurde dieser Beschluss bezeichnet. Doch die Hoffnung der Ministerpräsidentinnen und Ministerpräsidenten, die Nachfrage nach Studienplätzen würde in den 1990er-Jahren sinken, stellte sich als falsch heraus. Die Studierneigung war insgesamt gestiegen, die Studierendenzahlen blieben auf hohem Niveau.

Solch ein Szenario sollte sich nun nicht noch einmal wiederholen und der Hochschulpakt daher entsprechende finanzielle Mittel an die Hochschulen bringen.

Jedoch gab es von Anfang an Kritik an der 2007 getroffenen Vereinbarung, die veranschlagten 5.500 Euro pro Jahr und zusätzliche Studienanfängerin/zusätzlichen Studienanfänger seien zu gering. Zudem schafften sie Anreize, zusätzliche Studienplätze insbesondere in den Fächern einzurichten, die vergleichsweise weniger kosteten als beispielsweise Studienplätze in Medizin und Naturwissenschaften. Auch wurde kritisiert, dass die zweite Säule des Hochschulpaktes, die sogenannte Programmpauschalen („Overhead-Kosten") für DFG-geförderte Forschungsprojekte vorsah, mit 700 Mio. Euro bis 2010 finanziell stärker ausgestattet sei als das Programm zur Schaffung zusätzlicher Studienplatzkapazitäten. Befürchtungen gab es darüber hinaus, dass die Länder ihrer Verpflichtung der hälftigen Gegenfinanzierung nicht nachkommen und keine zusätzlichen Mittel bereitstellen würden. Das Deutsche Studentenwerk bemängelte damals bereits, dass die soziale Infrastruktur wie Wohnheime und Mensen, aber auch Beratungsangebote nicht an die steigenden Studierendenzahlen angepasst wurden. Hierfür wären zusätzliche Mittel von Bund und Ländern nötig (DSW 2006).

Die Bund-Länder-Vereinbarung legte über die Zahl der zusätzlichen Studienanfängerinnen und -anfänger auch inhaltliche Schwerpunkte fest, die beim Ausbau der Studienplatzkapazitäten an den Hochschulen ebenfalls verfolgt werden sollten. So sollte der Anteil der Plätze für Studienanfängerinnen und -anfänger an Fachhochschulen erhöht werden, ebenso der Anteil von Frauen bei der Besetzung von Professuren und weiteren Stellen an Hochschulen. Ein Berichtswesen wurde etabliert: Die Länder berichteten jährlich über die Durchführung des Programms, insbesondere zur Verwendung der Mittel und zur Bereitstellung von Landesmitteln sowie zur Verteilung auf die Fächergruppen.

Auf die erste Phase des Hochschulpakts von 2007 bis 2011 folgten zwei weitere Phasen 2011 bis 2015 und 2015 bis 2020. Im Hochschulpakt II vereinbarten Bund und Länder 2009, 275.000 zusätzlichen Studienanfängerinnen und Studienanfängern gegenüber dem Referenzjahr 2005 ein Studium zu ermöglichen. Dafür stellte der Bund diesmal 3,2 Mrd. Euro bereit, die Länder sicherten wieder die Gesamtfinanzierung durch eine Kofinanzierung in Höhe von 50 % zu. Die Pauschale pro zusätzliche Studienanfängerin/zusätzlichen Studienanfänger wurde gegenüber dem Hochschulpakt I auf 26.000 Euro erhöht.

Der Hochschulpakt II wurde in den Folgejahren mehrfach aufgestockt. 2011 auf die Finanzierung von bis zu 305.000 zusätzlichen Studienanfängerinnen bzw. Studienanfängern aufgrund der Aussetzung der Wehrpflicht. Zudem wurden die 2009 von der KMK prognostizierten Zahlen, auf Grundlage derer der Hochschulpakt II entstanden war, mehrfach von der Realität übertroffen. Im Jahr 2012 legte die KMK eine neue Prognose vor, die voraussagte, dass die hohe Zahl an Studienanfängerinnen und Studienanfängern noch weit über den zunächst angenommenen Zeitraum (von einem Absinken ab 2015 war man ursprünglich ausgegangen) hinaus bis 2021 auf hohem Niveau bleiben werde. Mit einer neuen Vereinbarung in 2013 wurde die Zahl der von Bund und Ländern zu finanzierenden zusätzlichen Studienanfängerinnen und -anfänger auf 625.000 aufgestockt, der Bund stellte hierfür noch einmal 2,2 Mrd. Euro bereit. Und auch das sollte nicht ausreichen. Bund und Länder stockten daher 2014 im Rahmen des Hochschulpakts III noch einmal auf 710.000 zusätzliche Studienanfängerinnen und -anfänger bis 2015 auf. Laut Hochschulrektorenkonferenz war mit diesen 710.000 zusätzlichen Plätzen der tatsächliche Bedarf aber noch immer nicht erreicht, denn die Hochschulen hätten in den Jahren 2011–2015 10.000 zusätzliche Studienanfängerinnen und -anfänger mehr als im Hochschulpakt II vereinbart aufgenommen, also insgesamt 720.000 (HRK 2017).

Daneben wurde in der Bund-Länder-Vereinbarung zum Hochschulpakt II auch der Katalog der Schwerpunkte, die von den Ländern bei der Umsetzung des Hochschulpaktes gesetzt werden sollten, gegenüber dem Hochschulpakt I geändert: Neben der Steigerung des Anteils der Studienanfängerinnen und -anfänger an Fachhochschulen sollte auch der Anteil der Studienanfängerinnen und -anfänger in den MINT-Fächern (Mathematik, Informatik, Naturwissenschaften und Technik) gesteigert werden. Des Weiteren soll ein „qualitativ hochwertiges Studium" ermöglicht und auch weiterhin der Anteil von Frauen bei der Besetzung von Professuren und anderen Stellen erhöht werden (GWK 2009).

Die dritte und letzte Phase des Hochschulpaktes wurde 2014 zwischen Bund und Ländern vereinbart und sieht die Finanzierung von 675.000 zusätzlichen Studienanfängerinnen und -anfängern bis 2020 gegenüber dem Referenzjahr 2015 vor. Der Bund stellte hierfür 10 Mrd. Euro bereit, die Länder sicherten wieder die Gesamtfinanzierung durch eine Kofinanzierung in Höhe von 50 % zu. Die Pauschale pro zusätzliche Studienanfängerin/zusätzlichen Studienanfänger wurde wie auch schon im Hochschulpakt II auf 26.000 Euro festgelegt. Im Hochschulpakt III wurde darüber hinaus eine neue Komponente aufgenommen: 10 % der Bundesmittel sollen von den Ländern für zielgerichtete Maßnahmen eingesetzt werden, die mehr Studierende zu einem erfolgreichen Abschluss führen. Damit soll dem hohen Studienabbruch begegnet werden.

Was hat der Hochschulpakt gebracht?

Es wurde bereits ausgeführt, dass mit dem Hochschulpakt neben der Aufnahme zusätzlicher Studienanfängerinnen und -anfänger an Hochschulen auch inhaltliche Schwerpunkte verfolgt wurden, die auch in den jährlichen Umsetzungsberichten entsprechend ausgewiesen und nachvollzogen werden. Grundlage der nachfolgenden Betrachtung von Effekten ist der Umsetzungsbericht für das Jahr 2014, der 2016 erschienen ist (GWK 2016). Zudem wurde im 2014 geschlossenen Hochschulpakt III vereinbart, dass 10 % der Bundesmittel für Maßnahmen zur Steigerung des erfolgreichen

Studienabschlusses aufgewendet werden sollten – hierzu liegen allerdings noch keine Berichte vor, sodass eine Bewertung dieses Effekts nicht vorgenommen werden kann.

Die Entwicklung der Studienanfängerinnen- und Studienanfängerzahlen verzeichnet gegenüber dem Referenzjahr 2005 eine deutliche Steigerung: Während im Jahr 2005 rund 360.000 Menschen ein Studium begannen, waren es 2014 505.000. Das entspricht einer Steigerung von fast 40%. Seit Beginn des Hochschulpaktes 2007 haben sich bis 2014 mehr als 763.000 zusätzliche Studienanfängerinnen und -anfänger an einer Hochschule eingeschrieben. Die tatsächliche Steigerung liegt demnach noch immer über den im Hochschulpakt zwischen Bund und Ländern vereinbarten zusätzlichen Kapazitäten.

Festzustellen ist auch, dass sich die Quote von Studienanfängerinnen und Studienanfängern gemessen am Altersjahrgang von 2005 bis 2014 deutlich erhöht hat: Von 37,1% in 2005 auf 58,3% in 2014. Mehr als die Hälfte eines Altersjahrgangs nimmt also inzwischen ein Studium auf. Hier wird deutlich, dass die steigende Nachfrage nach Studienplätzen nicht allein ein Phänomen von geburtenstarken Jahrgängen ist, sondern einen Kulturwandel beschreibt. Immer mehr junge Menschen erreichen eine Hochschulzugangsberechtigung und immer mehr entscheiden sich für ein Studium. Die Öffnung der Hochschulen für beruflich Qualifizierte und ein Anstieg ausländischer Studierender an den Hochschulen verstärken diesen Effekt (GWK 2016).

Zu den inhaltlichen Schwerpunkten des Hochschulpaktes zeigt sich im Umsetzungsbericht für 2014 folgendes Bild:

Steigerung des Anteils von Studienanfängerinnen und Studienanfängern an Fachhochschulen

Wie bereits beschrieben ist die Zahl der jährlichen Studienanfängerinnen und -anfänger an den Hochschulen insgesamt von 360.000 in 2005 auf 505.000 in 2014 (d. h. um fast 40%) angestiegen. Dabei lässt sich ein deutlicher Unterschied bei den Hochschultypen beobachten: An Universitäten ist zwischen 2005 und 2014 die Zahl der Studienanfängerinnen und -anfänger nur um 23% angestiegen, dagegen an Fachhochschulen um fast 70%. Es lässt sich also feststellen, dass die Steigerung der Zahl der Studienanfängerinnen und -anfänger insbesondere an Fachhochschulen spürbar ist. Auch in absoluten Zahlen zeigt sich, dass Fachhochschulen zwischen 2005 und 2014 mit einem Plus von 86.000 deutlich mehr zusätzliche Studienanfängerinnen und Studienanfänger aufgenommen haben als Universitäten mit einem Plus von 56.000.

Einstellung zusätzlichen Personals

Im Bereich des hauptberuflichen wissenschaftlichen und künstlerischen Personals ist von 2005 (113.000 Vollzeitäquivalente [VZÄ]) bis 2014 (138.000 VZÄ) ein Anstieg von 21,3 % zu verzeichnen. Damit liegt diese Zahl deutlich unter dem Anstieg der Studienanfängerinnen und -anfänger. Stark gestiegen ist hingegen die Zahl der Lehrbeauftragten, von 2005 (11.000) bis 2014 (19.000) um 71,5 %. Dagegen ist die Zahl der Professorinnen und Professoren ähnlich wie die Zahl des hauptberuflichen wissenschaftlichen und künstlerischen Personals nur um 21 % gestiegen (46.000 in 2014).

Hier zeigt sich eine Schwäche des Hochschulpaktes: Statt langfristig und nachhaltig die Strukturen für ein qualitativ hochwertiges Studium für deutlich mehr Studierende als noch 2005 zu sichern, wird auf kurzfristige Lösungen wie die Beauftragung von (meist prekär beschäftigten) Lehrbeauftragten zurückgegriffen. So beschreiben die Länder in ihren Umsetzungsberichten immer wieder, dass das zusätzliche Personal nur befristet eingestellt werde, da auch die Laufzeit des Hochschulpaktes befristet ist und Planbarkeit fehlt, Stellen langfristig und unbefristet zu besetzen. Es ist nicht von der Hand zu weisen, dass die Ausgestaltung des Hochschulpaktes auch seinen Anteil an der hohen Zahl der befristeten Verträge in der Wissenschaft hat.

Erhöhung des Frauenanteils bei der Besetzung von Professuren und weiteren Stellen

Im Bereich der Professuren lag im Jahr 2005 der Frauenanteil bei 14 %, im Jahr 2014 bei 22 %. In absoluten Zahlen waren 2005 5.412 Professorinnen an Hochschulen beschäftigt, 2014 dann 10.062. Das entspricht annähernd einer Verdopplung der absoluten Zahl der Professorinnen. Im Bereich des wissenschaftlichen und künstlerischen Personals an Hochschulen kann zwischen 2005 und 2014 ebenfalls eine Steigerung des Anteils von Frauen beobachtet werden, von 26 % (2005) auf 34 % (2014). Ein Effekt ist also durchaus nachweisbar, der Frauenanteil wurde gesteigert. Fraglich ist in diesem Zusammenhang, welchen Anteil speziell der Hochschulpakt an dieser Entwicklung hatte und inwieweit nicht andere Maßnahmen wie bspw. das Professorinnenprogramm von Bund und Ländern darauf wirkten.

Steigerung des Anteils von Studienanfängerinnen und -anfängern in den MINT-Fächern

Im Bericht zur Umsetzung des Hochschulpakts für das Jahr 2014 zeigt sich, dass in den MINT-Fächern der Anteil an den Studienanfängerinnen und Studienanfängern gehalten, sogar leicht von 37 % auf 38 % gesteigert werden konnte. Somit stieg die Zahl der Studienanfängerinnen und -anfänger in diesen Fächern proportional zu den Studienanfängerinnen und -anfängern insgesamt, eine Steigerung relativ zu anderen Fächern wurde nicht erreicht. Vor dem Hintergrund dessen, dass die Pauschale von Bund und Ländern für die zusätzlichen Studienanfängerinnen und -anfänger nicht nach Fächern differenziert wurde und daher auch für durchschnittlich teurere Studiengänge, wie sie in den MINT-Fächern üblich sind, keine zusätzlichen Mittel zur Verfügung standen, ist dieses Halten des Anteils an den Studienanfängerinnen und -anfängern jedoch beachtlich. Denn durch die feste Pauschale hätten Hochschulen durchaus einen Anreiz, Kapazitäten vornehmlich in günstigen Studienfächern zu schaffen.

Wie geht es weiter?

Der Hochschulpakt 2020 wird nach einer Auslauffinanzierung bis 2023 enden. Bislang ist nicht absehbar, ob und in welcher Form Bund und Länder eine gemeinsame Förderung zum Erhalt von Studienkapazitäten oder zur Steigerung der Qualität des Studiums zukünftig ausgestalten wollen. Anzuerkennen ist: Bund und Länder haben nach 2005 die steigende Zahl an Studienanfängerinnen und -anfängern als Chance begriffen und enorme Anstrengungen unternommen, zusätzliche finanzielle Mittel an die Hochschulen zu bringen, um der erhöhten Nachfrage auch ein höheres Studienplatzangebot entgegensetzen zu können.

Wichtig ist daher, dass Bund und Länder in ihren Anstrengungen nicht nachlassen. Auch nach 2020 müssen Mittel mindestens in der Höhe des Hochschulpaktes auch weiterhin zur Verfügung stehen, um die Qualität des Studiums zu erhalten. Für Qualitätsverbesserungen wären weitere Ressourcen nötig.

Durch den 2014 geänderten Art. 91b Grundgesetz wäre es zukünftig möglich, dass der Bund die Länder dauerhaft unterstützt – die dauerhafte Zusage von Mitteln würde den Hochschulen Planungssicherheit geben und ihnen ermöglichen, das Studienangebot langfristig auf hohem Niveau zu halten. Damit würde das richtige Signal in die Gesellschaft gesendet: Dauerhaft soll die hohe Zahl an Studierenden gehalten werden, denn akademische Bildung ist kein Privileg für wenige, sondern soll vielen offenstehen. Eine dauerhafte Förderung und damit Planungssicherheit für die Hochschulen würde zudem einen Grundstein für bessere Beschäftigungsverhältnisse im Wissenschaftsbereich legen. Entfristungen und langfristige Karriereperspektiven insbesondere im Bereich der Lehre würden ermöglicht. Entscheidende Weichenstellungen sollten daher schon frühzeitig vor Auslaufen des Hochschulpaktes im Jahr 2020 erfolgen. Hochschulen, Beschäftigte und Studierende brauchen frühzeitig Klarheit darüber, ob und in welcher Form die im Hochschulpakt bestehenden Mittel auch über 2020 hinaus zur Verfügung stehen.

Darüber hinaus bleiben viele Herausforderungen, auf die Bund und Länder in den nächsten Jahren reagieren müssen. Aktuelle Prognosen zeigen, dass die Zahl der Studienanfängerinnen und -anfänger weit in die 2020er-Jahre hinein auf hohem Niveau von deutlich über 450.000 pro Jahr bleiben wird (KMK 2014) – und die Erfahrungen der letzten Jahre haben gezeigt, dass diese Prognosen vielfach übertroffen wurden. Zudem gibt es einen hohen Bedarf an Sanierungen und Modernisierungen im Bereich der Hochschulen, der erst kürzlich von der KMK bis zum Jahr 2025 auf 35 Mrd. Euro beziffert wurde (KMK 2016). Auch das Thema der sozialen Infrastrukturen wie Wohnheime, Beratungs- und Unterstützungsangebote wurde bislang nicht von Bund und Ländern gemeinsam angegangen.

Zusätzlich ergeben sich nicht zuletzt aus der Öffnung der Hochschulen auch Herausforderungen in Bezug auf die Qualität des Studiums. Denn eine heterogene Studierendenschaft verlangt auch nach Qualitätsverbesserungen in der Lehre, nach mehr individueller Beratung und Unterstützung, nach mehr Differenzierung und nach Begleitung insbesondere im Bereich der Studieneingangsphase. Eine Weiterentwicklung der Förderung von Bund und Ländern und eine Aufstockung der Mittel ist nötig, damit nachhaltig die Qualität des Studiums gesteigert wird und damit Hochschulen tatsächlich zu Orten der gleichen Zugangschancen, zu Orten der Inklusion, Integration und des lebenslangen Lernens werden können.

Literatur

Deutsches Studentenwerk (DSW) 2006: Im Hochschulpakt fehlen Mittel für die soziale Infrastruktur!, Pressemitteilung vom 14.06.2006, https://idw-online.de/de/news213776 (18.03.2017).
Gemeinsame Wissenschaftskonferenz (GWK) 2007: Verwaltungsvereinbarung zwischen Bund und Ländern über den Hochschulpakt 2020, http://www.gwk-bonn.de/fileadmin/Papers/hochschulpakt-sept-2007.pdf (18.03.2017).

Gemeinsame Wissenschaftskonferenz (GWK) 2009: Verwaltungsvereinbarung zwischen Bund und Ländern über den Hochschulpakt 2020 (zweite Programmphase), http://www.gwk-bonn. de/fileadmin/Papers/Verwaltungsvereinbarung_Hochschulpakt-2009.pdf (18.03.2017).

Gemeinsame Wissenschaftskonferenz (GWK) 2016: Hochschulpakt 2020. Bericht zur Umsetzung im Jahr 2014, Materialien der GWK (48).

Hochschulrektorenkonferenz (HRK) 2017: https://www.hrk.de/themen/studium/hochschulpakt/ (17.03.2017).

Kultusministerkonferenz (KMK) 2005: Prognose der Studienanfänger, Studierenden und Hochschulabsolventen bis 2020, Dokumentation Nr. 176.

Kultusministerkonferenz (KMK) 2014: Vorausberechnung der Studienanfängerzahlen 2014–2015, Dokumentation Nr. 205.

Kultusministerkonferenz (KMK) 2016: Solide Bauten für leistungsfähige Hochschulen. Wege zum Abbau des Sanierungs- und Modernisierungsstaus im Hochschulbereich, Beschluss der KMK vom 11.02.2016, https://www.kmk.org/fileadmin/Dateien/veroeffentlichungen_beschluesse/2016/2016_02_11-Abbau-Sanierungsstau.pdf (18.03.2017).

Middendorff, Beate et al. 2013: Die wirtschaftliche und soziale Lage der Studierenden in Deutschland 2012, 20. Sozialerhebung des Deutschen Studentenwerks, Berlin.

Nida-Rümelin, Julian/Zierer, Klaus 2015: Auf dem Weg in eine neue deutsche Bildungskatastrophe, Freiburg im Breisgau.

Statistisches Bundesamt 2016: Studierende an Hochschulen Wintersemester 2015/2016, Fachserie 11, Reihe 4.1, Wiesbaden.

D Das „Programm zur Förderung des wissenschaftlichen Nachwuchses"

Was planen Bund und Länder?

Thomas Wünsch

Wissenschaftlicher Nachwuchs wird in Deutschland auf sehr vielfältige Weise gefördert. Im Kern ist dies eine Aufgabe der Universitäten. Das Promotions- und das Habilitationsrecht der Universitäten bilden dafür die *rechtliche* Basis. Die wissenschaftlichen Fächer bilden die *strukturelle* Basis der Nachwuchsförderung. Oder umgekehrt: Ein Wissensgebiet, auf dem nicht eigenständig wissenschaftlicher Nachwuchs ausgebildet wird, stellt kein eigenes wissenschaftliches Fach dar, sondern entweder ein Teilgebiet oder eine interdisziplinäre Metastruktur von wissenschaftlichen Fächern. Die Förderung von Nachwuchswissenschaftlerinnen und -wissenschaftlern erfolgt an den Universitäten im Wesentlichen über drei Wege: eigene Stellen für wissenschaftliche Mitarbeiter und Mitarbeiterinnen, vertragsgebunden durch Drittmittelgeber oder über individuelle Stipendien.

Die größte Dynamik der Nachwuchsförderung lag in den vergangenen zwanzig Jahren in der Forschungsförderung durch Drittmittelgeber. Der Grund hierfür liegt auf der Hand: Dieses Instrument erlaubt eine programmgesteuerte Förderung, mithin die Verbindung von fachlichen, gesellschaftlichen und karrierebezogenen Zielen. Drittmittelgeber sind dementsprechend die Länder, der Bund, forschungsfördernde Organisationen der Wissenschaft wie die DFG, Wissenschaftsstiftungen, aber auch parteinahe oder andere politische und soziale Organisationen, Unternehmen oder Branchenverbände. Die wachsende Vielfalt und der gewachsene Umfang von Förderprogrammen für den wissenschaftlichen Nachwuchs brachte im Laufe der Zeit einen Zielkonflikt mit sich: Der wissenschaftliche Charakter der geförderten Forschungsarbeit ist immer häufiger nicht identisch mit dem wissenschaftlichen Charakter der beruflichen Perspektive der Geförderten. Nur noch eine Minderheit der Promovierten in Deutschland hat eine wissenschaftliche Karriere im Sinne des Anstrebens einer Professur an einer Hochschule als Ziel.

Das ist als abstrakter Befund für sich genommen weder positiv noch negativ zu bewerten. Probleme werden aber sichtbar, wenn man diese Entwicklung in bestimmten Kontexten betrachtet. Einerseits kann eine

Gesellschaft prinzipiell nicht zu viel Wissen und Erkenntnis produzieren. Wer wollte also gegen eine Erweiterung der Forschungsförderung sein? Andererseits müssen die Strukturen, in denen geforscht wird, sowohl den forschenden Einrichtungen als auch den Forscherinnen und Forschern erlauben, ihr Wissen, ihre Methoden und letztlich die Weiterentwicklung ihrer wissenschaftlichen Disziplinen in geordneter und überlegter Weise zu pflegen. Der Begriff „wissenschaftlicher Nachwuchs" ist ein sehr sprechender, aber zugleich ambivalenter Ausdruck für dieses Anliegen. „Wissenschaftlicher Nachwuchs" ist als Begriff aus der Perspektive der etablierten Wissenschaftlerinnen und Wissenschaftler gedacht. Es ist ein Ausdruck aus der Perspektive der Professorinnen und Professoren, derer, die „ihren" Nachwuchs heranbilden. Wenn aber weit mehr als die Hälfte der Promovierten gar keine Professur als berufliches Ziel hat, entstehen Zweifel, ob der Ausdruck „wissenschaftlicher Nachwuchs" zur Bezeichnung dieser Gruppe nicht mittlerweile eine unangemessene Engführung darstellt. Dabei geht es weniger um den Begriff. Vielmehr muss es um die Strukturen und um deren Transparenz gehen, in denen junge Wissenschaftlerinnen und Wissenschaftler ihren Weg in den Beruf finden. Für viele von ihnen, tendenziell zu viele, fällt die Entscheidung über die Weichenstellung für oder gegen eine wissenschaftliche Laufbahn an einer Hochschule verhältnismäßig spät in ihrer persönlichen Karriere. Die Phase davor ist für Nachwuchswissenschaftlerinnen und -wissenschaftler oft über das jeweils eigene Forschungsprojekt hinaus kaum strukturiert und wenig berechenbar. Hier stehen Universitäten in der Verantwortung, ihre Personalentwicklung konzeptionell und organisatorisch so auszuarbeiten und zu vermitteln, dass sie für Nachwuchswissenschaftlerinnen und -wissenschaftler und damit letztlich für die Universität als Ganze transparenter und im Wettbewerb untereinander attraktiver werden.

Die Ziele des Förderprogramms und sein Potenzial für Sachsen-Anhalt

Hierzu soll das neue „Programm zur Förderung des wissenschaftlichen Nachwuchses" von Bund und Ländern einen Beitrag leisten. Dieses Programm soll nicht einfach den zahlreichen Nachwuchsförderprogrammen ein weiteres hinzufügen. Es soll vor allem ein Element gegenseitiger Berechenbarkeit in ein System einfügen, in dem Offenheit, Risiko und Unwägbarkeit auch weiterhin zur Natur der Sache gehören und gehören werden.

Die Verwaltungsvereinbarung über das „Programm zur Förderung des wissenschaftlichen Nachwuchses" ist nach knapp einjährigen Verhandlungen am 16. Juni 2016 von der Konferenz der Ministerpräsidenten gemeinsam mit der Bundeskanzlerin beschlossen worden. Für Sachsen-Anhalt ist die Vereinbarung von Herrn Ministerpräsidenten Dr. Haseloff unterzeichnet worden. Mit dem Programm zur Förderung des wissenschaftlichen Nachwuchses sollen die Karrierewege von Nachwuchswissenschaftlerinnen und -wissenschaftlern an Universitäten besser planbar und transparenter gestaltet werden. Der Schwerpunkt des Programms liegt darauf, die Tenure-Track-Professur als eigenständigen Karriereweg neben dem herkömmlichen Berufungsverfahren auf eine Professur an deutschen Universitäten stärker zu verankern und dauerhaft in Deutschland zu etablieren. Das Programm wird in zwei Bewilligungsrunden in den Jahren 2017 und 2019 durchgeführt. Insgesamt sollen in Deutschland 1.000 zusätzliche Tenure-Track-Professuren gefördert werden. Antragsberechtigt sind in Sachsen-Anhalt die beiden Universitäten und die Kunsthochschule.

Die Zahl 1.000 ist natürlich eine politisch gesetzte Zahl. Sie korrespondiert einerseits mit dem seitens des Bundes bereitstellbaren finanziellen Rahmen für die Förderung. Andererseits muss auch weiterhin ein vernünftiges Gleichgewicht zwischen vorreservierten Professorenstellen für Nachwuchswissenschaftlerinnen und -wissenschaftler und dem freien Wettbewerb um Professuren für alle qualifizierten Wissenschaftlerinnen und Wissenschaftler gewährleistet werden.

Nach § 6 Abs. 3 der Vereinbarung bemisst sich der Anteil an der Gesamtförderung zu 50 v. H. nach dem Königsteiner Schlüssel des Landes Sachsen-Anhalt für das Jahr 2016 und zu 50 v. H. nach dem Anteil des Landes Sachsen-Anhalt an den Professorinnen und Professoren an den Universitäten und gleichgestellten Hochschulen, gemittelt über die Jahre 2012 bis 2014. Auf vergleichbare Verfahren einigten sich Bund und Länder auch schon bei zwei anderen Programmen, die der Bund finanziert hat, bei dem Qualitätspakt Lehre und bei der Qualitätsoffensive Lehrerbildung. Nach dieser Berechnung entfallen auf Sachsen-Anhalt schätzungsweise 25 Förderfälle, die bei erfolgreicher Antragstellung gefördert werden könnten. Die Verteilung nach dem Königsteiner Schlüssel muss für das Jahr 2016 noch genau berechnet und festgestellt werden.

Verpflichtungen der Länder

Die Länder verpflichteten sich mit dem Programm, zum Ende der Förderzeit so viele zusätzliche unbefristete Professorinnen und Professoren zu haben, wie Tenure-Track-Professuren gefördert wurden. Das bedeutet jedoch nicht zwangsläufig eine Verpflichtung zu insgesamt mehr Professorenstellen. Möglich ist auch, bestehende befristete Stellen umzuwidmen und umzuverteilen. Diese Möglichkeit wollen einige Länder ausdrücklich nutzen. Auch für die Hochschulen in Sachsen-Anhalt bestehen die Optionen, den Anteil von befristeten und unbefristeten Professorinnen und Professoren im Rahmen der bestehenden Stellenstruktur anzupassen, die interne Stellenstruktur zu ändern oder ein Mischmodell zu entwerfen. Welche Modelle gewählt werden, dürfte von den konkreten Gegebenheiten und der weiteren Diskussion in den Fachbereichen und Hochschulgremien abhängen.

Bei der Zählung der Professorinnen und Professoren gilt für sechs Länder, darunter das Land Sachsen-Anhalt, nicht der Stichtag 1. Dezember 2014, sondern die Sonderregelung des § 8 Abs. 1 S. 2 der Vereinbarung. Danach sind bis einschließlich 2015 getroffene politische Strukturentscheidungen und deren Auswirkungen auf die Anzahl der Professorinnen und Professoren an den antragsberechtigten Universitäten sowie gegebenenfalls auf die Stellenpläne angemessen zu berücksichtigen. Das Förderprogramm trägt somit dem Umstand Rechnung, dass in mehr als einem Drittel der Bundesländer während der Laufzeit des Programms bestehende Beschlüsse über strukturelle Einschnitte wirksam werden. Damit diese Rahmenbedingungen allerdings berücksichtigt werden können, müssen sie in den Hochschulentwicklungsplänen der antragstellenden Hochschulen auch in der nötigen Konkretion verankert sein. Um diese Voraussetzung zu erfüllen, müssen bzw. mussten die antragsberechtigten Hochschulen in Sachsen-Anhalt noch ausstehende Beschlüsse in ihren Gremien fällen.

Personalentwicklung als hochschuleigenes Förderinstrument

Mit dem Programm soll nicht allein eine kleine Gruppe von Spitzenforschern und Spitzenforscherinnen gefördert werden. Vielmehr soll insgesamt die Personalentwicklung im Bereich des wissenschaftlichen Nachwuchses an den Universitäten transparenter und berechenbarer ausgestaltet werden. Um dieses strukturelle Ziel zu erreichen, wurde in § 5 Abs. 1 S. 2 der Vereinbarung als Fördervoraussetzung aufgenommen, dass die antragstellende Hochschule ein Personalentwicklungskonzept vorlegt, das Aussagen zu Standards, zum Grad der institutionellen Verankerung und Stand der Umsetzung enthält. Diese Personalentwicklungskonzepte sind nun im Rahmen der vorzulegenden Gesamtkonzepte von den antragstellenden Hochschulen zu erarbeiten.

Mit dem dargestellten Zuschnitt des Förderprogramms für den wissenschaftlichen Nachwuchs reagieren Bund und Länder auf die Situation ihrer Universitäten im Wettbewerb um Innovations- und Forschungskraft mit den außeruniversitären Forschungseinrichtungen und mit der Wirtschaft. Dies zeigt auch die aktuelle Studie „Personalentwicklung für den wissenschaftlichen Nachwuchs", die der Stifterverband für die deutsche Wissenschaft gemeinsam mit dem Deutschen Zentrum für Hochschul- und Wissenschaftsforschung erarbeitet hat (Krempkow et al. 2016). Die empirische Studie basiert auf Befragungen von Nachwuchswissenschaftlern und -wissenschaftlerinnen sowie von Universitäten und außeruniversitären Forschungsinstituten. Sie kommt u. a. zu folgender Feststellung: „Die [...] Präferenzstruktur der Einrichtungen und ihre zeitliche Entwicklung lassen darauf schließen, dass die Institutionen im verstärkten Wettbewerb um Forschungsreputation und Drittmittel aktuell die Forschung am stärksten priorisieren. In der Orientierung der Einrichtungen am verstärkten Wettbewerb liegt damit zugleich eine Chance, wenn als Ziel stärker auch eine umfassende Kompetenzentwicklung des wissenschaftlichen Nachwuchses gefördert werden soll: Denn wenn es gelänge, einen Wettbewerb zwischen den Institutionen um ‚die besten Köpfe' (Wissenschaftsrat) auch beim wissenschaftlichen Nachwuchs noch stärker zu etablieren und mit entsprechenden Karrierewegen wie zum Beispiel Tenure-Track eine beiderseitige stärkere Berechenbarkeit des Verbleibs des wissenschaftlichen Nachwuchses an den Einrichtungen zu erreichen, dann dürften Maßnahmen zur Personalentwicklung für eine umfassende Kompetenzentwicklung auch eher als Investition in die Zukunft (auch) der eigenen Einrichtung gesehen werden" (S. 58 f.).

Wir hoffen seitens der Landesregierung, dass die beiden Universitäten und vielleicht auch die Kunsthochschule in unserem Land diese Herausforderung annehmen und Anträge in dem neuen Förderprogramm für den wissenschaftlichen Nachwuchs des Bundes und der Länder stellen. Aus der Sicht des Ministeriums für Wirtschaft, Wissenschaft und Digitalisierung besitzen sie in mehrerer Hinsicht gute Voraussetzungen für eine erfolgreiche Beteiligung. Alle drei antragsberechtigten Hochschulen verfügen über einschlägige Erfahrungen mit verschiedenen Ausprägungen des Tenure-Tracks als Weg zur Professur, und alle drei Hochschulen sind bereits auf dem Weg, ihre Personalentwicklungskonzepte weiterzuentwickeln. Wo sie dabei im länderübergreifenden Vergleich stehen, wird erst die Beteiligung an dem Programm selbst zeigen können.

Literatur

Krempkow, René et al. 2016: Personalentwicklung für den wissenschaftlichen Nachwuchs, Essen.

D Die Ökonomisierung der Gleichstellungs-Governance

Chancen und Grenzen staatlicher Programme und wettbewerblicher Steuerung

Nina Steinweg

Einleitung

Das deutsche Wissenschaftssystem befindet sich seit mehr als 10 Jahren in einem „tief greifenden Umgestaltungsprozess" (Riegraf/Löther 2017: 4). Die damit verbundenen Veränderungen im Bereich Governance, Internationalisierung, Karrierewege und Arbeitsbedingungen sind eng verknüpft mit der Entwicklung von Gleichstellungspolitik und -arbeit in den Hochschulen und außeruniversitären Forschungseinrichtungen. Mit dem Wandel der gesellschaftlichen Legitimationsbedingungen von Wissenschaft (vgl. Krücken 2006) ist ein Vertrauensverlust in die wissenschaftliche Selbststeuerung eingetreten. Ziel der „neuen Governance" ist eine betriebswirtschaftlich orientierte Steuerung, die privatwirtschaftliche Managementprinzipien („New Public Management") anwendet und auf Relevanz und Effizienz ausgerichtet ist. Exzellenz, Innovationsfähigkeit und Internationalität sollen durch die Einführung von markt- und betriebswirtschaftlichen Organisations- und Steuerungsmechanismen (vgl. Riegraf/Weber 2013) gestärkt werden. Mit der Ökonomisierung der Hochschulen geht eine verstärkte wettbewerbliche Steuerung einher.

Die Steuerung von Gleichstellungspolitik und -arbeit wird durch die veränderten Rahmenbedingungen und die „neue Governance" erheblich beeinflusst. Die „Gleichstellungs-Governance" soll im Sinne einer Integration von Gleichstellung sowohl in die neuen Steuerungsinstrumente eingebunden werden als auch deren Logiken von Relevanz und Effizienz entsprechen. Dies betrifft sowohl Instrumente der Organisationsentwicklung (z. B. Struktur-/Entwicklungspläne, Personalentwicklungskonzepte und Gleichstellungspläne/-konzepte) als auch die finanzielle Steuerung (z. B. leistungsorientierte Mittelvergabe, Ziel-/Leistungsvereinbarungen) und das Personalmanagement (Berufungsordnungen, Zielquoten). Im Gegensatz zur allgemeinen Hochschul-Governance ist die Gleichstellungs-Governance geprägt durch die gleichbleibende bzw. länderspezifisch zunehmende staatliche Regulierung. In den letzten 5–10 Jahren sind zum einen verstärkt Regelungen in die Hochschulgesetze integriert worden, um den Besonderheiten gegenüber anderen Organisationen im Bereich des öffentlichen Dienstes Rechnung zu tragen. Zum anderen werden die Vorschriften in den Landeshochschul- und Gleichstellungsgesetzen zunehmend verbindlicher und präziser gestaltet als Reaktion auf die mangelnde Umsetzung in der Praxis (z. B. Mindestanzahl und Status von Wissenschaftlerinnen in Gremien, Sanktionen bei Nichterstellung eines Frauenförder-/Gleichstellungsplans, Klagerecht).[25]

Die Effekte und langfristigen Konsequenzen des Zusammenspiels von hoher staatlicher Regulierung, zielbezogener Außensteuerung und Wettbewerb sind bislang nur teilweise untersucht.[26] Zu den Effekten der Exzellenzinitiative auf Gleichstellung liegen umfangreiche Publikationen vor, die jedoch nicht immer in der Wissenschaftspolitik berücksichtigt werden (vgl. Beaufays/Dalhoff/Löther 2016). Die Evaluation des Professorinnenprogramms ist gerade veröffentlicht,[27] während die Wirkungsanalyse zu den forschungsorientierten Gleichstellungsstandards der DFG (DFG-Standards) wohl erst nach der Mitgliederversammlung der DFG im Juli 2017 präsentiert wird.

Dieser Beitrag zielt darauf ab, einen Überblick über den bisherigen Erkenntnisstand zu den Chancen und Risiken wettbewerbsorientierter Gleichstellungs-Governance darzustellen.

Gleichstellung und Wettbewerb

Seit 2006 sind auf verschiedenen Ebenen (Bund, Land, Fördergeber) neue Wettbewerbsinstrumente[28] mit dem Ziel der stärkeren Verankerung von Gleichstellung in der Wissenschaft implementiert worden (vgl. Dahmen 2017: 10 f.). Die drei wichtigsten Programme und Initiativen von 2006 bis

---

25 Eigene Auswertung auf der Grundlage der fortlaufenden Aktualisierung der Datenbank zum Gleichstellungsrecht des CEWS, http://www.gesis.org/cews/unser-angebot/informationsangebote/gleichstellungsrecht/.

26 Zu den Elementen der Governance-Regime vgl. Schimank 2009.

27 http://www.gwk-bonn.de/fileadmin/Papers/Evaluation_des_Professorinnenprogramms-Bericht_Januar_2017.pdf

28 Gleichstellungsmonitoring, wie beispielsweise im Rahmen des Pakts für Forschung und Innovation, ist nicht Gegenstand dieses Beitrags. Programme und Initiativen auf Länderebene werden ebenfalls nicht untersucht, genauso wenig wie Zertifizierungen und Prädikate.

2016 waren die Exzellenzinitiative[29], das Professorinnenprogramm und die DFG-Standards. Seit 2017 sind zwei neue Instrumente initiiert worden zur Nachwuchsförderung (Tenure-Track-Programm) und zur Förderung der Fachhochschulen (Innovative Hochschule).[30] Zum Teil sind diese Instrumente als gleichstellungspolitische Programme konzipiert (Professorinnenprogramm, DFG-Standards), zum Teil sind sie in wissenschaftspolitische Förderstrategien eingebettet (Exzellenzinitiative und -strategie, Tenure-Track-Programm, Innovative Hochschule). So unterschiedlich die Programme, Initiativen und Strategien konzipiert sind, so haben sie dennoch vier grundlegende gemeinsame Kernelemente:

- Benchmarking,
- finanzielles Anreizsystem[31],
- die Pflicht zur Erstellung eines schriftlichen Gesamtkonzepts und
- die Beteiligung externer Gutachterinnen und Gutachter.

Chancen und Grenzen wettbewerbsorientierter Gleichstellungs-Governance

Die Chancen und Grenzen wettbewerbsorientierter Gleichstellungs-Governance werden im Folgenden differenziert nach
- Zielen und Begründungsansätzen von Gleichstellung,
- beteiligten Zielgruppen und Organisationstypen,
- dem Stellenwert von Gleichstellung,
- der Etablierung von Gleichstellungsstrukturen,
- der Integration von Gleichstellung in die Hochschul-Governance,
- ihrer Verbindlichkeit und Nachhaltigkeit sowie
- der Erhöhung der Frauenanteile

untersucht.

Ziele und Begründungsansätze

Gleichstellung in der Wissenschaft ist ein komplexes und breit gefächertes Thema, mit sehr unterschiedlichen Zielstellungen und Begründungsansät-

---

29 Ab 2019 unbefristet als „Exzellenzstrategie" weitergeführt.
30 Die Entscheidung über die Fortführung des Professorinnenprogramms trifft die GWK im April 2017.
31 Das Anreizsystem ist zwar bei den DFG-Standards nicht unmittelbar mit einer Zuwendung verknüpft, es stellt jedoch eine Erhöhung der Chancen bei der Vergabe von Fördermitteln in Aussicht (DFG 2008).

zen. Zum einen enthalten die Programme und Initiativen Forderungen nach „Gleichstellung (von Männern und Frauen)" (Professorinnenprogramm, Exzellenzinitiative, DFG-Standards, Innovative Hochschule), „Chancengleichheit" (Exzellenzstrategie) und „Chancengerechtigkeit" (Innovative Hochschule, Tenure-Track-Programm). Zum anderen werden als weitere Ziele die Verbesserung der Vereinbarkeit von Beruf und Familie (Tenure-Track-Programm, DFG-Standards), die nachhaltige Verbesserung der Repräsentanz von Frauen auf allen Qualifikationsstufen (Professorinnenprogramm), sowie die Anzahl der Wissenschaftlerinnen in den Spitzenfunktionen des Wissenschaftsbereichs zu steigern (Professorinnenprogramm), genannt. Umfassendere und differenzierte Ziele postulieren die DFG-Standards. Sie beinhalten z. B. das Prinzip des Gender Mainstreamings (personell und strukturell, durchgängig), Gender Controlling (strukturell, transparent), diskriminierungsfreie Leistungsbewertung und Personalauswahl (strukturell, kompetent; personell, wettbewerbsfähig und zukunftsorientiert), die Entwicklung von Zielquoten nach dem Kaskadenmodell sowie – mittelbar – auch die Förderung der Genderforschung.

Im Fokus der beiden gleichstellungspolitischen Programme steht die Steigerung der Frauenanteile an den Professuren (BMBF 2012; DFG 2008). Ganz im Sinne der Ökonomisierung der Wissenschaft orientieren sich die Ziele und Begründungsansätze für die Herstellung von Gleichstellung auch an wirtschaftlichen Zielen in Bezug auf das wissenschaftliche Personal als Humanressource. Unter dem Stichwort „Gewinnung der besten Köpfe" (Tenure-Track-Programm) wird die Produktivität und das Innovationspotenzial gemischter Teams ebenso adressiert wie die Schaffung von attraktiven Rahmenbedingungen für den wissenschaftlichen „Nachwuchs". Die unzureichende Beteiligung von Frauen wird als „Effizienz- und Exzellenzdefizit für den Hochschulbereich" (vgl. DFG 2008) dargestellt. Diese Schwerpunktsetzung spiegelt sich beispielsweise in den Handlungsfeldern der zusätzlichen gleichstellungsfördernden Maßnahmen im Rahmen des Professorinnenprogramms wider. So wurden die Förderung des weiblichen wissenschaftlichen Nachwuchses, die Vereinbarkeit und die Personalentwicklung von den Hochschulen als sehr wichtig eingestuft, während die Weiterentwicklung der Geschlechterforschung und die Organisationsentwicklung als weniger wichtig beurteilt wurden (vgl. Evaluation des Professorinnenprogramms: 34).

Die Verbesserung der Gleichstellungsstrukturen sieht nur die DFG als eigenes Ziel. Gerechtigkeitsorientierte Begründungsansätze lassen sich in allen drei Programmen und Initiativen nur vereinzelt finden. Der Diskurs in den Hochschulleitungen über Gleichstellungsziele ist selten geprägt von Gerechtigkeit und einer Veränderung der Wissenschaftskultur, sondern von der Verschwendung von Humankapital und der Verbesserung der Forschungsleistung.

Die Einengung der Ziele auf die Erhöhung der Frauen- bzw. Professorinnenanteile und die Verbesserung der Vereinbarkeit von Familie und Wissenschaft birgt die Gefahr, dass diese beiden Aspekte als einzige Indikatoren für eine erfolgreiche Gleichstellungpolitik und -praxis wahrgenommen werden. Die Herstellung faktischer Gleichstellung in der Wissenschaft erfordert jedoch mehr als nur die Erhöhung der Frauenanteile (vgl. z. B. Caprile et al. 2012). Die letzten zwei Jahrzehnte haben gezeigt, dass *zentrale Voraussetzungen für einen nachhaltigen Wandel auf Ebene der Organisationsstrukturen und des (Organisations-)Wissens erfolgen müssen.* Dies greift beispielsweise die Dialoginitiative in Niedersachsen auf und setzt auf die Themen Geschlechtergerechte Hochschulkultur, Gleichstellung und Qualitätsmanagement, Geschlechtergerechte Personalentwicklung, Führungskultur und Beteiligungskultur.[32] Die *Steigerung der Frauenanteile führt bei gleichbleibender Wissenschaftskultur zu einem Steuerungs-Paradoxon* (vgl. Rogge 2015; Funken/Hörlin/Rogge 2015). Der verschärfte Wettbewerb und geringe Karrierechancen untergraben die Attraktivität der Wissenschaft als Arbeitsmarkt, die Chancengerechtigkeit und die Innovations- und Wettbewerbsfähigkeit. Besonders für Nachwuchswissenschaftlerinnen entsteht ein Widerspruch zwischen gleichstellungspolitischen Förderprogrammen und struktureller „Bremse", wie Funken und Kollegen (2015: 201 f.) feststellen:

> „Für die Frauen führt das zu einer zynischen Situation: Einerseits gibt es mittlerweile eine ungeahnte Vielfalt an gleichstellungspolitischen Förderprogrammen, die den Frauen suggeriert, die Gelegenheit zum Aufstieg sei günstig wie nie. Andererseits konterkariert der erhöhte Konkurrenzdruck die Fortschritte dieser Programme und erweist sich als strukturelle Bremse für die Chancengerechtigkeit von Männern und Frauen. Die tragischen Konsequenzen dieses Steuerungsparadoxes sind – von den Belastungen für die Nachwuchswissenschaftlerinnen und -wissenschaftler ganz zu schweigen – systematische Fehlallokationen: Denn ob die ‚Stabilsten', also die-

---

32 http://www.mwk.niedersachsen.de/startseite/hochschulen/gleichstellung/dialoginitiative/dialoginitiative-144282.html

jenigen, die beruflich und privat am meisten gefördert wurden, am Ende immer auch die ‚Besten' und ‚Innovativsten' sind, ist zumindest zweifelhaft. Die Prämisse, dass mehr Konkurrenzkampf zu besseren Forschungsleistungen führt, muss ernsthaft infrage gestellt werden. Schlussendlich stehen also nicht nur die Attraktivität und die Chancengerechtigkeit, sondern auch die Innovations- und Wettbewerbsfähigkeit der deutschen Wissenschaft auf dem Spiel."

Warum die Stärkung der Gender Studies und die Steigerung des Wissens über die Genderdimension in Forschung und Lehre kein Bestandteil der wettbewerblichen Programme und Initiativen ist, erschließt sich nicht. Im Sinne von Londa Schiebingers Forderung „fix the knowledge" (Schiebinger 2008) sollte die Genderdimension als immanenter Bestandteil von Exzellenz Priorität haben. In der Realität wird die faktische Bedeutung der Genderperspektive in den Transformationsprozessen des Wissenschaftssystems mit Blick auf wissenschaftspolitische Reformen wie den Bologna-Prozess und die Exzellenzinitiative jedoch zumeist eher skeptisch eingeschätzt (siehe Kahlert 2016).

Beteiligte Zielgruppen und Organisationstypen

Ein Nachteil der projektorientierten Förderung ist das eingeschränkte Wirkungsfeld im Hinblick auf Zielgruppen und Organisationstypen. Die Programme und Initiativen zielen überwiegend auf das wissenschaftliche Personal und berufungsfähige Wissenschaftlerinnen. Nicht in den Blick genommen werden das administrativ-technische Personal, Lehrbeauftragte, promovierte Wissenschaftlerinnen in der ersten Postdoc-Phase sowie wissenschaftliches Führungspersonal. Der letztgenannten Zielgruppe kommt als „gate keeper" insbesondere im Hinblick auf die Karrierechancen von Wissenschaftlerinnen eine erhebliche Bedeutung zu (vgl. van den Brink/Benschop 2014), sodass fraglich erscheint, wie Veränderungen in Selektionsprozessen, Nachwuchsförderung und Leistungsbewertung ohne die Stärkung der Genderkompetenz dieser Gruppe gelingen soll.

Positiver Effekt der Programme und Initiativen ist die Tatsache, dass Frauen im Fokus der Rekrutierungsaktivitäten der Hochschulen und Forschungseinrichtungen stehen, wobei sich insbesondere der „Marktwert" von Frauen in den Natur- und Technikwissenschaften verändert hat (vgl. Weber im Erscheinen). Innerhalb der Gruppe der Wissenschaftlerinnen sind die Auswirkungen von Initiativen wie z. B. der Exzellenzinitiative je nach Fachbereich und Disziplin selektiv (vgl. Riegraf im Erscheinen). Ein Fazit aus den von Riegraf (im Erscheinen) durchgeführten Fallstudien ist die Erhöhung der Chancen für wenige, bereits sehr gut etablierte und exzellente Wissenschaftlerinnen:

> „Werden Gleichstellungsanforderungen in der Organisation mit Exzellenzbestrebungen verbunden, die sich an den veränderten Organisations- und Steuerungsmustern ausrichten, dann können sich für einige wenige, bereits sehr gut etablierte und ‚exzellente' Wissenschaftlerinnen die Karrierechancen unter Wettbewerbsbedingungen durchaus erheblich verbessern. Als zentraler Faktor für das Scheitern von Wissenschaftlerinnen und Gleichstellungsanstrengungen im bisherigen Wissenschaftssystem gelten die Anerkennungs- und Reputationskriterien. Wissenschaftlerinnen sind demnach ein Reputationsrisiko für die Wissenschaftseinrichtungen."

Die Frage, ob weitere Ungleichheitsdimensionen, wie z. B. die soziale Herkunft oder Nationalität, sich im Sinne einer intersektionalen Betrachtung auf die Selektivität der Förderung von Wissenschaftlerinnen im Rahmen der Programme und Initiativen auswirkt, ist noch unklar (vgl. zur sozialen Zusammensetzung von Professorinnen und Professoren: Möller 2015).

Die in den letzten 10 Jahren initiierten Programme und Initiativen fokussierten zumeist auf die Universitäten. Fachhochschulen, Kunst- und Musikhochschulen sowie die außeruniversitären Forschungseinrichtungen waren insbesondere von den DFG-Standards und der Exzellenzinitiative nicht ausdrücklich adressiert. Im Rahmen des Professorinnenprogramms sind Universitäten sowohl bei der Einreichung als auch bei der positiven Begutachtung überrepräsentiert (Evaluation des Professorinnenprogramms: 17). Die Chance, im neuen Programm „Innovative Hochschulen" die Gleichstellung in den Fachhochschulen zu stärken, wurde nicht genutzt.[33] Die Integration von Gleichstellung kommt über einen reinen Appell nicht hinaus: „Gesamtgesellschaftliche Querschnittsaufgaben wie die Verwirklichung von Gleichstellung, Chancengerechtigkeit und gesellschaftlicher Teilhabe aller sind zur nachhaltigen Stärkung der Innovationsfähigkeit der Hochschulen und der Region mit einzubeziehen" (BMBF 2016).

---

33 Vgl. hierzu auch die Stellungnahme der BuKoF vom 16. Juni 2016, http://www.bukof.de/tl_files/Veroeffentl/PM_BuKoF_Innovative %20Hochschule.pdf.

Die außeruniversitären Forschungseinrichtungen sind zum Teil über Cluster und/oder Graduiertenschulen an der Exzellenzinitiative beteiligt gewesen, aber ohne die Verpflichtung, ein Gleichstellungskonzept zu erstellen. Den DFG-Standards hat sich nur die Leibniz-Gemeinschaft freiwillig selbst verpflichtet. Der Pakt für Forschung und Innovation sieht zwar ein jährliches Monitoring vor, welches verbunden mit „naming und shaming" zwar die (Miss-)Erfolge der Forschungsorganisationen offenlegt, jedoch hieran keine besonderen Anreize oder Sanktionen knüpft.

Stellenwert von Gleichstellung

Seit 2006 wird Gleichstellung als Bestandteil exzellenter Wissenschaft stärker mit der Qualität der Forschung verknüpft (z. B. DFG 2008). Die Einbindung von Gleichstellung in die Wettbewerbslogik des Wissenschaftssystems hat zu einer Aufwertung dieses strategischen Aufgabenfeldes der Hochschulen und zu einem Reputationsgewinn der Gleichstellungsakteurinnen und -akteure geführt (vgl. Evaluation des Professorinnenprogramms: 39 ff.). Die Kritik der ausländischen Gutachterinnen und Gutachter im Rahmen der Exzellenzinitiative (Engels et al. 2015) und die Präsentation von Gleichstellung als Exzellenzkriterium haben zu einer veränderten Gleichstellungsrhetorik geführt und zu einer erhöhten Awareness und Sensibilisierung (Evaluation des Professorinnenprogramms).

Bei der Analyse der Exzellenzstrategie, des Tenure-Track-Programms und des Programms Innovative Hochschule fällt auf, dass Gleichstellung keinen hohen Stellenwert hat. Gleichstellung ist im Rahmen der neuen Exzellenzstrategie von einem Exzellenzkriterium zu einer „akzessorischen Leistungsdimension" (vgl. GWK 2016: § 2 Abs. 7) abgewertet worden.

Im Gegensatz zur Nachwuchsförderung ist Gleichstellung bzw. Chancengleichheit keine Leistungsdimension mehr, die der Spitzenforschung immanent ist. Hier hat sich offensichtlich die Auffassung der Imboden-Kommission durchgesetzt, dass „im Hinblick auf die begrenzten Mittel [...] [die] Wirksamkeit [der Exzellenzinitiative II (bzw. Exzellenzstrategie)] nicht durch die Vermischung mit anderen Zielen [...] [geschwächt werden dürfe], seien diese noch so berechtigt und dringend" (IEKE 2016: 3). Es wird verkannt, dass ohne Gleichstellung als Exzellenzkriterium Ungleichheiten reproduziert werden, anstatt exzellente Leistung zu fördern (Beaufays/Dalhoff/Löther 2016). „Exzellenz" und „Spitzenforschung" sind somit keine geschlechtsneutralen Ziele oder Handlungsfelder.

Etablierung von Gleichstellungsstrukturen

Die Programme und Initiative haben zu einem erheblichen Zuwachs an Stellen und Gleichstellungsmaßnahmen geführt. Diese zielen jedoch häufig auf die Förderung von Vereinbarkeit von Familie und Wissenschaft und/oder auf die Förderung des weiblichen wissenschaftlichen Nachwuchses (vgl. Evaluation des Professorinnenprogramms) und weniger auf die Veränderung struktureller Bedingungen (vgl. Dalhoff im Erscheinen). Zu den Erfolgen der drei Programme und Initiativen zählt außerdem die Etablierung und Professionalisierung von Gleichstellungsarbeit (Riegraf/Weber 2013; Vollmer/Mosel 2014; Vollmer 2017). Hochschulleitungen sind angesichts erhöhter externer Anforderungen an die Gleichstellungspolitik unter Druck geraten, mehr personelle und finanzielle Ressourcen für die Erhöhung der Chancengleichheit von Männern und Frauen an Hochschulen zu investieren (Blome 2011; Blome et al. 2014; Macha/Gruber/Struthmann 2011).

Hochschulen, die bereits vor der Einführung der Programme und Initiativen aufgrund von rechtlichen Rahmenbedingungen und/oder hohem Gleichstellungs-Commitment in breite Strukturen investiert hatten, konnten diesen Vorsprung für die erfolgreiche Teilnahme nutzen. So konnten im Rahmen des Professorinnenprogramms besonders die Hochschulen überzeugen, die eine hauptamtliche Gleichstellungsbeauftragte haben und die neben Stellen im Gleichstellungsbüro auch Stellen in Stabsstellen eingerichtete hatten (vgl. Löther/Vollmer 2014).

Die Erhöhung der drittmittelfinanzierten Stellen führt aber nicht notwendigerweise zu nachhaltigen Gleichstellungsstrukturen. Zum einen ist unklar, ob und in welchem Umfang laufende Projekte weiterfinanziert werden. Zum anderen führt der Matthäus-Effekt („success breeds success") (vgl. Merton 1968) auf institutioneller Ebene dazu, dass sich die finanzielle Förderung auf einen ausgewählten Kreis an Institutionen konzentriert und deren Chancen, im Wettbewerb erfolgreich zu sein, konstant erhöht werden. In der Breite der Wissenschaftsinstitutionen wird somit kein Effekt bzgl. der Gleichstellungsstrukturen erzielt.

Integration von Gleichstellung in Hochschul-Governance

Die Auswirkung der Programme und Initiativen auf die Integration von Gleichstellung in die Hochschul-Governance lässt sich nicht eindeutig positiv oder negativ beantworten. Die Einbindung von Gleichstellung in die Exzellenzinitiative und die DFG-Standards haben zu einer stärkeren Sensibilisierung und einem Reputationszugewinn in anerkannten Antragsverfahren geführt. Die Etablierung strukturierter Konzepte hat das Commitment auf Hochschulleitungsebene erhöht, zur Strategieentwicklung beigetragen sowie Gleichstellungsarbeit sichtbar gemacht und vernetzt. *Die Integration in die Hochschul-Governance wird jedoch durch die föderalen Strukturen und die mangelnde Koordination der unterschiedlichen Programme und Initiativen erschwert.* Zum einen gibt es sehr unterschiedliche landesrechtliche Vorgaben zu Gleichstellungs-, Frauenförder- und Hochschulentwicklungsplänen und zu deren Turnus. Zum anderen haben die Konzepte im Rahmen der DFG-Standards eine andere Strukturierungsmatrix als die des Professorinnenprogramms oder die Zukunftskonzepte in der Exzellenzinitiative. Wie beispielsweise die Gleichstellungskonzepte in Zukunft mit den Personalentwicklungskonzepten im Rahmen des Tenure-Track-Programms verbunden werden, ist noch gänzlich unklar.

Verbindlichkeit und Nachhaltigkeit

Der Impact der Programme und Initiativen auf die Gleichstellung in der Wissenschaft sollte nicht nur am Grad der Anerkennung und der Integration gemessen werden, sondern insbesondere am Grad der Verbindlichkeit und der Nachhaltigkeit der initiierten Policies und Maßnahmen.

Der äußere Druck auf die Hochschulen hat überwiegend zu einer sprachlichen Anpassung an die Gleichstellungsrhetorik geführt. Fraglich ist jedoch, wie nachhaltig und substanziell die mit der neuen Sprache verbundene Politik ist, angesichts der befristeten Laufzeit der Programme und Initiativen. Es besteht die Gefahr, dass es sich bei den veränderten Diskursen lediglich um „rhetorische Modernisierung" handelt (Wetterer 2003). Der viel beschworene Paradigmenwechsel in den letzten 10 Jahren muss sich daran messen lassen, wie in den neuen Programmen und Strategien ab 2017 Gleichstellung präsentiert und eingebettet wird.

Grundsätzlich scheint die Programmlogik einer verbindlichen und nachhaltigen Gleichstellungspolitik und -arbeit zu widersprechen (Dalhoff im Erscheinen). Die Programme und Initiativen verlangen für die Gleichstellungskonzepte keine Pflicht zur Fortsetzung. Die DFG hat das Benchmarking mit der Pflicht zur Erstellung von Berichten nach 2013 nicht weitergeführt. Das Professorinnenprogramm wird verlängert, die genaue Ausgestaltung ist jedoch zurzeit noch unklar. In der neuen Exzellenzstrategie wird neben einem Personalentwicklungskonzept ein „Chancengleichheitskonzept" verlangt, welches aber keinen Bezug zu den eingereichten Konzepten in der ersten und zweiten Programmphase haben muss.

Die durch die Graduiertenschulen angestoßenen Gleichstellungsmaßnahmen im Bereich der Nachwuchsförderung sind im Rahmen der Exzellenzstrategie nicht mehr förderbar. Die Unsicherheiten über die Weiterförderung bzw. die Art und den Umfang der Förderung haben auf die Gleichstellungsstrukturen und -angebote der großen Universitäten weniger Einfluss, als dies bei kleineren Universitäten oder Fachhochschulen der Fall ist. Je kleiner die Infrastruktur ist und je geringer die Anzahl der verstetigten Policies und Maßnahmen, desto stärker ist die Abhängigkeit von eingeworbenen Drittmitteln. Gleichzeitig ist die Chance einer erfolgreichen Teilnahme aber von stabilen und starken Gleichstellungsstrukturen abhängig. Ein ausgewogenes Verhältnis von Grundfinanzierung und Drittmitteln wird daher von unterschiedlicher Seite gefordert.[34]

Erhöhung der Frauenanteile

Allgemeine Aussagen zu der Wirkung des Professorinnenprogramms, der Exzellenzinitiative und der DFG-Standards auf die Erhöhung des Frauenanteils in wissenschaftlichen Einrichtungen zu tätigen gestaltet sich aufgrund vielfältiger Faktoren als schwierig.[35] Insbesondere die Vielfältigkeit der unterschiedlichen programmatischen Ausrichtung der drei Initiativen sowie ihre Gleichzeitigkeit schränken die Möglichkeit zur Feststellung von Kausalitäten ein.

Seit 2005 erhöhte sich der Anteil von Frauen an den Professuren von 14,3 % auf 22,7 % im Jahr 2015 (Statistisches Bundesamt 2016). In der Evaluation des Professorinnenprogramms wird festgestellt, dass während der Laufzeit des Programms (Datenauswertung von 2007 bis 2015) der Professorinnenanteil stärker gestiegen ist, als nach dem Trend der Vorjahre zu erwarten gewesen wäre (Evaluation des Professorinnenprogramms: 43 ff.).

Während das Professorinnenprogramm und DFG-Standards explizit auf die Gleichstellung von Frauen und Männern sowie auf die Steigerung des Anteils von Wissenschaftlerinnen hinarbeiten, spielt dieses Ziel in der Exzellenzinitiative lediglich eine untergeordnete Rolle. Positive Effekte auf die Erhöhung des Frauenanteils bei den geförderten Einrichtungen lassen sich jedoch auch hier feststellen. Dieser steigerte sich fächergruppen-

---

34 siehe z. B. GEW Pressemitteilung vom 28.01.2016 „Entfristungsoffensive statt Exzellenzinitiative", https://www.gew.de/presse/pressemitteilungen/detailseite/neuigkeiten/gew-entfristungsoffensive-statt-exzellenzinitiative/, sowie die Wittenberger Erklärung der GEW, Seite 195–199 in diesem Band oder https://www.gew.de/wissenschaft/wittenberger-erklaerung/

35 Zur kulturellen und organisationalen Bedeutung von „Frauenanteilen" vgl. Engels et al. 2015.

übergreifend von 11,5% im Jahr 2006 auf 13,4% im Winter 2009/2010 (Ruschenburg et al. 2011, 2011; Engels et al. 2015). Da die Frauenanteile sich in den als Wissenschaftsbereiche zusammengefassten Fächern stark unterscheiden, die Exzellenzinitiative Einrichtungen fächerübergreifend bzw. interdisziplinär fördert und die Gruppe von geförderten Wissenschaftlern und Wissenschaftlerinnen (Principal Investigators) nicht einheitlich definiert ist, ist der oben angegebene Allgemeinwert jedoch nur begrenzt aussagekräftig. Eine Einschätzung der Wirkung der Exzellenzinitiative in Bezug auf Gleichstellung gestaltet sich somit als schwierig (vgl. Ruschenburg et al. 2011: 169).

Mit Blick auf die Frauenanteile wird allerdings die enge Koppelung von Exzellenz und Drittmitteleinwerbung kritisiert. Das Maß der Drittmitteleinwerbung dient als wesentliches Kriterium für die Verleihung des Exzellenzstatus. Statistisch zeigt sich jedoch, dass es einen höheren Frauenteil in den vor allem geistes-, aber auch sozialwissenschaftlichen Fächern gibt, die weniger Ressourcen durch die Exzellenzinitiative einwerben konnten, unter anderem da sie weniger drittmittelstark sind (die Medizin bildet hierbei eine Ausnahme). Dies führt dazu, dass nur einige wenige Frauen, die überwiegend in den Natur-, Ingenieur- und Technikwissenschaften tätig sind, exzellent gefördert werden, während der weitaus größere Teil von Wissenschaftlerinnen nicht von der Förderung profitiert. Dies läuft dem politischen Ziel einer flächendeckenden Gleichstellung zuwider (vgl. Riegraf im Erscheinen).

Fazit und Perspektiven

Im Ergebnis haben die wettbewerbsorientierten Verfahren zwar einen wichtigen Impuls für den Stellenwert und die Strukturen von Gleichstellung in der Wissenschaft gegeben. Die Auswirkungen für die Ziele und die begünstigten Personen(gruppen) und Organisationstypen fallen jedoch sehr unterschiedlich aus. Zentraler Erfolgsfaktor ist ein gewisses Maß an Verstetigung und dauerhafter Finanzierung sowie die Einbettung in eine Gesamtstrategie, so wie es der Wissenschaftsrat im April 2017 bezüglich der Hochschullehre festgestellt hat.[36] Für die weiterlaufenden und neu initiierten Programme (Tenure-Track-Programm, Exzellenzstrategie, Innovative Hochschule, Professorinnenprogramm) ist es daher essenziell, auf die etablierten Strukturen, Akteurinnen und Akteure und Prozesse aufzubauen und die Integration

---

36 https://www.wissenschaftsrat.de/download/archiv/6190-17.pdf

von Gleichstellung als Exzellenzkriterium nicht nur rhetorisch, sondern auch faktisch zu verstetigen. Es bedarf einer breiten Verankerung von gesellschaftlichem Wandel und Gerechtigkeit als integrativem Bestandteil von exzellenter Wissenschaft statt einer reinen „Accessoire"-Funktion. Eine weitere Herausforderung ist die gleichzeitige Verzahnung und Abgrenzung von Gleichstellung, Gender- und Diversity-Strategien, Nachwuchsförderung, Beschäftigungsbedingungen, Personalentwicklung und Internationalisierung, um in der Umsetzung der Programme und Initiativen eine gewisse Kohärenz von Gleichstellungs- und Hochschul-Governance zu erreichen. Spitzenforschung kann nur mit Qualitätsstandards, einer strukturellen Basis und guten Beschäftigungsbedingungen gelingen (vgl. Beaufays/Dalhoff/Löther 2016). Dies setzt zum einen ein nachhaltiges Stellenkonzept für die Gleichstellungspraxis voraus sowie neue Konzepte für eine Qualifizierung im Gleichstellungs-Wissenschaftsmanagement im Einklang mit dem Wissenschaftszeitvertragsgesetz (WissZeitVG). Darüber hinaus ist neben einem großen Engagement der Hochschulleitungen und Gleichstellungsakteurinnen und -akteure auch ein Empowerment aller Hochschulmitglieder, unabhängig von Geschlecht und Status, erforderlich. Dies könnte für eine Weiterentwicklung der Programme langfristig z. B. bedeuten, dass nicht die positive Begutachtung eines Gleichstellungs- oder Personalentwicklungskonzepts, sondern eines Führungskonzepts der Hochschule Voraussetzung für die erfolgreiche Teilnahme ist.

Literatur

Beaufays, Sandra/Dalhoff, Jutta/Löther, Andrea 2016: Evaluation und Fortführung der Exzellenzinitiative unter gleichstellungspolitischen Gesichtspunkten, Köln, http://www.gesis.org/fileadmin/cews/www/pdf/CEWS_Positionspapier-5.pdf (05.04.2016).
BMBF (Bundesministerium für Bildung und Forschung) 2012: Professorinnenprogramm des Bundes und der Länder. Gleichstellungsfördernde Maßnahmen. Best Practice, http://www.bmbf.de/pubRD/ausstellung_professorinnenprogramm.pdf (24.07.2015).
BMBF (Bundesministerium für Bildung und Forschung) 2016: Richtlinie zur Umsetzung der gemeinsamen Initiative des Bundes und der Länder zur Förderung des forschungsbasierten Ideen-, Wissens- und Technologietransfers an deutschen Hochschulen, https://www.bmbf.de/files_anncmnt/Richtlinie_Innovative_Hochschule.pdf (06.04.2017).
Blome, Agnes 2011: Work/Care policies in European welfare states: continuing variety or change towards a common model?, Berlin.
Blome, Eva et al. 2014: Handbuch zur Gleichstellungspolitik an Hochschulen. Von der Frauenförderung zum Diversity Management?, Wiesbaden, http://link.springer.com/book/10.1007%2F978-3-531-93157-9 (06.04.2016).
Caprile, Maria et al. 2012: Meta-analysis of gender and science research. Synthesis report, Luxembourg, http://ec.europa.eu/research/science-society/document_library/pdf_06/meta-analysis-of-gender-and-science-research-synthesis-report.pdf (08.05.2015).

Dahmen, Britt 2017: Balanceakte: Spannungsfelder aktueller Gleichstellungspolitik an Hochschulen, in: Löther, Andrea/Samjeske, Kathrin (Hg.): Neue Governance und Gleichstellung der Geschlechter in der Wissenschaft. Tagungsdokumentation, Köln, 10–21.

Dalhoff, Jutta im Erscheinen: Neue Governance und Gleichstellung der Geschlechter im Wissenschaftssystem? Ein Interview der Herausgeberinnen mit Jutta Dalhoff, in: Löther, Andrea/Riegraf, Birgit (Hg.): Veränderte Governance und Geschlechterarrangements in der Wissenschaft, Opladen.

DFG (Deutsche Forschungsgemeinschaft) 2008: Forschungsorientierte Gleichstellungsstandards der DFG, http://www.dfg.de/download/pdf/foerderung/grundlagen_dfg_foerderung/chancengleichheit/forschungsorientierte_gleichstellungsstandards.pdf (16.12.2013).

Engels, Anita et al. 2015: Bestenauswahl und Ungleichheit. Eine soziologische Studie zu Wissenschaftlerinnen und Wissenschaftlern in der Exzellenzinitiative, Frankfurt am Main, http://d-nb.info/1070854808/04 (24.11.2016).

Funken, Christiane/Hörlin, Sinje/Rogge, Jan-Christoph 2015: Vertrackte Karrieren. Zum Wandel der Arbeitswelten in Wirtschaft und Wissenschaft, Frankfurt a. M.

GWK (Gemeinsame Wissenschaftskonferenz) 2016: Bekanntmachung der Verwaltungsvereinbarung zwischen Bund und Ländern gemäß Artikel 91b Absatz 1 des Grundgesetzes zur Förderung von Spitzenforschung an Universitäten, Bonn, http://www.gwk-bonn.de/fileadmin/Papers/Verwaltungsvereinbarung-Exzellenzstrategie-2016.pdf (06.04.2017).

IEKE (Internationale Expertenkommission zur Evaluation der Exzellenzinitiative) 2016: Endbericht, Berlin, http://www.gwk-bonn.de/fileadmin/Papers/Imboden-Bericht-2016.pdf (06.04.2017).

Kahlert, Heike 2016: Genderforschung und die neue Governance der Wissenschaft. Forschungsergebnisse und Handlungsempfehlungen, Hildesheim, http://www.genderforschung-governance.de/images/inhalte/Broschuere_Genderforschung_2016.pdf (20.02.2017).

Krücken, Georg 2006: Wandel – welcher Wandel? Überlegungen zum Strukturwandel der universitären Forschung der Gegenwartsgesellschaft, in: Die Hochschule: Journal für Wissenschaft und Bildung (1), 7–19, http://www.hof.uni-halle.de/journal/texte/06_1/Kruecken_Wandel.pdf.

Löther, Andrea/Vollmer, Lina 2014: Erfolge durch Strukturen? Hochschulische Gleichstellungsarbeit im Wandel. In: Löther, Andrea/Vollmer, Lina (Hg.): Gleichstellungsarbeit an Hochschulen. Neue Strukturen – neue Kompetenzen, Opladen, 17–56, http://nbn-resolving.de/urn:nbn:de:0168-ssoar-404984.

Macha, Hildegard/Gruber, Susanne/Struthmann, Sandra 2011: Die Hochschule strukturell verändern. Gleichstellung als Organisationsentwicklung an Hochschulen, Opladen.

Merton, Robert K. 1968: The Matthew Effect in Science, in: Science 159 (3810), 56–63.

Möller, Christina 2015: Herkunft zählt (fast) immer. Soziale Ungleichheiten unter Universitätsprofessorinnen und -professoren. Bildungssoziologische Beiträge, Weinheim und Basel.

Riegraf, Birgit im Erscheinen: Die Konstruktion von Exzellenz: Konsequenzen für Gleichstellung in der Wissenschaft?, in: Löther, Andrea/Riegraf, Birgit (Hg.): Veränderte Governance und Geschlechterarrangements in der Wissenschaft, Opladen, 14–30.

Riegraf, Birgit/Löther, Andrea 2017: Einleitung, in: Löther, Andrea/Samjeske, Kathrin (Hg.): Neue Governance und Gleichstellung der Geschlechter in der Wissenschaft. Tagungsdokumentation, Köln, 4–9.

Riegraf, Birgit/Weber, Lena 2013: Governance in der Wissenschaft unter einer Gender-Perspektive, in: Grande, Edgar et al. (Hg.): Neue Governance der Wissenschaft. Reorganisation – externe Anforderungen – Medialisierung, Bielefeld, 235–256.

Rogge, Jan-Christoph 2015: The winner takes it all? Die Zukunftsperspektiven des wissenschaftlichen Mittelbaus auf dem akademischen Quasi-Markt, in: Kölner Zeitschrift für Soziologie und Sozialpsychologie 67 (4), 685–707.

Ruschenburg, Tina et al. 2011: Frauenanteile in der Exzellenzinitiative. Zu den methodischen Herausforderungen bei der Ermittlung aussagekräftiger Vergleichswerte, in: Die Hochschule: Journal für Wissenschaft und Bildung (2), 161–172, http://www.wiso.uni-hamburg.de/fileadmin/sowi/cgg/Frauen_Spitzenforschung/hochschule_Druckfassung.pdf (06.05.2015).

Schiebinger, Londa 2008: Gendered Innovations in Science and Engineering. Palo Alto.
Statistisches Bundesamt 2016: Frauenanteil in Professorenschaft 2015 auf 23 % gestiegen. Pressemitteilung vom 14. Juli 2016 – 245/16, https://www.destatis.de/DE/PresseService/Presse/Pressemitteilungen/2016/07/PD16_245_213pdf.pdf?__blob=publicationFile (06.04.2017).
van den Brink, Marieke/Benschop, Yvonne 2014: Gender in Academic Networking: The Role of Gatekeepers in Professorial Recruitment, in: Journal of Management Studies 51 (3), 460–492.
Vollmer, Lina 2017: Gleichstellung als Profession? Gleichstellungsarbeit an Hochschulen aus professionssoziologischer Sicht, Wiesbaden.
Vollmer, Lina/Mosel, Juliane 2014: Geschlechtertheorie und Gleichstellungspraxis – eine theoretische und eine empirische Perspektive, in: Gender 6 (2), 102–117, http://nbn-resolving.de/urn:nbn:de:0168-ssoar-403317 (15.02.2017).
Weber, Lena im Erscheinen: Neue Governance und Gleichstellungspolitik an Universitäten im Ländervergleich. Beispiele aus Deutschland, Großbritannien und Schweden, in: Löther, Andrea/Riegraf, Birgit (Hg.): Veränderte Governance und Geschlechterarrangements in der Wissenschaft, Opladen.
Wetterer, Angelika 2003: Gender Mainstreaming & Managing Diversity. Rhetorische Modernisierung oder Paradigmenwechsel in der Gleichstellungspolitik, in: Die Hochschule: Journal für Wissenschaft und Bildung (1), http://www.hof.uni-halle.de/journal/texte/03_2/Wetterer_Gender_Mainstreaming.pdf (06.04.2017).

E Beschäftigungsbedingungen und Personalpolitik

Beschäftigungsbedingungen und Personalpolitik an Universitäten in Deutschland im Vergleich

Franziska Leischner, Anne Krüger, Johannes Moes und Anna Schütz

Einleitung

In der Diskussion um einen „Wettbewerb um die klügsten Köpfe" (GWK 2013) für Wissenschaft und Forschung ist bislang vor allem über die Anwerbung dieser „Köpfe" diskutiert worden. Dagegen wurde kaum in den Blick genommen, welche Perspektiven man Wissenschaftlerinnen und Wissenschaftlern mittel- und langfristig bieten will, um sie auch im System zu halten. Stattdessen vollzieht sich eine Entwicklung hin zu einer immer umfassenderen Praxis der befristeten Beschäftigung von Wissenschaftlerinnen und Wissenschaftlern an Hochschulen und Forschungseinrichtungen (vgl. Konsortium Bundesbericht Wissenschaftlicher Nachwuchs 2017), auch wenn Tendenzen zur Verbesserung von Beschäftigungsbedingungen und zu Personalstrukturreformen im bildungspolitischen Diskurs zu erkennen sind. Hinweise darauf sind bspw. die Empfehlungen des Wissenschaftsrats (2014), Leitlinien der HRK (2012) und Beschlüsse des Bundestages (2012) sowie entsprechende Novellierungen des Wissenschaftszeitvertragsgesetzes (WissZeitVG) bzw. von Landeshochschulgesetzen und die Veränderung der Förderpraxis der DFG, grundsätzlich mehr als nur halbe Stellen zu vergeben. Dem hochschulpolitischen Wandel vorausgegangen war das 2010 von der GEW vorgelegte Templiner Manifest mit Eckpunkten für eine „Reform von Personalstruktur und Berufswegen in Hochschule und Forschung" (GEW 2010; siehe auch Himpele/Keller/Ortmann 2011), dem 2012 ein Vorschlag für einen Kodex „Gute Arbeit in der Wissenschaft" folgte (GEW 2012; siehe auch Keller/Pöschl/Schütz 2013).

Während die Debatte auf Ebene des Gesamtsystems andauert und Studien vor allem die individuelle Perspektive der Wissenschaftlerinnen und Wissenschaftler in den Blick nehmen, geraten die einzelnen Hochschulen als arbeitspolitische Akteure bisher nur wenig in den Blick. Gerade aber im föderal strukturierten Wissenschaftssystem Deutschlands und im Zuge der staatlichen Deregulierungspolitik zugunsten der Stärkung der Hochschulautonomie kommt ihnen eine wachsende Bedeutung in der Personalpolitik im wissenschaftlichen Bereich zu. Die Studie „Beschäftigungsbedingungen und Personalpolitik an Hochschulen in Deutschland"[37] hat im Vergleich der 45 größten Universitäten in Deutschland, die nach der Anzahl ihrer Studierenden ausgewählt wurden, untersucht, wie Universitäten den Arbeitsplatz Wissenschaft gestalten, welche Beschäftigungsbedingungen sich strukturell erkennen lassen und welche personalpolitischen Maßnahmen die untersuchten Hochschulen zur Verbesserung der Beschäftigungsbedingungen ergreifen. Der Fokus der Studie lag demnach auf den Unterschieden zwischen den Universitäten hinsichtlich ihrer Beschäftigungsbedingungen und ihrer Personalpolitik und hatte zum Ziel, institutionelle Handlungsspielräume abzuleiten.

Als Datengrundlage dienten erstens die Datensätze des Statistischen Bundesamtes.[38] Zweitens wurde eine Dokumentenanalyse von Webseiten der Universitäten durchgeführt. Drittens wurde über einen Fragebogen, der parallel an Unileitungen und Personalräte versandt wurde, versucht, weitere Daten bspw. über Vertragslängen, das Vorliegen von Personalentwicklungskonzepten oder die Anwendung der familienpolitischen Komponente zu gewinnen, um die quantitativen Daten qualitativ zu unterfüttern.

Zentrale Ergebnisse

Im Folgenden werden die Ergebnisse der Studie zusammengefasst und Beispiele für die identifizierten Handlungsspielräume der Universitäten zu folgenden Fragen aufgeführt: Wie weit sind die 45 größten deutschen Universitäten hinsichtlich der Verbesserung von *Planbarkeit und Transparenz beruflicher Karrieren*? Welche *Bedingungen* werden *für die wissenschaftliche Qualifizierung* geschaffen und wie wird mit *Befristung* und *Teilzeit* umgegangen? Was tun die Universitäten für die *Gleichstellung* und was für die *Vereinbarkeit von Familie und Beruf*? Und wie sieht dies an den durch die *Exzellenzinitiative* geförderten Universitäten aus – geht mit der Exzellenzinitiative auch eine sichtbare Verbesserung der Beschäftigungsbedingungen und ein personalpolitischer Wandel einher?

Planbarkeit und Transparenz von beruflichen Karrieren

Nur wenige Universitäten sichern die Promotionsphase strukturell durch eine Finanzierung über den gesamten Zeitraum der Promotion ab, obwohl

---

[37] Das Projekt wurde im Zeitraum von 2014 bis 2016 durchgeführt und von der Max-Traeger-Stiftung gefördert.
[38] Zum Zeitpunkt des Projekts lagen nur für 2013 Daten vor.

dies ein entscheidender Faktor für das Gelingen der Promotion ist (vgl. auch Jaksztat/Preßler/Briedis 2012). Die Vertragslaufzeiten entsprechen oftmals nicht der Promotionsdauer. Eine Ausnahme bildet bisher die TU Berlin. Sie bietet Promovierenden auf Haushaltsstellen i. d. R. Fünfjahresverträge. Die Novelle des WissZeitVG vom März 2016 zielt darauf, die Vertragsdauer den Qualifikations- bzw. Projektzeiträumen anzupassen. Eine Folgeuntersuchung mit einem mehrjährigen Abstand zur Novelle müsste hier dann deutlich andere Ergebnisse zeigen, wenn die Intention der Gesetzesreform greift.

Im Gegensatz zu kurzfristigen Finanzierungsformen der meisten Universitäten (n = 24), die hauptsächlich auf die Überbrückungs- bzw. Anschubfinanzierung eigener Forschungsprojekte abzielen, war bei sechs Universitäten (U Bochum, TU München, TU Berlin, U Göttingen, KIT, U Potsdam) erkennbar, dass personalpolitische Konzepte entwickelt wurden, um die beruflichen Perspektiven für Promovierte planbarer zu gestalten. In wenigen Fällen (U Göttingen, U Potsdam, TU Berlin) sehen die Konzepte auch längere Vertragslaufzeiten und eine Erhöhung des Anteils von Dauerstellen für Postdocs vor.

Tenure-Track-Professuren, die als zentrales Mittel zur Verbesserung der Karriereplanung von promovierten Wissenschaftlerinnen und Wissenschaftlern etabliert wurden, stellen bisher de facto kaum einen Weg zu einer langfristigen Planbarkeit dar. Bisher wird ein Tenure Track als Karriereweg fast ausschließlich mit der Juniorprofessur verbunden. Eine eindeutige Verwendung des Begriffs hat sich bislang noch nicht durchgesetzt. Preißler (2006) folgend wurde in unserer Studie zwischen mittelbarem (eine Anschlussprofessur wird ausgeschrieben) und unmittelbarem (bei positiver Evaluation direkte Besetzung) Tenure Track unterschieden. Außerdem wurde zwischen transparenten (die Kriterien der Bewertung stehen bei Ausschreibung der Juniorprofessur fest) und intransparenten Verfahren differenziert. Bei 17 der 31 Hochschulen mit öffentlich zugänglichen Richtlinien für Tenure-Track-Verfahren liegt in diesem Sinne ein unmittelbares und transparentes Verfahren vor (vgl. die Beispiele in Tab. 1). Mit Ausnahme der LMU München und der TU München schreiben alle befragten Universitäten aber nur einen Teil ihrer Juniorprofessuren mit Tenure Track aus. Bei den beiden Münchner Universitäten wurden die Tenure Track Richtlinien für W2-Professuren ausgearbeitet, sodass alle W2-Professuren befristet und mit einem unmittelbaren Tenure Track ausgeschrieben werden. Selbst wenn Universitäten über ein unmittelbares Tenure-Track-Verfahren verfügen, schreiben sie (z. B. die Universität Potsdam) wesentlich seltener eine Juniorprofessur mit als ohne Tenure Track aus. In dieses Thema kommt jedoch aktuell durch das entsprechende Förderprogramm der Bundesregierung Bewegung, sodass sich im Moment kaum langfristige Aussagen zu den Angeboten der Universitäten treffen lassen.

Tab. 1: Beispiele für Tenure-Track-Verfahren

Hochschule	Verfügbarkeit der TT-Richtlinien	Verlässlichkeit	Transparenz
U Erlangen-Nürnberg	verfügbar	unmittelbares TT	transparent
TU München	verfügbar	unmittelbares TT	intransparent
TU Berlin	Stellenausschreibungen		
HU Berlin	verfügbar	unmittelbares TT	transparent
U Bonn	verfügbar	unmittelbares TT	intransparent
U Heidelberg	verfügbar	nicht klassifizierbar	nicht klassifizierbar
TU Dortmund	Stellenausschreibungen		
U Leipzig	verfügbar	unmittelbares TT	intransparent
U Gießen	keine Angaben		
U Göttingen	verfügbar	unmittelbares TT	transparent

Anmerkung: TT = Tenure Track

Qualifizierungsbedingungen

Nahezu alle Universitäten in der Stichprobe haben zentrale Strukturen für die Qualifizierung in der Promotion aufgebaut, die zwischen einzelnen Zuständigen in der Forschungsverwaltung (Promotionsbüros) bis hin zu personalstarken Graduiertenzentren, die direkt der Universitätsleitung unterstellt sind, variieren. An Exzellenzuniversitäten, aber auch an einigen anderen Universitäten sind zum Teil sehr große Graduiertenzentren zu finden (z. B. HU Berlin, Freie U Berlin, TU München, TU Dresden, U Leipzig, U Hannover). An manchen Universitäten im Sample gibt es mehrere parallele (fächergruppenbezogene) Graduate Schools (U Düsseldorf, U Frankfurt/Main, U Würzburg, U Göttingen, U Gießen), an anderen zentrale Promotionsbüros (U München, RWTH Aachen, U Nürnberg, TU Berlin, U Freiburg).

Die Gründung dieser Einrichtungen wurde oft durch die Bewerbungen in der Exzellenzinitiative motiviert, wodurch die Geschichte der meisten Einrichtungen zwischen 2005 und 2010 beginnt. Vielfach sind sie bis heute stark auf Drittmittel (oftmals aus der Exzellenzinitiative) angewiesen. Zielgruppe sind zumindest anfangs oft nur Mitglieder strukturierter Programme, nachfolgend werden sie oftmals für alle Promovierenden geöffnet. Zunehmend werden auch Postdocs adressiert.

Promotionsbüros oder Graduiertenzentren wirken mittlerweile mehr oder weniger formal verantwortlich bei der Weiterentwicklung von Promotionsordnungen der Fakultäten mit, bei der Einführung von Promotionsvereinbarungen oder dem Aufbau von Strukturen zur Sicherung guter wissenschaftlicher Praxis. Die Einrichtungen unterstützen durch Qualifizierungs-, Coaching- oder Mentoringangebote die Wissenschaftlerinnen und Wissenschaftler in den Qualifizierungsphasen im Sinne einer ideellen Förderung. Fast überall lassen sich Betreuungsvereinbarungen online finden. In der Studie zeigte sich jedoch, dass ihr Abschluss bislang eher die Ausnahme als die Regel ist. Über Kursangebote, deren Themenspektrum und Teilnahmebedingungen sehr unsystematisch variieren, kann aufgrund einer fehlenden flächendeckenden Registrierung von Promovierenden die Zielgruppe in der Regel nicht lückenlos informiert werden. Von einer Standardisierung von Unterstützungsangeboten im Sinne einer verlässlichen und strukturellen Verbesserung der Qualifizierungsbedingungen kann daher aktuell kaum gesprochen werden.

Befristungswesen

Durchschnittlich sind 75,8 % der wissenschaftlich Beschäftigten an den Universitäten der Stichprobe befristet tätig. Damit liegt die Befristungsquote fast um das Zehnfache höher als im öffentlichen Dienst (7,8 %, ohne Wissenschaft) oder in der Privatwirtschaft (6,6 %) in Deutschland im Jahr 2013 (vgl. Hohendanner/Ostmeier/Lobato 2015). Dabei lässt der Vergleich zwischen den Universitäten eine starke Varianz deutlich werden (siehe Tab. 2). So heben sich z. B. die U Wuppertal (63,8 %), die U Hagen (63,2 %) und die U Tübingen (59,3 %) mit relativ niedrigen Befristungsquoten vom Rest des Samples ab.

Tab. 2: Universitäten nach Befristungsanteilen und DFG-Mittelbewilligungen

	Befristungsanteil (in Prozent, absteigend)	DFG-Mittel 2011–2013 (in Mio.)	Platzierung nach DFG-Mitteln
RWTH Aachen	87,36	272,5	3
TU Berlin	84,98	121,5	21
TU München	84,89	259,9	4
TU Dortmund	83,56	74,9	36
TU Darmstadt	83,55	145,3	17
U Münster	83,21	174,8	13
U Freiburg	82,30	239,6	7
KIT	82,27	198,2	8
U Heidelberg	80,46	274,7	2
TU Braunschweig	79,78	Nicht aufgeführt	k. P.
U Hannover	79,52	115,5	24
Freie U Berlin	79,29	252,2	5
U Stuttgart	78,59	128,4	20
U Würzburg	78,08	141,3	19
U Bielefeld	77,68	84,5	33
U Erlangen-Nürnberg	77,49	186,7	11
U Frankfurt am Main	77,29	162,8	15
U München	77,23	277,8	1
U Kiel	76,81	106,7	26
U Paderborn	76,59	Nicht aufgeführt	k. P.
U Bochum	76,18	120,5	22
U Köln	76,03	158,8	16
TU Dresden	**75,81**	**191,6**	**10**
U Kassel	75,76	Nicht aufgeführt	k. P.
U Bonn	75,68	184,4	12
U Bremen	75,59	100,5	27
U Düsseldorf	75,58	88,1	29
U Göttingen	75,41	247,6	6
U Potsdam	74,66	Nicht aufgeführt	k. P.
U Hamburg	74,55	143,9	18
U Gießen	74,46	72,2	39

	Befristungsanteil (in Prozent, absteigend)	DFG-Mittel 2011–2013 (in Mio.)	Platzierung nach DFG-Mitteln
U Marburg	74,16	86,2	30
U Jena	74,15	81,6	35
U Duisburg-Essen	73,44	82,7	34
U Saarbrücken	73,42	72,3	38
HU Berlin	73,30	195,8	9
U Regensburg	72,46	85,1	32
U Leipzig	71,80	85,3	31
U Augsburg	71,69	Nicht aufgeführt	k. P.
U Mainz	70,10	107,4	25
U Siegen	68,71	Nicht aufgeführt	k. P.
U Halle-Wittenberg	64,04	68,4	40
U Wuppertal	63,79	Nicht aufgeführt	k. P.
U Hagen	63,17	Nicht aufgeführt	k. P.
U Tübingen	59,34	169,0	14

Anmerkungen: k. P. = keine Platzierung unter den bei der DFG-Mitteleinwerbung erfolgreichsten 40 Universitäten. Die grau abgestuften Schattierungen weisen die Quartile der Verteilung aus. Die fett gedruckte und hell hinterlegte Universität markiert den Median der Verteilung.
Quellen: Statistisches Bundesamt, Stichtag: 31.12.2013 und DFG-Förderatlas 2015

Unterteilt nach einzelnen Personalkategorien zeigt sich, dass die untersuchten Universitäten ihre wissenschaftlichen Mitarbeiterinnen und Mitarbeiter (wiMis) im Durchschnitt zu 86,8 % befristet beschäftigen. Der Anteil der befristeten Professuren liegt bei durchschnittlich 9,3 % und gleicht damit der Befristungsquote von Beschäftigungsverhältnissen außerhalb der Wissenschaft. Bei den Lehrkräften für besondere Aufgaben (LfbAs) liegt die durchschnittliche Befristung mit 61,2 % niedriger als bei den wiMis. Allerdings weist das Mittelfeld (d. h. das 2. und 3. Quartil, vgl. Tab. 2) mit Anteilen zwischen 38,3 % und 86,7 % befristeter Beschäftigung eine wesentlich höhere Varianz als bei den wiMis auf (84,7 % und 90,3 %).

Sowohl die fachliche Ausrichtung als auch die Drittmittelquote zeigen einen Zusammenhang mit der Befristungspraxis der untersuchten Universitäten (vgl. Tab. 2). So weisen die technischen Universitäten der Stichprobe mit Ausnahme der TU Dresden jeweils einen höheren Prozentsatz an befristeten Beschäftigungsverhältnissen auf als 75 % der untersuchten Hochschulen. Die statistische Analyse ergab, dass ein mäßig positiver

Zusammenhang (η = .37) zwischen der fachlichen Ausrichtung[39] und der Befristungsquote einer Hochschule bestand: Umso mehr Lehrstühle eine Universität in den technisch-naturwissenschaftlichen Fachbereichen hat, umso höher ist auch der prozentuale Anteil an befristeten Beschäftigungsverhältnissen. Inwiefern hier insbesondere eine höhere Drittmittelquote ein Faktor für die höheren Befristungsquoten ist, konnte nicht eindeutig nachvollzogen werden. Dass die Höhe der eingeworbenen Drittmittel der Universitäten insgesamt in einem Zusammenhang mit der relativen Anzahl ihrer befristeten Beschäftigungen steht, zeigte jedoch ein Vergleich der bewilligten DFG-Mittel einer Universität mit ihren Befristungsquoten. Universitäten mit höheren DFG-Bewilligungen weisen auch höhere Befristungsquoten auf als Hochschulen mit geringeren DFG-Einnahmen (vgl. Tab. 2).[40]

Die unterschiedliche Ausstattung mit Drittmitteln wurde schon häufig als Grund für die unterschiedliche Befristungspraxis von Hochschulen ins Feld geführt. Allerdings zeigen unsere Ergebnisse eine Varianz in der Befristungspraxis zwischen den Universitäten, die nicht allein mit unterschiedlichen Finanzierungsmodellen oder unterschiedlichen Fachkulturen zu erklären ist. So weist bspw. die U Tübingen eine relativ niedrige Befristungsquote auf (59,3 %), obwohl sie im DFG-Ranking zu den 15 bewilligungsstärksten Universitäten gehört (siehe Tab. 3). Im Gegensatz dazu befristet die U Heidelberg um mehr als 20 Prozentpunkte häufiger (80,5 %). Die Faktoren, die die unterschiedliche Befristungsquote an beiden Hochschulen wesentlich beeinflussen könnten, erscheinen hingegen ähnlich (Landeshochschulgesetz, Drittmitteleinnahmen, fachliche Ausrichtung).

Es stellt sich daher die Frage, ob die unterschiedliche Befristungsquote neben der finanziellen Lage der Hochschulen, ihren Drittmittelquoten und den fachlichen Ausrichtungen auch durch eine unterschiedliche

---

[39] Bei der Bestimmung der fachlichen Ausrichtung der Hochschulen wurde die Anzahl der Professuren in den jeweiligen Fachbereichen für das Jahr 2013 zugrunde gelegt (Statistisches Bundesamt, Auswertung über ICEland-Datenbank [DZHW 2017]). Die Medizin wurde dabei ausgeklammert. Hochschulen, bei denen mehr als 66 % der Professuren in den Geistes-, Rechts-, Sozial-, Wirtschaftswissenschaften und Kunst lagen, wurden als Universitäten mit geisteswissenschaftlicher Ausrichtung klassifiziert (N = 6). Hochschulen, deren Professuren zu mehr als 66 % im Bereich der Ingenieur-, Naturwissenschaften und Mathematik lagen, wurden als technisch ausgerichtete Universitäten definiert (N = 8). Hochschulen, deren Professuren weder in den geisteswissenschaftlichen noch in den naturwissenschaftlich-technischen Bereichen über der 66 %-Marke lagen, wurden zur „Uni generale" gruppiert (N = 31).

[40] Die statistische Korrelation ergab einen mäßigen Zusammenhang (r = .48, p = .001). Dieses Ergebnis kann nur als Richtwert verstanden werden, da in die Berechnung nur die Bewilligungszahlen der DFG für die Jahre 2011 bis 2013 einflossen. Jedoch können die Universitäten über Drittmittel weiterer Drittmittelgeber verfügen, die die gefundene Korrelation verstärken oder abschwächen könnten.

Personalpolitik versursacht wird. Ein interessanter Punkt, der Auswirkungen auf die Personalpolitik beider Hochschulen besitzen könnte, ist die Umwandlung der Universitäten in Landesbetriebe nach § 26 der Landeshaushaltsordnung. Während die U Tübingen bis 2015 kein Landesbetrieb war (s. Rechnungshof Baden-Württemberg 2015) ist es die U Heidelberg seit 2003 (siehe Universität Heidelberg 2003). Welche konkreten Auswirkungen diese veränderten Formen der Wirtschaftsführung und Verwaltung, die den Wirtschaftlichkeitsgrundsatz einer Universität als zentrales Moment in den Vordergrund rücken, auf personalpolitische Entscheidungen innerhalb der Hochschulen besitzen und wie sie möglicherweise bisherige Denkweisen und Konzepte der Stellenbewirtschaftung von Hochschulen verändern, wäre ein interessanter Untersuchungsgegenstand weiterer Arbeiten.

Tab. 3: Einflussfaktoren auf Drittmittelquote der Universitäten Heidelberg und Tübingen

	U Heidelberg	U Tübingen
Bundesland	Baden-Württemberg	Baden-Württemberg
Lehrstühle	181 GW, 146 TN	207 GW, 148 TN
Drittmittelquote	35,5 % der Gesamteinnahmen	26,6 % der Gesamteinnahmen
Landesbetrieb	Seit 2003	Seit 2015

Anmerkung: GW = Sprach-, Kultur-, Rechts-, Sozial-, Wirtschaftswissenschaften und Kunst; TN = Mathematik, Natur- und Ingenieurwissenschaften.
Quellen: Statistisches Bundesamt, Stichtag: 31.12.2013 und Jahresberichte der Hochschulen

Teil- und Vollzeitbeschäftigung

An den untersuchten Universitäten befinden sich im Durchschnitt 40,5 % der hauptberuflich Beschäftigten in einem Arbeitsverhältnis in Teilzeit. Eine ähnlich hohe Teilzeitquote (41,6 %) liegt im Jahr 2013 für den gesamten öffentlichen Dienst in Deutschland vor (eigene Berechnung auf Basis des Statistischen Bundesamts 2014). Dagegen fallen die Zahlen zur Teilzeitarbeit bei allen in Deutschland Erwerbstätigen mit 29,6 % deutlich geringer aus. Zwischen den Universitäten sind deutliche Unterschiede in der Zahl der Teilzeitarbeitsverhältnisse zu erkennen (siehe Tab. 4). So beschäftigt z. B. die TU Berlin (26,6 %) ihr hauptberufliches wissenschaftliches Personal seltener auf Teilzeitstellen als die U Kiel (56,5 %).

Tab. 4: Anteile Voll- und Teilzeitbeschäftigung der hauptberuflich Beschäftigten

Hochschule	Vollzeit (in Prozent, absteigend)	Teilzeit (in Prozent, aufsteigend)
TU Berlin	73,39	26,61
RWTH Aachen	72,11	27,89
U Stuttgart	71,23	28,77
TU Darmstadt	69,64	30,36
KIT	69,45	30,55
U Paderborn	68,79	31,21
TU Braunschweig	67,35	32,65
TU München	66,50	33,50
U Saarbrücken	66,38	33,62
U Duisburg-Essen	66,24	33,76
U Erlangen-Nürnberg	65,66	34,34
TU Dortmund	64,99	35,01
U Hagen	64,79	35,21
U Hannover	63,94	36,06
U Augsburg	63,29	36,71
U Heidelberg	62,99	37,01
U Siegen	62,05	37,95
U Köln	61,37	38,63
U Halle-Wittenberg	61,00	39,00
U Regensburg	61,00	39,00
U Wuppertal	60,56	39,44
U Bremen	60,29	39,71
U Frankfurt am Main	**59,91**	**40,09**
U Düsseldorf	59,39	40,61
U Bochum	58,93	41,07
U Hamburg	58,61	41,39
U München	58,61	41,39
U Würzburg	58,44	41,56
TU Dresden	58,27	41,73
U Bonn	57,65	42,35
U Tübingen	57,31	42,69
U Freiburg	56,51	43,49

BESCHÄFTIGUNGSBEDINGUNGEN UND PERSONALPOLITIK AN UNIVERSITÄTEN E

Hochschule	Vollzeit (in Prozent, absteigend)	Teilzeit (in Prozent, aufsteigend)
U Bielefeld	56,32	43,68
HU Berlin	56,21	43,79
U Jena	55,91	44,09
U Kassel	54,64	45,36
Freie U Berlin	54,57	45,43
U Leipzig	50,40	49,60
U Münster	48,45	51,55
U Gießen	47,08	52,92
U Göttingen	46,40	53,60
U Mainz	46,14	53,86
U Potsdam	45,65	54,35
U Marburg	43,72	56,28
U Kiel	43,48	56,52

Anmerkungen: Die grau abgestuften Schattierungen weisen die Quartile der Verteilung aus. Die fett gedruckte und hell hinterlegte Universität markiert den Median der Verteilung.
Quelle: Statistisches Bundesamt, Stichtag: 31.12.2013

Ähnlich wie beim Befristungswesen nehmen die technisch-naturwissenschaftlichen Universitäten auch bei der Teilzeitarbeit eine Sonderrolle im Vergleich zum Rest der Stichprobe ein. In der Analyse zeigte sich, dass Universitäten mit einer höheren Zahl an technisch-naturwissenschaftlichen Lehrstühlen weniger Beschäftigte in Teilzeit haben als Hochschulen mit einer stärker geisteswissenschaftlichen Ausrichtung (was sich in einer mäßigen Korrelation ausdrückte mit $\eta = .42$). Dieses Ergebnis macht zwei Dinge deutlich: Zum einen ist die Teilzeitquote gerade an den Universitäten geringer, welche ein Spektrum an Fächern aufweisen, die mit der Wirtschaft im Wettbewerb um gut ausgebildete Absolventinnen und Absolventen liegen und deren Drittmittelquote hoch ist (vgl. Quaißer/Burkhardt 2013). Das trifft insbesondere auf technische Universitäten zu. Zum anderen macht das Ergebnis deutlich, dass vor allem Frauen von Teilzeitarbeit betroffen sind. So sind nicht nur in unserer Stichprobe mehr Frauen in Teilzeit beschäftigt (54 % gegenüber 33 % bei Männern), sondern gerade an den technischen Universitäten, wo die Teilzeitquote insgesamt geringer ist, übersteigt der Anteil männlicher Beschäftigter den der weiblichen Beschäftigten um 34 bis 50 Prozentpunkte. Der Wissenschaftsrat wies 2007 darauf hin, dass gerade Teilzeitstellen, die häufig mit Befristung einhergehen, sich oft nachteilig auf die Aufstiegschancen von Wissenschaftlerinnen und Wissenschaftlern auswirken. Diese Stellen sind häufig mit weniger Mitteln (z. B. für Hilfskräfte) ausgestattet und lassen weniger Zeit für Forschung oder die Teilnahme an wissenschaftlichen Veranstaltungen (vgl. Konsortium Bundesbericht Wissenschaftlicher Nachwuchs 2013). Angesichts dieser Ergebnisse lässt sich daher argumentieren, dass Teilzeitarbeit insbesondere für Frauen weiterhin ein Karriererisiko darstellt.

Gleichstellung

Alle Universitäten der Stichprobe verfügen über ein Gleichstellungskonzept. Dies umfasst Angebote zu Beratung, Mentoring, Coaching und Fortbildungen für Wissenschaftlerinnen. Die üblicherweise schriftlich fixierten und online verfügbaren Gleichstellungskonzepte der Universitäten besitzen jedoch nur geringe Aussagekraft über die reale Teilhabe von Frauen in der Wissenschaft. Denn der Hauptanteil des weiblichen Personals ist auf den unteren Karrierestufen und in den Stellenkategorien beschäftigt, die kaum Aufstiegsmöglichkeiten bieten. Eine Überrepräsentation von Frauen findet sich lediglich in der bzgl. Anstellungsbedingungen (Dauer, Zeitumfang, Gehaltshöhe, Aufstiegsmöglichkeit) kritischeren Stellenkategorie LfbAs.[41] An 31 Universitäten der Stichprobe liegt der Anteil der Frauen bei LfbA-Stellen höher als bei den Männern, bei 25 davon liegt diese Differenz sogar im zweistelligen Bereich.

In der Stellenkategorie Professur findet sich dagegen eine starke Unterrepräsentanz von Frauen. Beim Blick auf die entfristeten Vollzeitprofessuren sinkt der Frauenanteil noch weiter, während auf den befristeten Professuren hingegen mehr Frauen als Männer beschäftigt sind.

Das hauptberufliche wissenschaftliche Personal umfasst an den 45 untersuchten Universitäten durchschnittlich 38,1 % Frauen und 61,9 % Männer. Zu diesem allgemein bekannten – und oft bedauerten – Befund zeigt sich mit Blick auf die Stichprobe eine starke Varianz, die sich nicht allein durch den fachlichen Zuschnitt der Universitäten erklären lässt. Tab. 5 zeigt Auszüge aus den Ergebnissen der Geschlechterverteilungen in der Stichprobe. So gibt es Volluniversitäten wie die U Gießen oder U Köln, die ein nahezu ausgeglichenes Geschlechterverhältnis in der Besetzung ihres Personals haben. Dem gegenüber stehen Volluniversitäten wie die U Augsburg und U Siegen, bei denen mit fast 70 % männlichen Beschäftigten deutliche Unterschiede in der Gleichstellung bestehen.

---

41 Die Anzahl an LfbAs variiert jedoch auch insgesamt zwischen den Universitäten deutlich.

Tab. 5: Anteil weiblicher und männlicher Beschäftigter am hauptberuflichen Personal

Hochschule	Hauptberuflich Beschäftigte	davon Frauen (in Prozent)	davon Männer (in Prozent)	Differenz (in Prozentpunkten)
U Gießen	2.035	47,17	52,83	5,65
U Köln	4.771	46,59	53,41	6,81
Freie U Berlin	2.749	46,27	53,73	7,46
U München	7.045	45,42	54,58	9,16
U Frankfurt am Main	4.243	45,13	54,87	9,73
U Leipzig	3.252	44,65	55,35	10,70
...				
TU Dortmund	2.068	32,98	67,02	34,04
TU München	6.651	32,07	67,93	35,86
U Augsburg	1.136	31,51	68,49	36,97
U Siegen	1.141	31,29	68,71	37,42
RWTH Aachen	6.289	31,28	68,72	37,45
TU Dresden	4.690	30,77	69,23	38,46
U Hannover	2.698	29,61	70,39	40,77
TU Braunschweig	2.092	29,49	70,51	41,01
TU Berlin	2.950	26,17	73,83	47,66
KIT	3.345	24,90	75,10	50,19
U Stuttgart	3.493	24,25	75,75	51,50
TU Darmstadt	2.668	24,06	75,94	51,87

Anmerkung: Es wird nur ein Auszug aus den 45 Universitäten der Stichprobe aufgeführt.
Quellen: Statistisches Bundesamt, Stichtag: 31.12.2013 und eigene Berechnung

Es zeigt sich wieder das bekannte Bild für technische Universitäten mit höheren Anteilen an männlichen Beschäftigten, doch auch hier finden sich Varianzen. Die Differenz in den Prozentpunkten erstreckt sich an diesen Universitäten immerhin zwischen 34 (TU Dortmund) bis 52 (TU Darmstadt) Prozentpunkten (vgl. Tab. 5).

Vereinbarkeit von Familie und Beruf

Die Notwendigkeit, eine Vereinbarkeit von Familie und Beruf zu ermöglichen, wird von allen Universitäten insofern anerkannt, als dass sie auf ihren Webseiten angeben, über ein entsprechendes Konzept zu verfügen. Auch Beratung und Angebote für Kinderbetreuung sind an allen Universitäten vorhanden. Jedoch wirkt sich dieser Anspruch nicht auf entscheidende Unterstützungsangebote wie Flexibilisierung der Arbeitszeit oder finanzielle Unterstützung aus. Es besteht zudem ein eindeutiges Spannungsverhältnis zwischen dem zertifizierten Anspruch der Vereinbarkeit und der hohen Befristungspraxis, die Probleme in der Vereinbarkeit schafft. Maßnahmen zur finanziellen Unterstützung z. B. in der Wiedereinstiegsphase, als Abschlussförderung oder Kinderbetreuung werden nur von 4 (HU Berlin, U Göttingen, TU Darmstadt, U Hannover) und für familienfreundliche Arbeitsbedingungen nur von 14 Universitäten bereitgestellt. Der Fokus auf die Vereinbarkeit verweist damit auf ein Spannungsverhältnis zwischen formellem Anspruch und üblicher Praxis.

Sonderfall Exzellenzinitiative?

Es ließ sich in der Studie kein Nachweis finden, dass ein zeitlich begrenztes Förderprogramm wie die Exzellenzinitiative als nachhaltige Strukturentwicklung wirkt, die zu besseren Beschäftigungsbedingungen beiträgt. Trotz zusätzlicher Finanzierung, vorzulegender Nachwuchsförderungs-, Gleichstellungs- und Familienfreundlichkeitskonzepte unterscheiden sich die Beschäftigungsbedingungen an den Exzellenzuniversitäten nur in sehr geringem Maße von denen des Gesamtsamples. Unterschiede zeigen sich lediglich in einer höheren Anzahl unbefristeter und vollzeitbeschäftigter LfbAs und in einer höheren Zahl befristeter Professuren.

Dieses Ergebnis lässt folgenden Schluss zu: Das Exzellenzprädikat orientiert sich weder an den Beschäftigungsbedingungen von und personalpolitischen Konzepten für Wissenschaftlerinnen und Wissenschaftler, noch haben die gesonderte finanzielle Förderung und die ausgearbeiteten Konzepte bisher zu einer Verbesserung von Beschäftigungsbedingungen an den betreffenden Universitäten beigetragen.

Fazit

Die Ergebnisse der Studie weisen nicht nur auf allgemeine Defizite in den Beschäftigungsbedingungen an Universitäten in Deutschland hin, sondern machen auch Varianzen zwischen den Universitäten sichtbar – auch wenn auf der vorliegenden Datenbasis die möglichen Ursachen nicht tiefer gehend ermittelt werden können. Wie bereits in der Diskussion der Teilergebnisse erwähnt wurde, sind strukturelle Unterschiede wie Drittmittelquoten und Fächerzuschnitt allein nicht hinreichend, um die deutlichen Varianzen zu erklären. Unterschiedliche Vertragslaufzeiten sowie Befristungs- und Teilzeitquoten verweisen vielmehr auf Handlungsspielräume der Universitäten, die trotz gleicher rechtlicher Rahmenbedingungen (z. B. WissZeitVG) offensichtlich vorhanden sind. Somit macht die Studie deutlich, dass es auch dem „Willen" der Universität als Arbeitgeberin geschuldet ist, durch eine gute Personalpolitik, die Entwicklung nachhaltiger Konzepte und konsequente Umsetzung in der Praxis für gute Beschäftigungsbedingungen zu sorgen und diese damit als relevant für exzellente Forschung und Lehre anzuerkennen. Weitere Forschungen zum Arbeitsmarkt Wissenschaft müssen diesen Prozess kritisch begleiten.

Literatur

Deutscher Bundestag 2012: Exzellente Perspektiven für den wissenschaftlichen Nachwuchs fortentwickeln. Bundestags-Drucksache 17/9396 vom 24.04.2012, http://dipbt.bundestag.de/dip21/btd/17/093/1709396.pdf (18.04.2017).

DZHW (Deutsches Zentrum für Hochschul- und Wissenschaftsforschung) 2017: ICEland. Projekt der Wissenschaftsministerien der Länder 1999–2005, https://iceland.dzhw.eu/iceproject/www/app/land/stat/info.htm (25.05.2017).

GEW (Gewerkschaft Erziehung und Wissenschaft) 2010: Templiner Manifest. Traumjob Wissenschaft. Für eine Reform von Personalstruktur und Berufswegen in Hochschule und Forschung, https://www.gew.de/wissenschaft/templiner-manifest/templiner-manifest-text/ (18.04.2017).

GEW (Gewerkschaft Erziehung und Wissenschaft) 2012: Herrschinger Kodex. Gute Arbeit in der Wissenschaft. Ein Leitfaden für Hochschulen und Forschungseinrichtungen, http://www.gew.de/wissenschaft/herrschinger-kodex/(18.04.2017).

GWK (Gemeinsame Wissenschaftskonferenz) 2013: Strategie der Wissenschaftsminister/innen von Bund und Ländern für die Internationalisierung der Hochschulen in Deutschland. Beschluss der Gemeinsamen Wissenschaftskonferenz vom 12. April 2013, http://www.kmk.org/fileadmin/veroeffentlichungen_beschluesse/2013/2013_04_12-Strategiepapier-Internationalisierung-Hochschulen.pdf (18.04.2017).

Himpele, Klemens/Keller, Andreas/Ortmann, Alexandra (Hg.) 2011: Traumjob Wissenschaft? Karrierewege in Hochschule und Forschung, in: GEW-Materialien aus Hochschule und Forschung 117, Bielefeld.

Hohendanner, Christian/Ostmeier, Esther/Lobato, Phillip R. 2015: Befristete Beschäftigung im öffentlichen Dienst: Entwicklung, Motive und rechtliche Umsetzung, http://doku.iab.de/forschungsbericht/2015/fb1215.pdf (18.04.2017).

HRK (Hochschulrektorenkonferenz) 2012: Leitlinien für die Ausgestaltung befristeter Beschäftigungsverhältnisse mit wissenschaftlichem und künstlerischem Personal. Empfehlungen der 12. Mitgliederversammlung der HRK am 24.04.2012, http://www.hrk.de/uploads/tx_sz convention/Empfehlung_Leitlinien_Befristung_MV_24042012_04.pdf (18.04.2017).

Jakstat, Steffen/Preßler, Nora/Briedis, Kolja 2012: Promotionen im Fokus. Promotions- und Arbeitsbedingungen Promovierender im Vergleich, in: Forum Hochschule, 15, http://www.dzhw.eu/pdf/pub_fh/fh-201215.pdf (29.01.2016).

Keller, Andreas/Pöschl, Doreen/Schütz, Anna (Hg.) 2013: Baustelle Hochschule. Attraktive Karrierewege und Beschäftigungsbedingungen gestalten, in: GEW-Materialien aus Hochschule und Forschung, Bd. 120, Bielefeld.

Konsortium Bundesbericht Wissenschaftlicher Nachwuchs 2013: Bundesbericht Wissenschaftlicher Nachwuchs 2013. Statistische Daten und Forschungsbefunde zu Promovierenden und Promovierten in Deutschland, Bielefeld.

Konsortium Bundesbericht Wissenschaftlicher Nachwuchs 2017: Bundesbericht Wissenschaftlicher Nachwuchs 2017. Statistische Daten und Forschungsbefunde zu Promovierenden und Promovierten in Deutschland, Bielefeld.

Preißler, Ulrike 2006: Die Juniorprofessur mit tenure track, in: Verein zur Förderung des deutschen und internationalen Wissenschaftsrechts e.V. (Hg.): Dienst- und Arbeitsrecht der Professoren – Neue Steuerungsmodelle und Entwicklungstendenzen, Münster, https://www.uni-muenster.de/imperia/md/content/agfortbildung/prei_ler_potsdam_06.pdf (18.04.2017).

Quaißer, Gunter/Burkhardt, Anke 2013: Beschäftigungsbedingungen als Gegenstand von Hochschulsteuerung. Studie im Auftrag der Hamburger Behörde für Wissenschaft und Forschung, in: HoF-Arbeitsbericht 4/2013, Halle-Wittenberg.

Rechnungshof Baden-Württemberg 2015: Beratende Äußerung. Landesbetriebe. Bericht nach § 88 Landeshaushaltsordnung, http://www.rechnungshof.baden-wuerttemberg.de/media/978/Ber2108B%C4GAU_Landesbetriebe_Neu_gesch%FCtzt.pdf (18.04.2017).

Statistisches Bundesamt 2014: Finanzen und Steuern: Personal des öffentlichen Dienstes 2013, Fachserie 14, Reihe 6, Wiesbaden.

Universität Heidelberg 2003: Jahresbericht 2003, http://www.uni-heidelberg.de/einrichtungen/organe/rektorat/03/index.html (18.04.2017).

Wissenschaftsrat 2007: Empfehlungen zur Chancengleichheit von Wissenschaftlerinnen und Wissenschaftlern, Köln, http://www.wissenschaftsrat.de/download/archiv/8036-07.pdf (18.04.2017).

Wissenschaftsrat 2014: Empfehlungen zu Karrierezielen und -wegen an Universitäten, Köln, https://www.wissenschaftsrat.de/download/archiv/4009-14.pdf (18.04.2017).

Die Wittenberger Erklärung – Fünf Forderungen zu einer nachhaltigen Wissenschaftsfinanzierung und ihre Disputation

F

Geld her – oder wir schließen ...
Wittenberger Erklärung der GEW

Wittenberger Erklärung der Gewerkschaft Erziehung und Wissenschaft (GEW), vorgelegt zur 9. GEW-Wissenschaftskonferenz 28.09. bis 01.10.2016 in Lutherstadt Wittenberg; Beschluss des Geschäftsführenden Vorstands der GEW am 23.08.2016

1. Für eine Bildungs- und Wissenschaftsfinanzierung aus einem Guss

In der Wissensgesellschaft des 21. Jahrhunderts steigen die Anforderungen an Bildung und Wissenschaft. Immer mehr Studierende drängen an die Hochschulen. Doch die Finanzierung von Forschung und Lehre hält mit den wachsenden Anforderungen nicht Schritt. Mit immer neuen zeitlich befristeten Pakten versucht die Politik, sich von Wahl zu Wahl zu hangeln. Damit muss Schluss sein!

Die GEW fordert Bund und Länder auf, eine ausreichende und nachhaltige Wissenschaftsfinanzierung aus einem Guss zu schaffen. Hierzu gehören eine vollständige Aufhebung des im Grundgesetz verankerten Kooperationsverbots für Bund und Länder im Bildungsbereich sowie ein Umsteuern in der Steuer- und Finanzpolitik. Nur mit gestärkten öffentlichen Haushalten lässt sich die chronische Unterfinanzierung von Bildung und Wissenschaft dauerhaft überwinden.

2. Ausbau der Grundfinanzierung der Hochschulen

Wer eine Hochschulzugangsberechtigung erworben hat und studieren will, darf nicht vor verschlossenen Türen stehen. Es gibt ein Recht auf freien Zugang zur Hochschulbildung. Die GEW wendet sich gegen Versuche, bessere Studienbedingungen durch eine Einschränkung des Hochschulzugangs zu erreichen. Um die Zulassungsbeschränkungen durch den Numerus clausus zu überwinden, müssen die Hochschulen endlich bedarfsgerecht ausgebaut werden.

In den vergangenen 15 Jahren ist die Zahl der Studierenden in Deutschland um über 50 Prozent gestiegen, die Zahl der Professorinnen und

Professoren dagegen nicht einmal um 25 Prozent.[42] Die Lehre wird inzwischen überwiegend von wissenschaftlichen Mitarbeiterinnen und Mitarbeitern oder Lehrkräften geleistet, die nur selten eine dauerhafte Anstellung erhalten, zunehmend auch von Lehrbeauftragten, die semesterweise für einen Apfel und ein Ei oder ganz unentgeltlich angeheuert werden. Immer stärker sind die Hochschulen auf das Einwerben von Projektmitteln angewiesen, um ihren Aufgaben in Forschung und Lehre nachzukommen – was nicht ohne Folgen für die Wissenschaftsinhalte bleibt. Die GEW fordert Bund und Länder auf, jetzt die Weichen für eine bessere Grundfinanzierung der Hochschulen zu stellen.

3. Dauerstellen für Daueraufgaben – für eine Entfristungsoffensive

Kurz- und Kettenverträge sind unfair gegenüber den betroffenen Beschäftigten und untergraben die Kontinuität und Qualität ihrer Arbeit in Forschung, Lehre und Wissenschaftsmanagement. Wir brauchen daher deutlich mehr Professuren, verlässliche Karrierewege sowie Dauerstellen neben der Professur für die Wahrnehmung von Daueraufgaben der Hochschulen in Forschung, Lehre und Wissenschaftsmanagement. Bund und Länder sollten die Handlungsmöglichkeiten des für die Hochschulen seit 2014 gelockerten Kooperationsverbots nutzen und 5.500 zusätzliche Tenure-Track-Professuren sowie 50.000 zusätzliche Dauerstellen im akademischen Mittelbau an Universitäten und Fachhochschulen bzw. Hochschulen für angewandte Wissenschaften schaffen.

Allein an den Universitäten muss die Zahl der Professorinnen und Professoren in den nächsten zehn Jahren um über 80 Prozent auf mehr als 43.000 erhöht werden, um die weiterhin auf hohem Niveau bleibende Zahl der Studienanfängerinnen und Studienanfänger angemessen ausbilden und betreuen zu können – so die Ergebnisse einer von der Max-Traeger-Stiftung geförderten Expertise des Instituts für Hochschulforschung an der Martin-Luther-Universität Halle-Wittenberg.[43] Der überfällige Ausbau der

---

42   Vgl. Statistisches Bundesamt: Studierende an Hochschulen insgesamt, Fachserie 11, Reihe 4.1, Wintersemester 2000/2001: 1.799.338, Wintersemester 2015/16 (vorläufige Ergebnisse): 2.755.408 (plus 53 Prozent); Professorinnen und Professoren an Hochschulen insgesamt, Fachserie 11, Reihe 4.4, 2000: 37.794, 2015 (vorläufige Ergebnisse): 46.310 (plus 23 Prozent).

43   Anke Burkhardt: Professorinnen und Professoren, Promovierte und Promovierende an Universitäten – leistungsbezogene Vorausberechnung des Personalbedarfs und Abschätzung der Kosten für Tenure-Track-Professuren, eine Expertise im Auftrag der Max-Traeger-Stiftung, Frankfurt am Main 2016.

Hochschulen muss mit einer strukturellen Veränderung der Karrierewege verbunden werden. Daher fordert die GEW 5.000 zusätzliche Tenure-Track-Professuren an den Universitäten – die von Bund und Ländern im Programm zur Förderung des wissenschaftlichen Nachwuchses vorgesehenen 1.000 Tenure-Track-Professuren greifen zu kurz. Mit weiteren 500 Tenure-Track-Professuren muss den Fachhochschulen bzw. Hochschulen für angewandte Wissenschaften die Möglichkeit eröffnet werden, qualifizierte Wissenschaftlerinnen und Wissenschaftler über eine parallele Praxisqualifikation zur Professur zu führen. Mindestens die Hälfte der Tenure-Track-Professuren muss mit qualifizierten Wissenschaftlerinnen besetzt werden.

Tab. 1: Für eine Entfristungsoffensive: Bund-Länder-Programme und GEW-Vorschläge auf einen Blick

	Bund-Länder-Programme	GEW-Vorschläge
Zusätzliche Tenure-Track-Professuren an Universitäten	1.000	5.000
Tenure-Track-Professuren an Fachhochschulen bzw. Hochschulen für angewandte Wissenschaften	? (Programm in Vorbereitung)	500
Zusätzliche Dauerstellen für Daueraufgaben an Universitäten	–	40.000
Zusätzliche Dauerstellen für Daueraufgaben an Fachhochschulen bzw. Hochschulen für angewandte Wissenschaften	–	10.000

Darüber hinaus muss nach den Berechnungen des Instituts für Hochschulforschung die Zahl der wissenschaftlichen Mitarbeiterinnen und Mitarbeiter an den Universitäten von derzeit rund 130.000 auf mindestens 170.000 ansteigen.[44] Um für die notwendige Kontinuität und Qualität der wissenschaftlichen Arbeit zu sorgen, fordert die GEW, dass 40.000 Stellen zusätzlich eingerichtet und unbefristet besetzt werden bzw. befristete Beschäftigungsverhältnisse mit wissenschaftlichen Mitarbeiterinnen und Mitarbeitern entfristet werden. Weitere 10.000 Dauerstellen sollten an den Fachhochschulen bzw. Hochschulen für angewandte Wissenschaften eingerichtet werden – als Beitrag zum Ausbau des akademischen Mittelbaus, den diese Hochschulen benötigen, um ihrer erweiterten Aufgabenstellung in Lehre und Forschung, Nachwuchsförderung und Wissenstransfer gerecht

44 Ebenda.

zu werden, und der nicht zuletzt Qualifizierungsstellen umfassen sollte. Die Hochschulen erhalten mit dieser Entlastung auch mehr Spielraum für die Einrichtung von Promotionsstellen. Mindestens die Hälfte der zusätzlichen Dauerstellen muss mit qualifizierten Wissenschaftlerinnen besetzt werden.

4. Bessere Studienbedingungen für eine inklusive Hochschule

Die GEW tritt dafür ein, dass die Hochschulen die Vielfalt der Gesellschaft widerspiegeln. Menschen mit unterschiedlicher Herkunft, Erstsprache, Religion und Kultur, mit verschiedenem Alter, Geschlecht, finanziellem und Bildungshintergrund, mit und ohne Beeinträchtigung, mit unterschiedlichen sexuellen Orientierungen, mit und ohne Kinder – sie alle sollen an den Hochschulen bestmögliche Studienbedingungen und individuelle Unterstützung erfahren.

Dafür brauchen wir eine bedarfsgerechte Infrastruktur und eine günstigere Betreuungsrelation von Lehrenden zu Studierenden. Nur in kleineren Gruppen können Lehrende auf unterschiedlichste Bedarfe der Studierenden sinnvoll eingehen. Auch der Ausbau zu familiengerechten Hochschulen mit ausreichenden Kita-Plätzen ist nicht aus Bordmitteln zu finanzieren. Die Studierendenwerke sind auf zusätzliche Mittel angewiesen, um günstigen Wohnraum für Studierende zu schaffen. Gleichzeitig müssen Beratungs- und Unterstützungsstrukturen an den Hochschulen gestärkt und geeignete Lernräume für die Studierenden – auch mit einer zeitgemäßen IT-Ausstattung – geschaffen werden.

Geflüchtete Menschen sind in besonderem Maße auf Unterstützung angewiesen. Wer mit einer Hochschulzugangsberechtigung zu uns kommt, muss unabhängig vom Aufenthaltsstatus möglichst schnell ein Studium aufnehmen können. Die Hochschulen sollten ihnen Ansprechpersonen sowie ein flächendeckendes Angebot gebührenfreier Deutschkurse bieten.

Studierende mit Behinderungen oder chronischen Krankheiten müssen wirksame Unterstützung erhalten. Die GEW fordert die Bundesregierung daher auf, den Gesetzentwurf für ein Bundesteilhabegesetz zu überarbeiten und von Einschränkungen des berechtigten Personenkreises für Leistungen der Eingliederungshilfe sowie von besonderen Eignungsprüfungen, die über die Hochschulzugangsberechtigung hinausgehen, abzusehen.[45] Auch Studierende mit Einschränkungen müssen die Möglichkeit haben, freiwillige Praktika zu absolvieren, und sollten hierfür Unterstützung erhalten.

5. Reform der Studienfinanzierung

Wie die Hochschulfinanzierung den steigenden Studierendenzahlen, so hinkt die Ausbildungsförderung den steigenden Lebenshaltungskosten hinterher. Von 2010 bis 2015 ist das BAföG überhaupt nicht erhöht worden, die endlich zum Wintersemester 2016/17 erfolgte Anpassung der Bedarfssätze und Freibeträge gleicht nicht einmal die gestiegenen Preise aus.[46] Um zu verhindern, dass das Niveau der Förderung hinter bereits erreichte Standards zurückfällt, muss die Bundesregierung noch vor der Bundestagswahl eine erneute Anpassung der entsprechenden Sätze auf den Weg bringen.

Die GEW erwartet von der nächsten Bundesregierung, dass sie endlich echte Leistungsverbesserungen und eine grundlegende Strukturreform der Ausbildungsförderung anpackt. Damit Studieren nicht vom Geldbeutel der Eltern abhängt, müssen die Fördersätze deutlich erhöht werden. Für die Zukunft sollte eine regelmäßige Anpassung an wachsende Lebenshaltungskosten verbindlich im BAföG verankert werden. Das BAföG muss wieder als Vollzuschuss ausgezahlt werden, weil die Angst vor Schulden viele junge Menschen davon abhält, ein Studium aufzunehmen. Um das sogenannte Mittelstandsloch des BAföG zu schließen und mehr Studierenden Unterstützung zukommen zu lassen, müssen außerdem die Elternfreibeträge deutlich erhöht und das BAföG langfristig zu einem elternunabhängigen Studienhonorar ausgebaut werden. Von den Ländern erwartet die GEW einen konsequenten Verzicht auf jede Art von Studiengebühren.

---

45 Vgl. Gesetzentwurf der Bundesregierung für ein Bundesteilhabegesetz (Stand 22.06.2016), §§ 99 und 112 SGB IX.

46 Vgl. Statistisches Bundesamt: Verbraucherpreisindex, Fachserie 17, Reihe 7, Juni 2016 (Eilbericht) gegenüber dem Basisjahr 2010: 107,3; die Erhöhung der Bedarfssätze und Freibeträge zum 01.08.2016 gemäß 25. BAföGÄndG beträgt 7 Prozent.

F Grundfinanzierung unserer Hochschulen muss in Länderhand bleiben

Alexandra Dinges-Dierig

1. Für eine Bildungs- und Wissenschaftsfinanzierung aus einem Guss
2. Ausbau der Grundfinanzierung der Hochschulen

Unser Bildungs- und Hochschulsystem erlangt seine Kraft aus der föderalen Struktur, die durch einen gesunden Wettbewerb um Ideen und Konzepte die besten Ergebnisse ermöglicht. Deshalb soll die föderale Verteilung der Aufgaben zwischen Bund und Ländern erhalten bleiben: Die Länder tragen die Grundverantwortung und -finanzierung für die Hochschulen, und der Bund gibt im Rahmen seiner Zuständigkeit Impulse für Aufgaben nationaler Bedeutung.

Mit der Änderung von Art. 91b des Grundgesetzes (GG) wurden die Gestaltungsmöglichkeiten des Bundes im Hochschulbereich ausgebaut, Vereinbarungen über Förderungen im Bereich Hochschule bedürfen aber nach wie vor der Zustimmung der Länder. Dadurch kann der Bund punktuell Unterstützung bieten, wie er das zum Beispiel im Rahmen der dreistufigen BAföG-Reform oder mit dem Hochschulpakt tut. Mit der Übernahme des gesamten Länderanteils der BAföG-Kosten durch die Bundesregierung stehen den Ländern jährlich zusätzlich etwa 1,2 Mrd. Euro zur Verfügung. Diese jährlich frei gewordenen Mittel wie vereinbart im Bereich Schule und insbesondere Hochschule einzusetzen, etwa durch den Ausbau der Grundfinanzierung, liegt jetzt in der Verantwortung der Länder. Sie haben ihrer Verpflichtung nachzukommen. Im Rahmen der Zuständigkeit des Bundes in diesem kooperativen Wissenschaftsföderalismus setzen wir Bildungspolitikerinnen und Bildungspolitiker der CDU/CSU uns unermüdlich weiter für die Förderung von Wissenschaft, Forschung und Lehre ein. Denn Forschung und Bildung sind prioritäre Schwerpunkte unserer Politik, und der Mensch und seine Zukunftschancen stehen im Mittelpunkt unseres Handelns.

3. Dauerstellen für Daueraufgaben – für eine Entfristungsoffensive

Nachhaltige Qualitätssicherung in Forschung und Lehre ist ein entscheidender Punkt für die Zukunft der Hochschulen. Personalentwicklung über gut strukturierte Personalberatung bildet hierbei die notwendige Grundlage. Mit der Novelle des Wissenschaftszeitvertragsgesetzes haben wir dafür gesorgt, dass das nicht wissenschaftliche Personal, das in hohem Umfang Daueraufgaben erledigt, vom Geltungsbereich des Gesetzes ausgenommen wurde und Befristungen sich immer an der Qualifizierung orientieren müssen. Mit dem Ziel, für Nachwuchswissenschaftlerinnen und Nachwuchswissenschaftler zuverlässigere Karrierewege zu schaffen, unterstützt der Bund den Kulturwandel in der Personalstruktur der Hochschulen mit dem Tenure-Track-Programm an den Universitäten. Ein an die jeweiligen Bedürfnisse der Fachhochschulen/HAWs angepasstes Förderprogramm befindet sich im Prozess der Beratung, nachdem der Wissenschaftsrat hierzu seine Empfehlungen abgegeben hat.[47] Für die Schaffung langfristiger Stellen sind und bleiben nach dem Grundgesetz die Länder verantwortlich.

4. Bessere Studienbedingungen für eine inklusive Hochschule

Die Vielfalt in den Hochschulen bildet die Vielfalt in der Gesellschaft ab. In diesem Sinne wurde auch das Wissenschaftszeitvertragsgesetz novelliert. Ebenso ist Integration durch Bildung ein wichtiges Anliegen unserer heutigen Zeit. Bezüglich der Zulassung zum Studium oder der Gasthörerschaft wäre es begrüßenswert, wenn mehr Geflüchtete diese Chance erhielten, wie es CDU/CSU und SPD gemeinsam im Rahmen der Asyl- und Integrationsgesetze möglich gemacht haben. Mit der Entscheidung, das BAföG für Geflüchtete bereits nach 15 Monaten statt wie bisher nach vier Jahren zu gewähren, hat die Koalition zudem eine entscheidende Grundlage für die Unterstützung von Geflüchteten geschaffen. Mit dem Hochschulpakt 2020 fließen seit fast 10 Jahren zusätzliche Mittel für neue Studienplätze und die Verbesserung der Studienbedingungen an die Hochschulen, ausgelöst durch die doppelten Abiturjahrgänge. Es liegt in der Verantwortung der Länder und Hochschulen, diese zusätzlichen Möglichkeiten zukunftsfähig einzusetzen.

---

47 Diverse Gespräche mit Fachhochschulen zeigen, dass das Tenure-Track-Modell nicht eins zu eins auf die Fachhochschulen übertragbar ist.

5. Reform der Studienfinanzierung

Wir haben als Bund das BAföG übernommen und so die Länder strukturell – d. h. jährlich mit 1,17 Mrd. Euro – finanziell entlastet und gleichzeitig die Gestaltungsverantwortung übernommen. Eine automatische Anpassung der Fördersätze sehen wir als Bildungspolitikerinnen und Bildungspolitiker der Union weiterhin kritisch. Eine zweijährliche Erhöhungsdebatte aufgrund fundierter Berichterstattung halten wir mit Blick auf die gesamte Ausgabenverantwortung des Bundes im Sozialbereich für angemessen. Automatische Anpassungen bergen immer auch ein Risiko der Absenkung, wenn der zugrunde liegende Index dies vorsieht. Dennoch bleiben wir selbstverständlich offen, diese Frage auch künftig zu diskutieren.

F Fünf Thesen, die es in sich haben

Kai Gehring

Martin Luther nagelte 93 Thesen an die Wittenberger Schlosskirche, die „Wittenberger Erklärung" der GEW kommt mit fünf aus. Aber die haben es in sich: Eine Bildungs- und Wissenschaftsfinanzierung aus einem Guss schwebt den Unterzeichnerinnen und Unterzeichnern vor. Was ist dran an den Thesen unter der dramatischen Überschrift „Geld her – oder wir schließen"?

In der Wissenschaftsfinanzierung ist mit Exzellenzstrategie, Hochschulpakt und Qualitätspakt Lehre in den letzten Jahren einiges passiert. Allein mit dem Hochschulpakt werden Bund und Länder im Zeitraum 2007 bis 2023 rund 40 Mrd. Euro an die Hochschulen gegeben haben. Das ist – gerade im Verhältnis zur Exzellenzförderung – ein klarer Schwerpunkt. Dennoch sind die Aussichten für die Hochschulfinanzierung durchwachsen. Die Wissenschaft über befristete Pakte zu fördern passt nicht zusammen mit dem anhaltenden Studierendenhoch, dem Wunsch nach Dauerstellen statt Kurzzeitbefristungen sowie der sich verschlechternden Betreuungsrelation. Es passt auch nicht zusammen mit den großen Herausforderungen, vor denen die Wissenschaftslandschaft steht – ob Internationalisierung, Digitalisierung oder soziale/gesellschaftliche Öffnung.

Bund und Länder haben sich mit der Reform des Grundgesetzartikels 91b aus dem verfassungsrechtlichen Korsett befreit. Nutzen wir die neuen Möglichkeiten von Bund und Ländern, miteinander zu kooperieren. Drei Bund-Länder-Vereinbarungen sind bereits auf der neuen Verfassungsgrundlage beschlossen: die neue Exzellenzstrategie, die Förderinitiative „Innovative Hochschule" und das „Tenure-Track-Programm" zur Förderung von Tenure-Track-Professuren an Universitäten. Ob sie die Hochschullandschaft bereichern und wie sie diese weiterentwickeln, wird in 10–20 Jahren sichtbar sein. Bereits jetzt ist klar und unstrittig, dass keine dieser drei Vereinbarungen die verlorene Balance zwischen der steigenden Projektförderung und der stagnierenden Grundfinanzierung der Hochschulen wiederherstellt. Um diese Weichenstellung, die den Hochschulen eine langfristige, tragfähige finanzielle Grundlage sichert, muss es nun mit aller Kraft gehen.

Seit einer Dekade erleben wir ein wachsendes Interesse am Studium an unseren Hochschulen, das auch in künftigen Generationen anhalten wird. Der Hochschulpakt, den Bund und Länder aktuell für die Dauer bis

2020 geschlossen haben, hat vor einem katastrophalen Studienplatzmangel bewahrt. Er weist jedoch weiter Schwächen auf, sodass dem „Studierenden-Hochplateau" noch immer Lehrende und eine adäquat ausgebaute Hochschullandschaft fehlen. Bund und Länder müssen auch in Zukunft gemeinsam Studienplätze finanzieren und dies mit verlässlichen Karrierewegen und mehr Dauerstellen für Nachwuchswissenschaftlerinnen und -wissenschaftler verbinden.

Wissenschaftlerinnen und Wissenschaftler brauchen bessere Arbeitsbedingungen und klare Karriereperspektiven. Das Tenure-Track-Programm für den wissenschaftlichen Nachwuchs ist klug konzipiert, wenn es einen auf Dauer planbaren Pfad in Richtung Professur etabliert. Es ist vom Umfang her aber eine kleine Nummer und geht an den Fachhochschulen vorbei, die verhältnismäßig mehr zusätzliche Studienplätze als die Universitäten geschaffen haben. Angesichts der sich stetig verschlechternden Betreuungsrelation und des anhaltenden Studierendenhochs brauchen wir mehr Professuren. Auch bringt das Programm zu wenig für Modernisierungen bei Personalstrukturen und Personalentwicklung, und es fehlt eine explizite Förderung von Frauen. Es würde ohnehin nachhaltiger wirken, wenn wir es mit einer besseren Grundfinanzierung der Hochschulen insgesamt verbinden.

Ein wichtiger Punkt, der in der Wittenberger Erklärung ein wenig zu kurz kommt, ist die Modernisierung und der Ausbau der „Infrastrukturen des Wissens". Universitäten, Fachhochschulen und Forschungseinrichtungen benötigen zeitgemäße und zukunftsfähige Bauten und Ausstattung. Um den aufgelaufenen Sanierungsstau und den Bedarf an zusätzlichen Bauten zu decken, fehlen 35 Mrd. Euro bis zum Jahr 2025. Das ist ein Kraftakt, den Bund und Länder gemeinsam angehen müssen – und zwar mindestens mit einem zeitlich begrenzten Modernisierungsprogramm. Das soll Bauten und Ausstattung binnen fünf Jahren wieder auf die Höhe der Zeit hieven. Auch müssen Bund und Länder eine dauerhafte und verbindliche Lösung zu Bestandserhalt und den zusätzlichen Erfordernissen für eine moderne Hochschul-Infrastruktur erarbeiten.

Gut ist, dass die Wittenberger Erklärung die Probleme bei der Studienfinanzierung aufgreift. Der Umgang mit dem BAföG ist eine der großen Peinlichkeiten der amtierenden Koalition im Bund. Zuerst fand das BAföG nicht einmal Erwähnung im Koalitionsvertrag, dann wurde eine Reform beschlossen, die erst mit zwei Jahren Verzögerung bei wenigen Studierenden ankommt und zudem schon heute nicht mit Einkommens- und Preisentwicklung Schritt hält. Die Konsequenz muss sein: Das BAföG muss noch vor der Bundestagswahl 2017 deutlich erhöht und tief greifend verbessert werden. Auch wollen wir Bedarfssätze und Freibeträge künftig regelmäßig automatisch anpassen. Perspektivisch soll das BAföG zu einem Zwei-Säulen-Modell ausgebaut werden.

In der kommenden Wahlperiode muss endlich die Neuaufstellung der Wissenschaftsfinanzierung kommen, die eine bessere Grundfinanzierung der Hochschulen bringt. Das wäre ein Segen für Studierende und Wissenschaftlerinnen und Wissenschaftler – und ein Plus für Bildungsgerechtigkeit sowie faire Studien-, Lehr-, Forschungs- und Arbeitsbedingungen. Die Wittenberger Erklärung ist dafür ein hilfreicher Beitrag.

F Gegen die weitere Prekarisierung des Wissenschaftssystems

Nicole Gohlke

Die Politik der befristeten Pakte hat das deutsche Hochschul- und Wissenschaftssystem in den vergangenen Dekaden grundsätzlich verändert. Während sich die laufenden Grundmittel der Hochschulen von 2000 bis 2014 nur um die Hälfte erhöht haben, ist das Aufkommen an Drittmitteln im selben Zeitraum um 150 Prozent gestiegen. Zur Jahrhundertwende standen jedem Euro aus eingeworbenen Drittmitteln noch 4,62 Euro aus freien Grundmitteln gegenüber, 2014 waren es gerade einmal 2,66 Euro. Bei den außerhochschulischen Forschungseinrichtungen machten Drittmittel 2014 bereits ein Drittel ihres Budgets aus.

Die Bedeutung von Drittmitteln ist in der Wissenschaft also stark gestiegen, und mit ihr auch der Druck, Akquise zu betreiben, um an die Fördertöpfe heranzukommen. Dies wirkt sich stark auf die Organisations- und Finanzierungsstrukturen wie auch auf die inneren Funktions- und Steuerungsmechanismen des Wissenschaftssystems aus. Die intrinsische, erkenntnisgeleitete Motivation der Wissenschaft muss zusehends einem ökonomischen Wettbewerb um lukrative Forschungsaufträge weichen. Die hochgelobte Autonomie verkommt vor diesem Hintergrund zum Euphemismus, unter dem die Wissenschaft in ein enges Korsett aus Wettbewerb und unternehmerischem Denken gepresst wird.

Die Unsicherheit, die aus der Abhängigkeit von zeitlich befristeten Drittmitteln resultiert, geben die Wissenschaftsinstitutionen an ihre Beschäftigten weiter: Befristete Teilzeit-Arbeitsverträge sind längst zur Norm geworden – nicht nur beim wissenschaftlichen und künstlerischen Personal, sondern auch bei den Beschäftigten in Verwaltung und Technik. Die Abhängigkeit von Dritten wirkt sich aber auch auf die Forschungsinhalte aus: Einerseits steigen die Chancen für eine erfolgreiche Bewerbung um Fördermittel, je näher sich ein Projekt am Mainstream bewegt. Andererseits wird auch fragwürdigen, aber zahlungskräftigen Interessengruppen der Zugang zu den Ressourcen der Hochschulen eröffnet. Gerade in Zeiten der Aufrüstung droht auf diese Weise eine Vereinnahmung der Wissenschaft für den Ausbau militärischer Kapazitäten.

Eine demokratische, unbestechliche und zivile Wissenschaft braucht gute Beschäftigungsbedingungen und eine stabile finanzielle Grundlage. Die

Länder, in deren Verantwortungsbereich die Hochschulen liegen, zeigen sich vor dem Hintergrund der Schuldenbremse und der Steuerpolitik der letzten Jahrzehnte nicht in der Lage, selbst die dafür notwendigen Mittel zur Verfügung zu stellen. Mit der Neufassung des Artikels 91b des Grundgesetzes wurde die Möglichkeit geschaffen, dass der Bund dauerhaft in die Finanzierung der Hochschulen einsteigt. Bislang macht die Bundesregierung davon jedoch nur im Falle der Exzellenzstrategie Gebrauch. Vor dem Hintergrund des Auslaufens des Hochschulpaktes 2020 ist es verantwortungslos, dass eine Verstetigung der Bundesmittel für die Hochschullehre herausgezögert wird.

Eine solide Grundfinanzierung der Hochschulen, die nicht auf Kosten anderer Bereiche der sozialen Infrastruktur geht, braucht ihrerseits eine deutliche Steigerung der Einnahmen in den öffentlichen Haushalten von Bund und Ländern. Ohne eine massive Besteuerung von Vermögen und hohen Einkommen sind hochwertige und sozial gerechte Forschung und Lehre nicht zu bewerkstelligen.

Eine sichere Finanzierung für unsere Hochschulen – Artikel 91b Grundgesetz sinnvoll nutzen

Oliver Kaczmarek

Die Abschaffung des Kooperationsverbots im Hochschulbereich durch den geänderten Artikel 91b des Grundgesetzes setzt neue Maßstäbe für die Bildungs- und Forschungspolitik. Es ist ein großer Meilenstein für eine sichere und auf Dauer angelegte Finanzierung unserer Hochschulen. Was bisher nur über befristete Pakte zwischen Bund und Ländern möglich war, kann nun in eine kontinuierliche Förderung überführt werden. Dabei geht der Blick vor allem auf das Jahr 2020, das Jahr, in dem zahlreiche Pakte auslaufen. Es gilt jetzt, die Weichen zu stellen für einen reibungslosen Übergang der Pakte zu einer neuen Finanzarchitektur bei der Hochschulfinanzierung.

Die laufende Debatte ist von zwei gegensätzlichen Paradigmen geprägt. Auf der einen Seite machen die Bildungspolitiker in CDU und CSU klar, dass sie nach dem Grundsatz „Fördern in der Spitze statt in der Breite" handeln wollen und die Grundfinanzierung der Hochschulen sämtlich Ländersache sei. Eine Antwort, wie die gewachsenen Studierendenzahlen und die damit verbundenen Kosten, die aus dem Hochschulpakt 2020 finanziert wurden, in Zukunft von den Ländern bewältigt werden sollen, bleiben sie schuldig. Auf der anderen Seite führt die SPD in Bund und Ländern das Lager an, das durch eine gemeinsame Kraftanstrengung die Grundfinanzierung unserer Hochschulen sicherstellen will.

Unter diesem Paradigma gilt es Schwerpunkte zu setzen, von denen ich hier drei nennen möchte: erstens die Verbesserung der Lehre, zweitens die Förderung des wissenschaftlichen Nachwuchses und drittens die Sanierung und den Ausbau der sozialen Infrastruktur für Studierende.

Eine gute Lehre von hoher Qualität an den Hochschulen ist zentral für die Zukunftsfähigkeit unserer Gesellschaft. Hoch qualifizierte Bildung entscheidet darüber, wie wir den Wandel ausgelöst durch Modernisierung und Digitalisierung erfolgreich gestalten können. Mit dem Hochschulpakt 2020 und dem Qualitätspakt Lehre haben Bund und Länder den rasanten Anstieg der Studierendenzahlen in den letzten Jahren gemeistert. Für die weitere Zusammenarbeit von Bund und Ländern gilt, dass die Studierendenzahlen auf Dauer hoch bleiben werden. Damit ist eine kontinuierliche Beteiligung an der Finanzierung der Lehre durch den Bund geboten.

Ein vorstellbares Modell für die Ausgestaltung der Finanzierung haben SPD-Bildungspolitikerinnen und -politiker aus Bund und Ländern unter dem Titel „Zukunftsvertrag für Wissenschaft und Forschung" vorgelegt. Pro Student bzw. Studentin in der Regelstudienzeit soll jährlich ein Betrag zwischen 1.000 und 3.000 Euro für die Hochschulen bereitgestellt werden. Das Instrument soll ergänzt werden um eine Prämie für Abschlüsse an den Hochschulen und einer Zulage für Studierende ohne Abitur, damit die Durchlässigkeit des Bildungssystems und die Offenheit der Hochschulen gefördert werden.

Die Gewinnung von wissenschaftlichem Nachwuchs sichert die Zukunft von Forschung und Lehre an unseren Hochschulen. Die Entscheidung für eine wissenschaftliche Laufbahn hängt für viele davon ab, wie verlässlich die Karrierewege im Wissenschaftssystem sind. Mit dem Pakt für den wissenschaftlichen Nachwuchs wurde bereits ein wichtiger Baustein gelegt, um die Wege in die Wissenschaft transparenter und planbarer zu gestalten. Für die Zukunft gilt es, ein passendes Programm auch für Karrierewege in Fachhochschulen und Hochschulen für angewandte Wissenschaften zu vereinbaren. Weiterhin gilt es, die langfristige, kontinuierliche Förderung für die Schaffung von Stellen im Sinne des Begriffs „Guter Arbeit" zu nutzen und dabei nicht zuletzt die Förderung von Frauen in wissenschaftlichen Berufen zu stärken.

Die soziale Lage von Studierwilligen ist immer noch entscheidend dafür, ob ein Studium aufgenommen wird oder nicht. Um Bildungsgerechtigkeit zu schaffen, muss die soziale Dimension bei der Hochschulfinanzierung integriert werden. Die steigenden Studierendenzahlen sind nicht mit einem Wachstum des studentischen Wohnraums und den Angeboten der Studentenwerke einhergegangen. Deswegen fordert die SPD einen Hochschulsozialpakt, um die Studentenwerke bei der Schaffung neuen Wohnraums zu unterstützen. Gleichzeitig gilt es, Wege zu finden, um auch das immer stärker nachgefragte Beratungsangebot zu stärken.

Im Jahr 2017 geht es um eine Richtungsentscheidung. Wie bei anderen großen gesellschaftlichen Fragen gilt es, sich dieses Jahr auch in der Bildungspolitik zu entscheiden: für den Erhalt des Status quo mit seiner spürbaren sozialen und gesellschaftlichen Spaltung oder für einen mutigen Aufbruch in eine gerechtere Zukunft. Die SPD steht in der Bildungspolitik für eine sichere Finanzierung aller Hochschulen, um gute Bedingungen in Forschung und Lehre zu schaffen. Sie ist bereit, sich mit ihrem Spitzenkandidaten Martin Schulz den Herausforderungen zu stellen.

F Perspektiven der Wissenschafts- und Hochschulfinanzierung

Zur Wittenberger Erklärung der Bildungsgewerkschaft GEW

Andreas Keller

Bund und Länder müssen endlich die Weichen für eine bessere Grundfinanzierung der Hochschulen stellen. Im Rahmen einer „Entfristungsoffensive" sollten sie für bundesweit 50.000 zusätzliche Dauerstellen an den Hochschulen sorgen. Darüber hinaus sollten sie für bessere Studienbedingungen in einer inklusiven Hochschule sorgen und eine grundlegende Strukturreform der Ausbildungsförderung anpacken. Das sind die zentralen Forderungen der Wittenberger Erklärung, die die Gewerkschaft Erziehung und Wissenschaft (GEW) zur 9. GEW-Wissenschaftskonferenz von 28. September bis 1. Oktober 2016 in Lutherstadt Wittenberg vorgelegt hat.[48]

Mit der Wittenberger Erklärung schreibt die Bildungsgewerkschaft GEW zum einen die 2010 mit dem Templiner Manifest gestartete Kampagne für den „Traumjob Wissenschaft" fort, die im Herbst 2015 mit einer bundesweiten Aktionswoche ihren vorläufigen Höhepunkt fand. Zum anderen stellt sie ein Beitrag zur Debatte über die Bildungs- und Wissenschaftsfinanzierung dar und schlägt die Brücke zur im Sommer 2016 von der GEW gestarteten Initiative „Bildung. Weiter denken!", mit der sich die Bildungsgewerkschaft mit Blick auf die Bundestagswahl im Herbst 2017 für mehr Geld für Bildung einsetzt.

„Traumjob Wissenschaft" – eine Kampagne, die sich dieser Vision verschreibt, ist notwendiger denn je in einer Zeit, in der sich Forschung, Lehre und Wissenschaftsmanagement für viele Wissenschaftlerinnen und Wissenschaftler eher als „Jobtrauma" denn als „Traumjob" erweisen. 90 Prozent der wissenschaftlichen Angestellten bzw. 93 Prozent der Wissenschaftlerinnen und Wissenschaftler unter 45 Jahren sind befristet beschäftigt (Konsortium Bundesbericht Wissenschaftlicher Nachwuchs 2013: 184, 2017: 126). Nach den Ergebnissen der vom Bundesministerium für Bildung und Forschung (BMBF) in Auftrag gegebenen Evaluation des Wissenschafts-

---

[48] Die Wittenberger Erklärung ist auf den Seiten 195–199 dieses Bandes dokumentiert und unter https://www.gew.de/wissenschaft/wittenberger-erklaerung/ im Internet abzurufen.

zeitvertragsgesetzes (WissZeitVG) hat die Hälfte der Arbeitsverträge an Forschungseinrichtungen eine Laufzeit von weniger als einem Jahr, an Hochschulen mit 53 Prozent sogar mehr als die Hälfte (Jongmanns 2011: 73).

Gute Arbeit in Lehre, Forschung und Wissenschaftsmanagement auf der einen Seite sowie gute Beschäftigungsbedingungen und berufliche Perspektiven auf der anderen Seite müssen aber zwei Seiten einer Medaille werden – das war Ausgangspunkt der Kampagne für den „Traumjob Wissenschaft", welche die Bildungsgewerkschaft GEW 2010 mit den zehn Eckpunkten des Templiner Manifests für eine Reform von Berufswegen und Personalstruktur in Hochschule und Forschung gestartet hatte (www.templiner-manifest.de, vgl. Himpele/Keller/Ortmann 2011).

Im November 2015 rief die GEW bundesweit zur Aktionswoche „Traumjob Wissenschaft" auf (www.traumjob-wissenschaft.de), in deren Rahmen über 100 Aktionen in allen 16 Bundesländern stattfanden. Eine Berufsgruppe, die Gewerkschaften als praktisch unorganisierbar verloren gegeben hatten, erwies sich als mobilisierbar. Dieser Erfolg war das Ergebnis jahrelanger und kontinuierlicher Kampagnenarbeit. Strategisch folgt sie dem 2013 vom GEW-Gewerkschaftstag verabschiedeten Aktionsprogramm zur Umsetzung des Templiner Manifests (Gewerkschaft Erziehung und Wissenschaft 2014). Bund und Länder, Hochschulen und Forschungseinrichtungen, aber auch Arbeitgeber und Gewerkschaften als Tarifpartner müssen jeweils ihren Beitrag leisten, damit die Weichen für den „Traumjob Wissenschaft" tatsächlich gestellt werden.

2013 hat die GEW mit ihrem Köpenicker Appell „Vorschläge für ein 100-Tage-Programm der neuen Bundesregierung" gemacht (www.gew.de/Koepenicker_Appell.html, vgl. Carqueville/Keller/Staack 2014), in dessen Mittelpunkt die Forderung nach einer Novellierung des WissZeitVG steht. Im Januar 2015 legt die GEW einen eigenen Gesetzentwurf für eine WissZeitVG-Novelle vor (Gewerkschaft Erziehung und Wissenschaft 2015): Dauerstellen für Daueraufgaben, Mindestlaufzeiten für Zeitverträge, eine verbindliche Ausgestaltung der familienpolitischen Komponente und die Aufhebung der Tarifsperre waren dessen Eckpunkte. Trotz erheblichen Widerstands der Wissenschaftsarbeitgeber verabschiedete der Deutsche Bundestag noch im selben Jahr, im Dezember 2015, eine Novellierung des Gesetzes, die am 17. März 2016 in Kraft getreten ist (BGBl. I S. 506, vgl. Keller/Staack 2016).

Das neue Befristungsrecht stellt einen Etappensieg für die GEW dar – auch wenn bei Weitem nicht alle Vorschläge der GEW aufgegriffen wurden. Nicht durchsetzen ließ sich etwa die von der GEW geforderte verbindliche

Ausgestaltung der familienpolitischen Komponente des Gesetzes – nach wie vor kann der Arbeitgeber allein entscheiden, ob er diese Möglichkeit zur Vertragsverlängerung bei Kinderbetreuung nutzt oder nicht. Und durch die im WissZeitVG verankerte Tarifsperre bleibt es Gewerkschaften und Arbeitgebern weiterhin untersagt, für die Beschäftigten günstigere Befristungsregeln tarifvertraglich auszuhandeln. Gleichwohl stärkt die WissZeitVG-Novelle insgesamt die Position der Beschäftigten in der Wissenschaft in ihrem Kampf um faire Beschäftigungsbedingungen und berechenbare Berufsperspektiven. Verträge in der Qualifizierungsphase dürfen nur noch dann befristet werden, wenn das Arbeitsverhältnis auch tatsächlich der Qualifizierung dient. Die Stückelung einer Qualifizierungsphase in diverse Kurz- und Kettenverträge ist nicht mehr zulässig. Zeitverträge in Drittmittelprojekten müssen eine Laufzeit haben, die der Projektlaufzeit entspricht. Für Beschäftigte mit einer Behinderung oder einer chronischen Krankheit konnten Verbesserungen beim Nachteilsausgleich erreicht werden.

Ein weiterer Vorschlag des an die neue Bundesregierung gerichteten Köpenicker Appells von 2013 war ein „Förderprogramm für verlässliche Karrierewege in der Wissenschaft", mit dem gezielte Anreize für die nachhaltige Schaffung von Tenure-Track-Modellen gegeben werden sollen. In ihrem im April 2016 vorgelegten „Fünf-Punkte-Programm zur Durchsetzung des neuen Befristungsrechts in der Wissenschaft" konkretisierte die GEW ihre Anforderungen an ein zu diesem Zeitpunkt bereits von Bund und Ländern diskutiertes Tenure-Track-Programm (Gewerkschaft Erziehung und Wissenschaft 2016). Bei der Ausgestaltung des Förderprogramms kam es für die GEW entscheidend darauf an, dass die Tenure-Track-Stellen mit der Zusage einer Entfristung für den Fall der Realisierung der vereinbarten Entwicklungsziele verbunden werden, die geförderten Tenure-Track-Stellen von der jeweiligen Einrichtung auf Dauer weiterfinanziert werden und nur Hochschulen gefördert werden, die über die unmittelbar geförderten Maßnahmen hinaus nach Maßgabe eines schlüssigen Personalkonzepts verlässliche Karrierewege etablieren. Weiter sollten mindestens 50 Prozent der Tenure-Track-Stellen mit qualifizierten Wissenschaftlerinnen besetzt werden.

Tatsächlich haben die Regierungschefinnen und Regierungschefs von Bund und Ländern im Juni 2016 ein „Programm zur Förderung des wissenschaftlichen Nachwuchses" beschlossen und dafür über einen Zeitraum von 15 Jahren von 2017 bis 2032 insgesamt eine Milliarde Euro für 1.000 Tenure-Track-Professuren zugesagt (Gemeinsame Wissenschaftskonferenz 2016). Im Falle einer positiven Evaluation sind die Tenure-Track-

Professorinnen und -Professoren auf eine unbefristete Professur zu überführen. Entscheidend ist, dass die von Bund und Ländern abgeschlossene Verwaltungsvereinbarung für das Programm von den geförderten Universitäten den Nachweis eines Personalentwicklungskonzepts verlangt, das systematische Aussagen zur Weiterentwicklung der Personalstruktur und Karrierewege von Wissenschaftlerinnen und Wissenschaftlern macht. Wenn diese Fördervoraussetzung ernst genommen wird, kann das Programm nachhaltig wirken und Impulse für die Schaffung verlässlicher Karrierewege auch über die unmittelbar geförderten Stellen hinaus geben.

Gleichwohl greift der Umfang von 1.000 geförderten Tenure-Track-Professuren über einen Zeitraum von 15 Jahren zu kurz. Um die Zahl der Professuren spürbar zu erhöhen und gleichzeitig die Betreuungsrelationen verbessern und strukturelle Veränderungen der Karrierewege anstoßen zu können, sind nicht nur 1.000, sondern 5.000 zusätzliche Tenure-Track-Professuren notwendig, wie die GEW in ihrer Wittenberger Erklärung ausführt. Sie stützt sich dabei auf Berechnungen, die das Institut für Hochschulforschung an der Martin-Luther-Universität Halle-Wittenberg in einer von der Max-Traeger-Stiftung geförderten wissenschaftlichen Expertise vorgelegt hat (Burkhardt 2016). Darüber hinaus müssen weitere 500 Tenure-Track-Professuren an den Fachhochschulen geschaffen werden, damit diese qualifizierte Wissenschaftlerinnen und Wissenschaftler über eine parallele Praxisqualifikation zur Professur führen können, so die Wittenberger Erklärung. Angesichts der kürzlich bescheinigten Schwierigkeiten der Fachhochschulen, ihre Professuren mit qualifizierten Bewerberinnen und Bewerbern zu besetzen (In der Smitten et al. 2017), ist diese Erweiterung der Hochschullehrerlaufbahn an Fachhochschulen, die bisher ausschließlich über eine mehrjährige berufliche Praxis führt, überfällig.

Deutlich größere Gestaltungsspielräume noch als der Bund haben die Länder. Zuletzt hat der Verfasser in seiner Stellungnahme für den Bayerischen Landtag exemplarisch aufgezeigt, welche Möglichkeiten ein Land hat, um für berechenbare Karrierewege und stabile Beschäftigungsbedingungen in der Wissenschaft zu sorgen (Keller 2016). Per Gesetz können nicht nur Mindeststandards für Zeitverträge vorgeben, Tenure Tracks für Postdocs oder ein einheitlicher Status für Doktorandinnen und Doktoranden eingeführt werden, sondern auch der Verdrängung regulärer Beschäftigungsverhältnisse durch Lehraufträge entgegengewirkt oder die Kategorie der wissenschaftlichen Hilfskraft mit Hochschulabschluss abgeschafft werden.

Meinen Bund und Länder es ernst mit dem Ziel der Verbesserung der Karrierewege und Beschäftigungsbedingungen in der Wissenschaft, sollten sie außerdem im Rahmen einer aktiven Vergabepolitik Mitverantwortung für die Qualität von Karrierewegen und Beschäftigungsbedingungen an den von ihnen finanzierten Einrichtungen übernehmen – indem sie die institutionelle und projektförmige Förderung von Hochschulen und Forschungseinrichtungen an Auflagen binden: etwa Tariftreue, die Unterzeichnung und Umsetzung der Empfehlungen aus der Europäischen Charta für Forscher der Europäischen Kommission oder eine aktive Personalentwicklungsplanung und Gleichstellungspolitik.

Neben Bund und Ländern sind nicht zuletzt auch die Hochschulen und Forschungseinrichtungen selbst gefragt. Ihre Autonomie in Wirtschafts- und Personalangelegenheiten wurde in den vergangenen Jahren stark ausgebaut. Die Wissenschaftseinrichtungen können jetzt im Gegenzug unter Beweis stellen, dass sie mit ihrer Autonomie verantwortungsvoll umgehen und die gewonnenen Gestaltungsspielräume für die Schaffung attraktiver Karrierewege und Beschäftigungsbedingungen nutzen. Mit dem Herrschinger Kodex „Gute Arbeit in der Wissenschaft" hat die GEW bereits 2012 einen Vorschlag gemacht, wie sich Hochschulen und Forschungseinrichtungen selbst zu entsprechenden Standards verpflichten können (www.herrschinger-kodex.de, vgl. Keller/Pöschl/Schütz 2013), wie etwa zu Qualifizierungsvereinbarungen mit Promovierenden, Tenure Tracks für Promovierte, Mindestlaufzeiten für Zeitverträge oder einer konsequenten Anwendung der familienpolitischen Komponente des WisszeitVG, deren Umsetzung vom Wohlwollen der Arbeitgeber abhängig ist.

Inzwischen haben sich zahlreiche Hochschulen und Forschungseinrichtungen entsprechende Selbstverpflichtungen gegeben, die ganz unterschiedliche Formate haben: Teilweise handelt es sich um von den Hochschulleitungen oder Kollegialorganen beschlossene Erlasse oder Richtlinien, teilweise um Dienstvereinbarungen, welche die Personalvertretung mit der Dienststelle abgeschlossen hat. 2015 ist der Personalrat der Europa-Universität Viadrina Frankfurt (Oder) dafür mit dem Deutschen Personalrätepreis in Gold ausgezeichnet worden.[49]

Auch die Bäume der GEW wachsen nicht in den Himmel, aber in den verschiedenen politischen Handlungsarenen des Bundes und der Länder, der Hochschulen und Forschungseinrichtungen sind wichtige Schritte in die richtige Richtung eingeleitet worden. Mit der Wittenberger Erklärung möchte die GEW die Dynamik der Auseinandersetzung um verlässliche Karrierewege und faire Beschäftigungsbedingungen in der Wissen-

---

49 Vgl. https://www.europa-uni.de/de/struktur/gremien/personalrat_wp/index.html

schaft aufrechterhalten und verstärken. Dem entsprechend hat der 28. ordentliche Gewerkschaftstag der GEW im Mai 2017 in Freiburg mit dem Beschluss Nr. 2.1 „Stabile Beschäftigung in der Wissenschaft schaffen: neues Befristungsrecht umsetzen, Personalstrukturen reformieren"[50] die Impulse der Wittenberger Erklärung aufgegriffen und den Hauptvorstand der GEW mandatiert, die Kampagne für den „Traumjob Wissenschaft" fortzusetzen. Mit dem Beschluss Nr. 1.4 „Hochschulfinanzierung sichern – gute Beschäftigungsbedingungen garantieren"[51] hat der Gewerkschaftstag darüber hinaus Anforderungen der Bildungsgewerkschaft an eine Kehrtwende in der Hochschulfinanzierung formuliert.

Insofern ist die Wittenberger Erklärung auch als Beitrag des Organisationsbereichs Hochschule und Forschung zu der von der Bildungsgewerkschaft gestarteten Initiative „Bildung. Weiter denken!"[52] zu verstehen. „Bildung. Weiter denken!" ist eine Initiative der GEW für bessere Lern- und Arbeitsbedingungen sowie mehr Geld für Bildung. Die GEW zeigt nicht nur, was sie unter guter Bildung versteht, sondern auch, wie sich zusätzliche Investitionen in Bildung finanzieren lassen (vgl. Kaphegyi 2017). Die Vorschläge der Bildungsgewerkschaft umfassen Bildungsbereiche von der frühkindlichen Bildung über die allgemeinbildenden Schulen und die berufliche Bildung bis zur Hochschule und Weiterbildung (Jaich 2016, vgl. auch den Beitrag in diesem Band).

Mit ihrer Wittenberger Erklärung macht die GEW deutlich, dass die Reform der Karrierewege und Verbesserung der Beschäftigungsbedingungen über eine Novellierung des Fristvertragsrechts und gezielte Impulse durch ein Förderprogramm hinaus einer substanziellen Verbesserung der Grundfinanzierung der Hochschulen bedürfen. Statt sich mit immer neuen zeitlich befristeten Programmen „von Pakt zu Pakt" zu hangeln, müssen Bund und Länder endlich „eine ausreichende und nachhaltige Wissenschaftsfinanzierung aus einem Guss" schaffen.

Unter dem Motto „Geld her – oder wir schließen ..." macht sich die GEW für eine „Bildungs- und Wissenschaftsfinanzierung aus einem Guss" stark. Dabei stützt sie sich auf die bereits zitierte Expertise des Instituts

---

[50] https://www.gew.de/fileadmin/media/publikationen/hv/GEW/GEW-Beschluesse/Beschluesse_GT_2017/2__Tarif-__Beamten-_und_Sozialpolitik/2.1_Stabile_Beschaeftigung_in_der_Wissenschaft_FV.pdf

[51] https://www.gew.de/fileadmin/media/publikationen/hv/GEW/GEW-Beschluesse/Beschluesse_GT_2017/1__Allgemeine_Gewerkschafts-_und_Gesellschaftspolitik/1.4_Hochschulfinanzierung_FV.pdf

[52] https://www.gew.de/weiter-denken/

für Hochschulforschung (Burkhardt 2017). Danach muss allein an den Universitäten die Zahl der Professorinnen und Professoren um über 80 Prozent, die Zahl der wissenschaftlichen Mitarbeiterinnen und Mitarbeiter um mindestens 30 Prozent erhöht werden. Gestützt auf die Berechnungen des Instituts fordert die GEW Bund und Länder auf, die Handlungsmöglichkeiten der 2014 erfolgten Lockerung des Kooperationsverbots für eine „Entfristungsoffensive" zu nutzen, mit der an den Universitäten 40.000 Stellen im akademischen Mittelbau zusätzlich eingerichtet und unbefristet besetzt werden bzw. befristete Beschäftigungsverhältnisse entfristet werden sollen. Weitere 10.000 Dauerstellen sollten an den Fachhochschulen eingerichtet werden – als Beitrag zum Ausbau des akademischen Mittelbaus, den diese benötigen, um ihrer erweiterten Aufgabenstellung in Lehre und Forschung, Nachwuchsförderung und Wissenstransfer gerecht zu werden.

Tatsächlich hat in den vergangenen Dekaden sowohl eine quantitative als auch eine qualitative Schieflage in der Hochschulfinanzierung zur Destabilisierung der Beschäftigungsbedingungen beigetragen. Zum einen hält der Ausbau der Hochschulen nicht mit den steigenden Studierendenzahlen Schritt. Zum anderen sorgt die Stärkung der Drittmittel- und Projektfinanzierung der Hochschulen zulasten ihrer Grundfinanzierung dafür, dass die Hochschulen die damit verbundene finanzielle Unsicherheit an ihre Beschäftigten weitergeben: Mittlerweile sind 26,1 Prozent des wissenschaftlichen Personals, bei den wissenschaftlichen Mitarbeiterinnen und Mitarbeitern sogar 37,5 Prozent aus Drittmitteln finanziert (Statistisches Bundesamt 2016: 29). Dabei handelt es sich zu einem Anteil von 80 Prozent um öffentliche Drittmittel: Der Paradigmenwechsel in der Hochschulfinanzierung ist also in erster Linie das Ergebnis einer politischen Weichenstellung von Bund und Ländern, die mit überdurchschnittlichen Zuwachsraten ihrer Zuwendungen an die Deutsche Forschungsgemeinschaft sowie der Entscheidung, die Exzellenzinitiative auf unbestimmte Zeit als „Exzellenzstrategie" fortzuführen, für ein stetiges Wachstum des Drittmittelaufkommens sorgen.

In weiteren Abschnitten der Wittenberger Erklärung fordert die GEW eine Reform der Studienfinanzierungen sowie bessere Studienbedingungen für eine inklusive Hochschule. Damit macht sie deutlich, dass es allein mit ausreichend Studienplätzen und Lehrpersonal nicht getan ist. Darüber hinaus müssen die Hochschulen die Qualität der Studienbedingungen verbessern und dabei im Blick haben, dass die Studierendenschaft die Vielfalt der Gesellschaft widerspiegeln sollte und daher eine individuelle Förderung, die den unterschiedlichen Ausgangsbedingungen gerecht wird, braucht.

Die Reform der Ausbildungsförderung bleibt auch nach der 2016 in Kraft getretenen 25. BAföG-Novelle ein Desiderat. Zuletzt hat eine vom Deutschen Studentenwerk in Auftrag gegebene Studie des Forschungsinstituts für Bildungs- und Sozialökonomie gezeigt, dass die BAföG-Bedarfssätze für Studierende zu niedrig angesetzt sind: Sie decken die tatsächlichen Kosten der Studierenden nur in begrenztem Umfang (Dohmen et al. 2017). Zuvor waren der Deutsche Gewerkschaftsbund (DGB), dessen Jugendorganisation, die GEW und weitere Gewerkschaften in ihrem „Alternativen BAföG-Bericht" zu einem ähnlichen Ergebnis gekommen (Deutscher Gewerkschaftsbund 2017). Mit ihrer Wittenberger Erklärung setzt die GEW ihre Forderungen nach einer regelmäßigen Anpassung der BAföG-Sätze an die Lebenshaltungskosten, nach einer Umstellung des BAföG auf einen Vollzuschuss und dessen schrittweise Weiterentwicklung zu einem elternunabhängigen Studienhonorar auf die politische Agenda.

Literatur

Burkhardt, Anke 2016: Professorinnen, Professoren, Promovierte und Promovierende an Universitäten. Leistungsbezogene Vorausberechnung des Personalbedarfs und Abschätzung der Kosten für Tenure-Track-Professuren, Frankfurt am Main, https://www.gew.de/presse/pressemitteilungen/detailseite/neuigkeiten/gew-bund-und-laender-muessen-entfristungsoffensive-an-hochschulen-starten/ (20.06.2017).
Carqueville, Isabel/Keller, Andreas/Staack, Sonja 2014: Aufstieg oder Ausstieg? Wissenschaft zwischen Promotion und Professur, Bielefeld (GEW-Materialien aus Hochschule und Forschung 122).
Deutscher Gewerkschaftsbund 2017: Alternativer BAföG-Bericht. Daten und Fakten für eine bessere Ausbildungsförderung, Berlin, http://jugend.dgb.de/meldungen/studium/++co++c37e8fc0-f1d4-11e6-8af5-525400d8729f (20.06.2017).
Dohmen, Dieter et al. 2017: Ermittlung der Lebenshaltungskosten von Studierenden. Eine Studie im Auftrag des Deutschen Studentenwerks, Berlin, http://www.studentenwerke.de/de/content/ermittlungen-der-lebenshaltungskosten-von (20.06.2017).
Gemeinsame Wissenschaftskonferenz 2016: Verwaltungsvereinbarung zwischen Bund und Ländern gemäß Artikel 91b Absatz 1 des Grundgesetzes über ein Programm zur Förderung des wissenschaftlichen Nachwuchses vom 16. Juni 2016, Bonn, http://www.gwk-bonn.de/fileadmin/Papers/Verwaltungsvereinbarung-wissenschaftlicher-Nachwuchs-2016.pdf (20.06.2017).
Gewerkschaft Erziehung und Wissenschaft 2014: Wege zum Traumjob Wissenschaft. Aktionsprogramm zur Umsetzung des Templiner Manifests, Frankfurt am Main, http://www.gwk-bonn.de/fileadmin/Papers/GWK-Heft-34-Chancengleichheit.pdf (20.06.2017).
Gewerkschaft Erziehung und Wissenschaft 2015: Dauerstellen für Daueraufgaben, Mindeststandards für Zeitverträge. Der GEW-Gesetzentwurf. Gesetzentwurf für eine Reform des Wissenschaftszeitvertragsgesetzes (WissZeitVG). Vorgelegt von der Gewerkschaft Erziehung und Wissenschaft im Januar 2015, Frankfurt am Main, https://www.gew.de/wissenschaft/wissenschaftszeitvertragsgesetz/ (20.06.2017).
Gewerkschaft Erziehung und Wissenschaft 2016: Den Paragrafen müssen Taten folgen. Fünf-Punkte-Programm zur Durchsetzung des neuen Befristungsrechts in der Wissenschaft, Frankfurt am Main, https://www.gew.de/presse/pressemitteilungen/detailseite/neuigkeiten/gew-fuenf-milliarden-fuer-5000-tenure-track-professuren/ (20.06.2017).

Himpele, Klemens/Keller, Andreas/Ortmann, Alexandra (Hg.) 2011: Traumjob Wissenschaft? Karrierewege in Hochschule und Forschung, Bielefeld (GEW-Materialien aus Hochschule und Forschung 117).
In der Smitten, Susanne et al. 2017: Bewerberlage bei Fachhochschulprofessuren (BeFHPro), Hannover, http://www.dzhw.eu/pdf/pub_fh/fh-201703.pdf (20.06.2017).
Jaich, Roman 2016: Bildungsfinanzierung der öffentlichen Hand – Stand und Herausforderungen, Frankfurt am Main, https://www.gew.de/aktuelles/detailseite/neuigkeiten/bildungsfinanzierung-mehrbedarf-von-rund-55-milliarden-euro-pro-jahr/ (20.06.2017).
Jongmanns, Georg 2011: Evaluation des Wissenschaftszeitvertragsgesetzes. Gesetzesevaluation im Auftrag des Bundesministeriums für Bildung und Forschung. HIS-Projektbericht März 2011, Hannover, http://www.his-he.de/pdf/pub_fh/fh-201104.pdf (20.06.2017).
Kaphegyi, Tobias 2017: Bildungsfinanzierung. Weiter denken: Wachstum, Inklusion und Demokratie. Warum jetzt dringend mehr Geld für Bildung ausgegeben werden muss. Und woher es kommen sollte!, Frankfurt am Main 2017, https://www.gew.de/aktuelles/detailseite/neuigkeiten/verheerende-bilanz-des-neoliberalismus/ (20.06.2017).
Keller, Andreas 2016: Stellungnahme der Gewerkschaft Erziehung und Wissenschaft (GEW) zur Anhörung zum Thema „Verlässliche Perspektiven für den wissenschaftlichen Nachwuchs schaffen" im Ausschuss für Wissenschaft und Kunst des Bayerischen Landtages am 19. Oktober 2016 in München, Frankfurt am Main.
Keller, Andreas/Pöschl, Doreen/Schütz, Anna (Hg.) 2013: Baustelle Hochschule. Attraktive Karrierewege und Beschäftigungsbedingungen gestalten, Bielefeld (GEW-Materialien aus Hochschule und Forschung 120).
Keller, Andreas/Staack, Sonja 2016: Endlich gute Arbeit in der Wissenschaft? Nach der Novelle des Befristungsrechts, in: Forum Wissenschaft (3/2016), 22–25.
Konsortium Bundesbericht Wissenschaftlicher Nachwuchs 2013: Bundesbericht Wissenschaftlicher Nachwuchs 2013. Statistische Daten und Forschungsbefunde zu Promovierenden und Promovierten in Deutschland, Bielefeld, http://www.buwin.de/dateien/2013/6004283_web_verlinkt.pdf (20.06.2017).
Konsortium Bundesbericht Wissenschaftlicher Nachwuchs 2017: Bundesbericht Wissenschaftlicher Nachwuchs 2017. Statistische Daten und Forschungsbefunde zu Promovierenden und Promovierten in Deutschland, Bielefeld, http://buwin.de/dateien/buwin-2017.pdf (20.06.2017).
Statistisches Bundesamt 2016: Hochschulen auf einen Blick, Wiesbaden.

Angaben zu den Autorinnen und Autoren

Anke Burkhardt, Dr., seit 1999 am Institut für Hochschulforschung (HoF) an der Martin-Luther-Universität Halle-Wittenberg, 2001 bis 2014 Stellvertretende Direktorin und Geschäftsführerin, 2008 bis 2012 Mitglied des Vorstands der Deutschen Gesellschaft für Hochschulforschung, 2012 bis 2016 Mitglied des Stiftungsrats der Europa-Universität Viadrina, seit 2016 Mitglied des Wissenschaftlichen Beirats der Deutschen Gesellschaft Juniorprofessur.

Alexandra Dinges-Dierig ist seit September 2013 Bundestagsabgeordnete der CDU/CSU-Fraktion und als Mitglied im Ausschuss für Bildung und Forschung Berichterstatterin für den wissenschaftlichen Nachwuchs, Hochschulentwicklung und Exzellenzstrategie. Seit 1979 ist Frau Dinges-Dierig im Bereich Bildung tätig und war u. a. Senatorin für Bildung und Sport der Freien und Hansestadt Hamburg und Mitglied der Hamburgischen Bürgerschaft (u. a. im Ausschuss für Wissenschaft).

Wolfgang Eppler promovierte nach dem Studium der Informatik an der Universität Stuttgart 1993 am Forschungszentrum Informatik (FZI) in Karlsruhe. Seither arbeitet er im Karlsruher Institut für Technologie (KIT), anfangs als wissenschaftlicher Mitarbeiter, dann als stellvertretender Institutsleiter, seit 2005 als Betriebsratsvorsitzender des Forschungszentrums Karlsruhe und schließlich, seit der Fusion des Forschungszentrums und der Universität Karlsruhe zum KIT, als Personalratsvorsitzender.

Kai Gehring ist Diplom-Sozialwissenschaftler und seit 2005 Mitglied des Deutschen Bundestags. Er ist Sprecher für Hochschule, Wissenschaft und Forschung sowie Mitglied und Obmann im Ausschuss für Bildung, Forschung und Technikfolgenabschätzung und stellvertretendes Mitglied im Haushaltsausschuss für die Bundestagsfraktion Bündnis 90/Die Grünen.

Nicole Gohlke, Kommunikationswissenschaftlerin, ist seit 2009 Abgeordnete des Deutschen Bundestages und dort als Sprecherin für Wissenschafts- und Hochschulpolitik der Linksfraktion Mitglied im Ausschuss für Bildung, Forschung und Technikfolgeabschätzung.

Peter Greisler hat nach seinem juristischen Studium in Erlangen, Mainz, Frankreich und England 1991 seine Karriere im damaligen Bundesministerium für Forschung und Technologie begonnen. Seit 2004 leitet er die Unterabteilung „Hochschulen" im BMBF. Zu seinen Aufgabenfeldern gehören unter anderem die Deutsche Forschungsgemeinschaft, das Hochschulrecht, soziale Fragen des Studiums (BAföG), der wissenschaftliche Nachwuchs, die Internationalisierung der Hochschulen und die Weiterbildung an Hochschulen.

Michael Hartmann, Professor i. R. für Soziologie an der TU Darmstadt. Studium der Soziologie, Politikwissenschaft, Philosophie, Psychologie, Geschichte und Germanistik in Marburg und Hannover, 1979 Promotion, 1983 Habilitation. Wichtige Buchveröffentlichungen: Der Mythos von den Leistungseliten 2002; Eliten und Macht in Europa 2007; Soziale Ungleichheit – Kein Thema für die Eliten? 2013. Die globale Wirtschaftselite. Eine Legende 2016. 2002 und 2010 Thyssen-Preis für den besten bzw. zweitbesten sozialwissenschaftlichen Aufsatz des Jahres, 2008 Preis der DGS für hervorragende Leistungen auf dem Gebiet der öffentlichen Wirksamkeit der Soziologie.

Justus Henke, Mag. rer. soc. oec., Volkswirt, wissenschaftlicher Mitarbeiter am Institut für Hochschulforschung Halle-Wittenberg (HoF). Arbeitsschwerpunkte: Hochschulentwicklung, Bildungsstatistik sowie gesellschaftliche Wirkungen und Interaktionen von Hochschulen.

Heinz J. Henkemeier ist seit 2002 Kanzler der Fachhochschule Südwestfalen, seit 2010 auch einer der Sprecher der Arbeitsgemeinschaft der Kanzlerinnen und Kanzler der Fachhochschulen in NRW. Nach Abschluss des zweiten juristischen Staatsexamens war er u. a. als wissenschaftlicher Mitarbeiter an der Fernuniversität in Hagen tätig und leitete später als Planungsdezernent und Justitiar das Dezernat für Hochschulplanung und studentische und akademische Angelegenheiten an der vorm. Märkischen Fachhochschule. Ehrenamtlich gehört er dem Vorstand des Arbeitgeberverbandes des Landes NRW an.

Karin Höhne, M.A. European Studies, B.A. Kulturwissenschaften, leitete von 2008 bis 2017 das Familienbüro der Europa-Universität Viadrina in Frankfurt (Oder). Seit Februar 2017 ist sie als Referentin für Chancengleichheit beim Berliner Institut für Gesundheitsforschung tätig.

Roman Jaich, Dr., studierte Wirtschaftswissenschaften an der Universität Kassel, Abschluss als Diplom-Ökonom mit volkswirtschaftlicher Ausrichtung. Im Anschluss wissenschaftlicher Mitarbeiter im Lehrgebiet Wirtschaftsrecht mit Promotion zum Thema „Globalisierung und Mitbestimmung"; in der Geschäftsstelle der Expertenkommission „Finanzierung Lebenslangen Lernens", Berlin; an der Helmut-Schmidt-Universität Hamburg im Projekt „Komnetz" am Lehrstuhl von Prof. Peter Dehnbostel; in der Regiestelle zur Begleitung der aus Mitteln des ESF und des Bundes finanzierten Programme „weiter bilden" und „Fachkräfte sichern: weiter bilden und Gleichstellung fördern" des Bundesministeriums für Arbeit und Soziales. Seit Februar 2016 wissenschaftlicher Mitarbeiter an der Fernuniversität Hagen im Lehrgebiet Lebenslanges Lernen. Verschiedene Gutachten zur Bildungsfinanzierung für die Hans-Böckler-Stiftung und die GEW.

Oliver Kaczmarek ist Bundestagsabgeordneter und stellvertretender bildungspolitischer Sprecher der SPD-Bundestagsfraktion.

Andreas Keller, Dr., ist seit 2007 Leiter des Vorstandsbereichs Hochschule und Forschung beim Hauptvorstand der Gewerkschaft Erziehung und Wissenschaft, seit 2013 außerdem stellvertretender Vorsitzender. Frühere Tätigkeiten in Forschung und Lehre (Institut für Politikwissenschaft der Phillips-Universität Marburg), Politikberatung (Fraktion der PDS im Deutschen Bundestag) und Hochschulverwaltung (Charité – Universitätsmedizin Berlin).

Ingrid Keller-Russell ist Anglistin und Germanistin, externe Doktorandin im Fachbereich Erziehungswissenschaft an der Universität Hamburg und Mitglied der bundesweiten Projektgruppe Doktorandinnen und Doktoranden in der GEW.

Christian Kreiß, Prof. Dr., studierte Volkswirtschaftslehre und promovierte in München über die Große Depression 1929 bis 1932. Nach neun Jahren Berufstätigkeit als Bankier in verschiedenen Geschäftsbanken, davon sieben Jahre als Investmentbanker, unterrichtet er seit 2002 als Professor an der Hochschule Aalen Finanzierung und Wirtschaftspolitik. 2004 und 2006 hielt er an der University of Maine, USA, Master of Business Administration (MBA)-Vorlesungen über Investment Banking. Autor von vier Büchern; zahlreiche Veröffentlichungen, Vorträge, Rundfunk- und Fernsehinterviews zu Finanzkrise, geplantem Verschleiß, gekaufte Forschung, Werbekritik und Wegen in eine menschengerechte Wirtschaft.

Anne K. Krüger, Dr., Soziologin, arbeitet derzeit am Institut für Sozialwissenschaften an der Humboldt-Universität zu Berlin und am Deutschen Zentrum für Hochschul- und Wissenschaftsforschung, Standort Berlin.

Franziska Leischner, Dr., Psycholinguistin, ist ehemalige Mitarbeiterin am Institut für Sozialwissenschaften an der Humboldt-Universität zu Berlin und arbeitet derzeit beim DRK Hamburg.

Johannes Moes, Politikwissenschaftler, war 2012–16 an der Humboldt-Universität zu Berlin mit der Internationalisierung von Studiengängen und der Analyse von Studienverläufen in Bachelorstudiengängen befasst und ist seit Januar 2017 Leiter des Nachwuchsbüros TU-DOC an der Technischen Universität Berlin.

Peer Pasternack, Prof. Dr., Direktor des Instituts für Hochschulforschung Halle-Wittenberg (HoF). Arbeitsschwerpunkte: Bildung und Wissenschaft in demografisch herausgeforderten Regionen, Hochschulpolitik, Hochschulorganisation, Wissenschaftszeitgeschichte.

Geny Piotti, Dr., ist seit 2013 EU-Referentin an der Europa-Universität Viadrina Frankfurt (Oder). Sie hat zuvor als Referentin für Karriereförderung am Wissenschaftszentrum Berlin für Sozialforschung (WZB) und als Science Officer beim Fördergeber COST (European Cooperation in Science and Technology) in Brüssel gearbeitet. Als Wissenschaftlerin war sie u. a. an der Georg-August-Universität Göttingen und am Max-Planck-Institut für Gesellschaftsforschung in Köln tätig.

Matthias Schröder ist Sprecher des Bundesausschusses der Studentinnen und Studenten in der Gewerkschaft Erziehung und Wissenschaft und aktiv im BAföG-Bündnis. Außerdem ist er Mitglied in den Ausschüssen Studienreform und Sozialpolitik des freien zusammenschlusses von studentInnenschaften (fzs e. V.). Zurzeit studiert er Sozialwissenschaften an der Humboldt-Universität zu Berlin.

Anna Schütz, Dr., Erziehungswissenschaftlerin, arbeitet derzeit im Arbeitsbereich Schultheorie und empirische Schulforschung im Fachbereich Erziehungs- und Bildungswissenschaften der Universität Bremen.

Sonja Staack ist Referentin im Vorstandsbereich Hochschule und Forschung der Gewerkschaft Erziehung und Wissenschaft. Davor war sie als wissenschaftliche Mitarbeiterin im Bundestag beschäftigt sowie ehrenamtlich als stellvertretende Vorsitzende von ver.di Berlin und Mitglied im ver.di-Gewerkschaftsrat aktiv. Sie ist Mitglied im Beirat des Bundes demokratischer Wissenschaftlerinnen und Wissenschaftler (BdWi).

Torsten Steidten ist Diplom-Mathematiker und Fachübersetzer Englisch-Deutsch. Er promoviert im Maschinenbau, ist Vorsitzender des Bereichs Hochschule und Forschung der GEW Sachsen und Mitglied der bundesweiten Projektgruppe Doktorandinnen und Doktoranden in der GEW.

Nina Steinweg, Dr., ist Senior Researcher bei GESIS im Kompetenzzentrum Frauen in Wissenschaft und Forschung.

Mareike Strauß ist seit mehreren Jahren hochschulpolitisch aktiv. Sie ist Mitglied im Vorstand des Bundes demokratischer Wissenschaftlerinnen und Wissenschaftler (BdWi) und war im Bundesvorstand der Juso-Hochschulgruppen. Sie studierte Volkswirtschaftslehre an der Universität Münster und arbeitet im öffentlichen Dienst.

Marlis Tepe ist seit Juni 2013 Vorsitzende der GEW. Sie war mehr als 30 Jahre Lehrerin zunächst an Hauptschulen, dann an Grund- und Hauptschulen. In der GEW von Beginn des Vorbereitungsdienstes an aktiv, in Orts-, Kreis- und Landesvorstand sowie im Bundesfrauenausschuss, von 2007 bis 2013 Vorsitzende des Hauptpersonalrats der Lehrkräfte in Schleswig-Holstein.

Anna Tschaut, Dr., ist als Wissenschaftsmanagerin an der Universität Bremen tätig. Sie war in der GEW-Projektgruppe Doktorandinnen und Doktoranden sowie in der Projektgruppe Postdoktorandinnen und -doktoranden aktiv. Des Weiteren ist sie für die Belange von Promovierenden und Promovierten als Vorsitzende bei THESIS e. V. – Interdisziplinäres Netzwerk für Promovierende und Promovierte und auf europäischer Ebene im Dachverband Eurodoc – The European Council of Doctoral Candidates and Junior Researchers engagiert.

Thomas Wünsch, 1990–2001 Studium der Rechtswissenschaften an der Martin-Luther-Universität Halle-Wittenberg, wissenschaftlicher Mitarbeiter und Rechtsreferendariat, ab 2004 Leiter des Prüfungsamtes der Juristischen Fakultät; 2008–2010 Persönlicher Referent der Ministerin für Justiz und Gleichstellung des Landes Sachsen-Anhalt; 2010–2012 Leiter des Ministerbüros im Ministerium der Justiz des Landes Sachsen-Anhalt, 2012–2016 Staatssekretär im Ministerium für Justiz und Gleichstellung, seit April 2016 Staatssekretär im Ministerium für Wirtschaft, Wissenschaft und Digitalisierung des Landes Sachsen-Anhalt.